PRECE E FOLIA
FESTA E ROMARIA

CARLOS RODRIGUES BRANDÃO

PRECE E FOLIA
FESTA E ROMARIA

DIRETOR EDITORIAL:
Marcelo C. Araújo

EDITORES:
Avelino Grassi
Márcio F. dos Anjos

COORDENAÇÃO EDITORIAL:
Ana Lúcia de Castro Leite

COPIDESQUE:
Leila Cristina Dinis Fernandes

REVISÃO:
Bruna Marzullo

DIAGRAMAÇÃO:
Alex Luis Siqueira Santos

CAPA:
Juliano de Sousa Cervelin

© Idéias & Letras, 2010

Dados Internacionais de Catalogação na Publicação (CIP)
(Câmara Brasileira do Livro, SP, Brasil)

Brandão, Carlos Rodrigues
Prece e folia: festa e romaria / Carlos Rodrigues Brandão. – Aparecida, SP: Idéias & Letras, 2010.

Biobliografia
ISBN 978-85-7698-054-4

1. Catolicismo 2. Cristãos 3. Cultura popular
4. Fé 5. Igreja 6. Religião 7. Religião e cultura
I. Título.

09-10646   CDD-282.8

Índices para catálogo sistemático:
1. Catolicismo popular: Cristianismo 282.8

SUMÁRIO

1. Viver, crer, celebrar e orar 7

2. Festa – A celebração plural da fé 17
    2.1. A festa 17
    2.2. Funções? Significados? 24

3. Os mestres da folga e da folia 29
    3.1. Uma etnografia da educação 30
    3.2. Missionários, índios, camponeses 35
    3.3. Mestres, contramestres, foliões e folgazões 43
    3.4. Um rito que codifica e ensina 55

4. Os mestres que me ensinaram 59
    4.1. As dimensões do saber 59
    4.2. Os saberes da folga e da folia 62
    4.3. Unidade e diferença 84
    4.4. A trilha invisível: aprender 94
    4.5 "Aprendi assim: Foi" 133

5. A quem procurais?
    A Semana Santa em Pirenópolis, Goiás 139
    5.1. Uma breve semiologia do sentimento 143
    5.2. Quaresma (*coresma*): Jejuar, submeter-se 144
    5.3. Os dois primeiros dias: Prenúncio do sofrer 146

5.4. O Domingo de Ramos: Júbilo efêmero – Enverdecer...... 158
5.5. Segunda-feira: Arrependimento – Ser mulher 163
5.6. A terça e a quarta-feira: Silêncio e ensaio........................ 168
5.7. Quinta-feira Santa: O sofrimento – Narciso 176
5.8. Sexta-feira Maior: Cotejar a morte – Desalento e pompa......181
5.9. Sábado Santo: A linguagem do limiar 187
5.10. Domimgo da Ressurreição: Retorno à vida – Do Cristo renascido ao Divino por chegar....................................... 191

6. A carta do fiel ao santo 197
   6.1. A fé por escrito 197
   6.2. O Santuário de Santo Antônio de Catageró 199
   6.3 As cartas: As trocas de serviços 202

7. Sinais do sagrado "lá no Norte" 209

8. Um homem vestido de branco
   Anotações de vocação poética de Thomas Merton 213

Referências bibliográficas.. 227

1
VIVER, CRER, CELEBRAR E ORAR

Este é um livro de diferentes tempos e lugares, embora próximos. Diversos são os momentos em que suas pesquisas de campo foram vividas, e o que está escrito e fotografado aqui, desta *introdução* em diante, são lugares que foram visitados e percorridos.

Voltei faz poucos dias de uma estada em Goiânia. Na última noite em que estivemos juntos, inúmeras pessoas com quem comparto a vida há muitos anos reuniram-se em um auditório da Universidade Federal de Goiás para festejarmos os meus "quarenta anos de pesquisas em Goiás". Logo na fala de abertura, foi necessária uma pequena correção. Afinal, eram mesmo "quarenta e dois anos", se formos contar de fato o momento das primeiras e ainda precárias pesquisas, iniciadas entre uma "Fazenda Serrinha", no município de Itauçu e na Cidade de Goiás.

E o tema daqueles primeiros registros de um ainda estudante universitário, mas já então envolvido com a *cultura popular,* era o mesmo que depois me acompanhou vida e caminhos de sertões, povoados e pequenas cidades afora, em Goiás, Minas Gerais, São Paulo e também na Galícia. Os capítulos deste livro testemunham parte desta pequena trajetória que um dia, espero, chegará a seus "cinquenta anos". Eles envolvem anos de pesquisas de campo junto a criadores populares de uma cultura a que nos acostumamos a dar o nome – nem sempre reconhecido por eles próprios – de *catolicismo popular.* Melhor seria escrever as duas palavras no plural. Apenas o último escrito, *Um homem vestido de branco,* deixa de lado o antropólogo pesquisador e deixa que fale, para que o livro assim se encerre, o homem que envelhece devagar, em busca das raízes da mesma fé cristã que as mulheres e os homens dos capítulos antecedentes vivem e praticam, entre preces, festejos, folias e romarias. Pois é com as mesmas e outras palavras que esta múltipla "gente do povo" – que aqui comparece ora de joelhos e com um terço entre as mãos, ora caminhando longas distâncias por caminhos de terra ou estradas de asfalto, em busca de um "lugar santo", ora, ainda, todos vestidos de guerreiros, de reis magos, de reis e de rainhas, entre roupas de seda e de arminho, cantos e danças, tambores e estandartes, com que festivamente invadem as ruas da cidade e os adros das igrejas – pergunta aos silêncios de Deus e aos mistérios de suas almas e das nossas: "Em nome de quem tudo isto?", "Em quem ou no que cremos ainda... ou sempre? Que Deus ou quais deuses habitam ainda a pessoa individual ou coletiva de nós mesmos? Que nomes damos a eles e a nós próprios?", "O que esperamos dele ou deles e no que acreditamos – e por isso oramos, cantamos, dançamos, viajamos e celebramos –, e o que ele ou eles esperam de nós?".

Depois de tantos anos e séculos de existência, crescimento e expansão entre os mais diferentes povos e as mais diversas culturas, o catolicismo de hoje, sobretudo no Terceiro Mundo e, mais ainda, na América Latina e no Brasil, guarda algumas ora próximas, ora distantes semelhanças com as religiões greco-romanas com que ele se encontrou e defrontou nos tempos de Cristo e vários séculos adiante.

Em primeiro lugar, e bem ao contrário das "igrejas de salvos e de eleitos", ele é uma religião de todos. Lampião achava-se tão digno de orar terços matinais quanto os beatos com quem não poucas vezes deveria haver cruzado entre caatingas do Nordeste. Pois mesmo aspirando, com e entre os seus fiéis, a uma vida em direção à santidade de vários modos descrita e proclamada nos evangelhos, o catolicismo diz com secular clareza em várias de suas orações consagradas que "somos todos pecadores", diversamente dos que se proclamam aos brados serem a pequena e exclusiva comunidade dos "salvos no Senhor". Nisto ele difere da Assembleia de Deus, por exemplo. Ele sabiamente aspira ser uma ampla e aberta religião de "todos os homens" e de "todos os pecadores" que desejem agregar-se em pequenas unidades solidárias de uma mesma fé, para juntos e através não apenas de preces, mas das obras que tornam uma fé religiosa um bem e um dom social, buscarem sua salvação entretecida com a dos outros. E nisto ele difere da Igreja Universal do Reino de Deus, uma típica religião de clientela anônima que se congrega ao acaso em celebrações que são "sessões" com horas de culto próximas às do cinema da esquina.

Em segundo lugar, primeiro nas próprias tradições populares e, depois, na própria doutrina pelo menos das frentes mais avançadas da Igreja, o catolicismo é uma religião "entre todos". Mesmo que um imaginário pan-ecumênico não seja ainda uma proclamada ideia canônica da Igreja Católica, essa ideia é cada vez mais uma crença essencial e uma prática crescente entre teólogos eruditos com doutorado na Alemanha ou em Roma e entre teólogos populares com não menores aprendizados junto a velhos sábios-de-fé de algum povoado entre Pirapora e Pedras de Maria da Fé, nos sertões do Norte de Minas.

E é justamente desses sertões que eu quero trazer aqui uma das inocentes e sábias confissões de fé "na minha crença", associada a uma crença "na fé dos outros". Em uma das passagens do *Grande sertão: veredas,* que festejou em 2006 seus cinquenta anos de vida por escrito, Riobaldo, velho barranqueiro e ex-jagunço e chefe de jagunços, confessa sem pudor ao leitor silencioso que o ouve ao longo das 460 páginas das antigas edições da José Olympio.[1]

> Hem? Hem? Que mais penso, texto e explico: todo-o-mundo é louco. O senhor, eu, nós, as pessoas todas. Por isso é que se carece principalmente da religião: para se desendoidecer, desdoidar. Reza é que sara loucura. No geral. Isso é que é a salvação-da-alma... muita religião, seu moço! Eu cá, não perco ocasião de religião. Aproveito de todas. Bebo água de todo rio... Uma só, pra mim é pouca, talvez não me chegue. Rezo cristão, católico, embrenho a certo; e aceito preces de compadre meu Quelemém, doutrina dele, de Cardéque.

---

[1] Como a da sétima edição, do ano de 1970, em que a passagem transcrita abaixo está nas páginas 15 e 16.

Mas, quando posso, vou no Mindubim, onde um Matias é crente, metodista: a gentes e acusa de pecador, lê alto a Bíblia, e ora, cantando belos hinos deles. Tudo me quieta, me suspende. Qualquer sombrinha me refresca. Mas é só muito provisório. Eu queria rezar – o tempo todo. Muita gente não me aprova, acham que lei de Deus é privilégios, invariável. E eu, Bofe! Detesto! O que sou? – o que faço, que quero, muito curial. E em cara de todos faço executado. Eu? – não tresmalho! Olhe, tem uma preta: Maria Leôncia, longe daqui não mora, as rezas dela afamam muita virtude de poder. Pois a ela pago, todo mês – encomenda de rezar por mim um terço todo santo dia e, nos domingos, um rosário. Vale, se vale. Minha mulher não vê mal nisso. E estou, já mandei recado para uma outra, do Vau-Vau, uma Izina Calanga, para vir aqui, ouvi que ela reza também com grandes merências, vou efetuar com ela trato igual. Quero punhado dessas, me defendendo em Deus, reunidas de mimem volta... Chagas de Cristo!

Assim, tanto no romance de João Guimarães Rosa quanto na vida cotidiana e por toda a parte, o catolicismo é uma religião do padre e da puta, do policial e do bandido, do fiel paroquiano da Renovação Carismática e de pessoas que em nome de pessoas e de comunidades deram e seguem dando suas vidas. Uma prática cristã tão antiga e de forma infeliz parece hoje tornar-se tão anacrônica, tão estranha. Ele é a religião praticada de quem vive dia a dia sua fé na vida de sua igreja, entre os irmãos de sua paróquia, de sua associação pia ou de sua ordem religiosa. E é também a religião daqueles como Paulo Freire, Betinho e tantos outros, e tantas outras, que paravam e ainda param, como eu, na porta da igreja do bairro e se perguntam: "Entro ou não entro?", "Comungo ou não comungo?", "Sou católico ainda ou já não sou mais?". Pois na prática da vida, o catolicismo – pelo menos aquele que se vive todos os dias, por toda a parte – é uma rara religião que em suas muitas faces permite que você seja uma forma de presença nela, mesmo quando você acha que já não é mais dela. Uma tolerante e prescritiva religião que abriga "católicos de nome", "católicos de fé, mas não de igreja", "católicos praticantes", "católicos participantes".

Não é que haja religiões demais no catolicismo. É que, distante das religiões e de outros sistemas de sentido fundamentalistas, ele é uma religião na qual Deus pode ter muitos rostos. Alguns amigos meus, com quem vivo minha (nossa) busca do "como ser cristão hoje?", dizem (dizemos) que "a minha religião é o cristianismo". Esta é minha *comunidade de fé*. O catolicismo é minha *escolha*, minha *tradição*, minha *comunidade de crença*, minha *igreja* entre outras várias escolhas, tradições, comunidades, igrejas. E nunca acima de nenhuma outra. E estas "outras escolhas" não estão apenas entre as confissões e igrejas evangélicas, mas se abrem a todas as outras que, de um modo ou de outro, incorporem a mensagem dos evangelhos, a pessoa de Cristo (um deus, um filho-de-Deus, um redentor humano, um profeta) e as orações que eu também rezaria (ou oraria) de bom grado.

Em suas múltiplas faces e alternativas pessoais de fé e de vivência comunitária da fé, a tradição católica do cristianismo interage, conecta-se e incorpora-se polissemicamente às várias culturas e às várias situações dos universos culturais em que existe. Parecendo ser hoje a religião de uma igreja rigorista, reguladora e hierárquica, isto a que damos o nome de "catolicismo" abriga uma das mais abertas e generosas religiões de nosso tempo.

Creio que o cristianismo-católico consegue ser, entre os grupos minoritários e as amplas maiorias diferenciadas, uma tradição religiosa entre a comunidade de adesão restrita (estilo sectário, tipo "só aqui há salvação") e a agência religiosa de clientela (estilo: "desde que você pague e não questione, seus problemas serão resolvidos"). Uma diferenciada tradição cristã, capaz de dialogar com próximas e distantes alternativas pessoais, comunitárias e sociais de adesão. Acredito que uma boa parte da própria força da Igreja católica está em sua impossibilidade de preservar-se como uma inigualável "unidade religiosa", sem esta abertura – confessada ou não – a uma pluralidade de formas de ser, sentir-se e viver como um cristão-católico.

O mundo religioso no Brasil e em quase todos os quadrantes do mundo abriu-se, escancarou portas e janelas, diversificou caminhos de escolhas, dentro e fora da religião. Vivemos um tempo em que, no trabalho, em casa ou mesmo em uma mesa de bar, convivemos com perguntas que são as dos outros, depois de serem também as nossas: "Crer ou não crer em Deus?", "Ser ateu ou crente?", "Crer em Deus sem aderir a qualquer religião, como preconizava Albert Einstein, em nome de uma ampla *religião cósmica*?" etc. Mas perguntas que, entre os que creem ou desejam crer em um Deus, envolvem também escolhas religiosas: "A que religião, tradição ou confissão religiosa aderir e como vivê-la?", "Ser, identificar-se com e praticar uma religião ou criar e fazer variar uma própria forma de viver dentro de uma teia pessoal de religiões ou de tradições religiosas?". E mesmo quando alguém se reconhece "de uma religião", há perguntas ainda que eu me faço e que os foliões de Santos Reis, os folgazões da Dança de São Gonçalo ou os guerreiros congos e moçambiques das festas de São Benedito ou de Nossa Senhora do Rosário se fazem, com menos angústias e buscas do que eu, imagino: "Viver 'meu cristianismo' sem aderir a uma igreja cristã?", "Viver uma adesão múltipla e aberta?", "Aceitar, ser e praticar uma única tradição cristã de maneira fiel, mas aberta e ecumênica?", "Viver exclusiva e sectariamente uma única confissão religiosa?".

Nossas estatísticas (como todas as outras) apenas escondem a realidade mais profunda da verdadeira vida e das identidades religiosas, sobretudo as cristãs. Qual é a identidade cristã de Rubem Alves, que foi pastor presbiteriano? Qual a de Marcos Arruda, meu companheiro de Ação Católica? Qual a de Leonardo Boff, que foi frade e é teólogo? Qual a minha? Qual era a de Betinho e qual a de Frei Betto? Qual a sua, que me lê agora e pensa: "e eu?" Qual a de inúmeros agentes rituais do catolicismo popular que, entre pausas de seus ritos de fé e festa, confessavam em voz baixa que "está cada vez mais difícil manter meu grupo, porque os jovens não querem mais saber de religião, e os outros passam cada vez mais para crente?".

Isto acontece em todas as dimensões sociais e entre todas as diversas tradições culturais em nossas cidades e no Brasil. E se multiplica dentro e, até certo ponto, fora do catolicismo e do cristianismo em meio popular. Não apenas deus, mas a salvação e até a ajuda divina nas agruras do dia-a-dia agora existem em e emanam de várias fontes de fé. E mais do que isso, outros sistemas de sentido e outras religiões ora somam, ora se opõem ao catolicismo na difícil tarefa de responder, para mulheres e homens de agora, nossas perguntas mais essenciais.

Cremos que tanto Augusto Comte quanto Carlos Marx falharam em suas científicas (ou ideológicas) previsões sobre o desaparecimento das religiões em um mundo regido pela lógica inquestionável da ciência. Até esta altura de um "terceiro milênio", o que vemos acontecer é o oposto. Por toda a parte existe um retorno aos mais diversos apelos e estilos da experiência pessoal e coletiva do "viver a fé". Estamos de novo vivendo tempos de uma intensa busca de sinais mais sonoros, mais visíveis, mais cheios de cores e de vida, para ancorarmos ali nosso desejo de partilha da fé pessoal e de crenças coletivas. Observemos como a seu modo até mesmo uma Igreja Universal do Reino de Deus se volta a mistérios do Antigo Testamento, de personagens bíblicos, de solenes rituais de grande impacto.

Sentimos uma confessada ou não nostalgia de um sagrado não apenas empapado de símbolos, mas rico de mitos, de imagens muito pessoais, muito afetivas, muito interativas. Precisamos de um Deus onipotente, onisciente, invisível e impalpável, para que ele seja "o meu Deus". Mas, depois, precisamos mais de um Jesus humano, nascido em uma manjedoura, amigo de crianças, mais do que adultos, de prostitutas, mais do que de senhoras virtuosas. E mais de profetas do que de sacerdotes ortodoxos. Precisamos de santos, de imagens, de pessoas humanas e sagradas que, sendo como nós, sejam seres próximos o bastante de um Deus todo-poderoso, para pessoalmente intercederem por nós.

Vivemos um tempo de mundo em que se apregoa que uma das características mais essenciais é o desenraizamento. A desconstrução dos mitos (mesmo os das ciências), a volatilização do capital, a mercantilização do ser humano, o esquecimento da pessoa, o "fim da história", enfim. Não possuir raízes, sequer de si mesmo. Deixar-se fluir. Ser, a cada momento, o que se é, mas como um ser fluido e mutante e sempre fugidio daquilo que está sendo agora. Transitar. Errar entre identidades, entre sistemas identitários de ciência, de religião, de arte, de ética e de política. Viver de buscas e circular entre adesões efêmeras, amores passageiros, deuses mutantes, teologias provisórias e teorias mutáveis.

No entanto, os homens e as mulheres do povo – nossos próximos distantes, nossos "sujeitos de pesquisa", assim como nós mesmos, em meio a tudo isso – sentem, como nós sentimos, uma enorme falta de raízes. Porque parece que nos sobram asas, mas parece também que cada vez menos sabemos para onde voar. Desejo e desejamos algo enraizado em mim, em nós, entre nós, no mundo ou entre os mundos onde vivemos. Os acontecimentos bem recentes ao redor da morte de João Paulo II foram uma preciosa e evidente imagem de tudo isso. Milhões de pessoas de todo o mundo – cristãos católicos ou não – acompanharam a morte, as celebrações da passagem de um homem e a ascensão de um outro, no interior de uma das únicas e últimas instituições que ainda nos trazem o sentido e o sentimento de uma arcaica e pesada, mas também confiável, experiência do perene, do enraizado, do milenar, daquilo que não muda com o vento e nem como o tempo, embora muitas e muitos de nós tenhamos lamentado justamente a recente escolha de um Papa "conservador".

Alguém que se abre ao presente ainda sonha futuros em mim: sonha com uma igreja popular, "de libertação", transformadora, aberta e dialógica. Alguém que em mim volta entre devaneios ao passado, deseja uma igreja com muito incenso, latim e canto gregoriano. E é bem isso o que os fiéis do catolicismo popular dizem aos que "viram crentes". Vocês mudaram de uma igreja para a outra. Em busca de asas para voar para Deus, perderam as raízes nas quais ele nos deseja colher para salvar. Pois eles creem no que oram e "festam" que catolicismo ainda preserva este apelo, sobretudo no meio do povo rural. Qual apelo? O ser agora ainda o que se era. Ser e preservar os sinais do sagrado "como os nossos pais e os pais deles nos ensinaram". Ser um sinal e um símbolo do que perdura, em meio a um mundo onde tudo, do sabonete a Deus, perde o sentido de suas origens e parece existir no interior de uma festiva e, no fim das contas, desconfiável... "novidade".

E não apenas no caso da tradição católica do cristianismo. Observemos como no mundo rural coexistem, lado a lado, religiões e igrejas com características opostas. Algumas empapadas do vigor de suas raízes e aprisionadas entre as teias de suas tradições: Testemunhas de Jeová, Adventistas do Sétimo Dia, Congregação Cristã no Brasil. Ao lado de igrejas e religiões novas e regidas por um permanente desejo de reinventar o velho. O que mais impressiona não é a explosão da novidade religiosa, mas a permanente interação entre asas efêmeras e errantes e raízes estáveis e fixas na terra e no coração das pessoas.

É um pouco de "tudo isso" que os escritos deste livro pretendem ser, uma leitura, uma imagem entre outras e uma testemunha entre tantas.

2
FESTA
A CELEBRAÇÃO PLURAL DA FÉ

*A festa... Ela corta uma sequência.
Ela quebra o encadeamento dos acontecimentos
que a ideologia histórica europeia nos apresenta
como lógico e insuperável.
Entretanto, na prática antropológica ou sociológica,
comprovamos que a vida coletiva é realizada
com o imprevisível e o inelutável, e que a experiência comum
faz romper em fragmentos, no tempo e no espaço,
as belas construções unitárias, estruturais ou funcionais.*

Jean Duvignaud, *Festa e Civilizações*, 25.

2.1. A Festa

Algumas vezes, em alguns dias seguidos, em uma noite, em um momento breve, mas único, as pessoas deixam de ser quem são nos outros dias, nos outros momentos, em outras horas da semana, e se entregam à festa. Lavradores, artesãos, operários de fábricas, pescadores, manicuras e domésticas, motoristas, vendedores de pipocas, carpinteiros, pedreiros e serventes revestem-se então de cores e de sedas, de veludos e de singelos símbolos por meio dos quais se transformam em reis e rainhas, em generais, capitães, guerreiros, devotos, em memória de povos da África distante, nos dançadores da Folga de São Gonçalo, nos Três Reis da viagem dos magos. Seres que descem dos bairros pobres em direção à cidade e invadem as ruas e depois a praça, o adro de uma igreja, um coreto, com seus cantos, seus passos de dança, sua fé e suas memórias.

E como é linda a Santa em sua berlinda,
E o romeiro a implorar,
Pedindo à Dona em oração
Para lhe ajudar.
Oh! Virgem Santa,
Olhai por nós.
Olhai por nós.
Oh! Virgem Santa,
Pois precisamos de paz.[1]

Durante os festejos ao Divino Espírito Santo em São Luís do Paraitinga, no interior de São Paulo, apenas os homens dançam nos ternos de congos e moçambiques, desfilam pelas ruas, saem na procissão e se apresentam na praça diante da igreja. Ali, fardados e solenes, mas igualmente alegres e, alguns, tocados por goles moderados de pinga, todos dançam passos que se acredita serem, ao mesmo tempo, de guerreiros e devotos. Dançam para todos, para o festeiro e para o santo que se festeja. Com bastões pintados, parecem lutar uns contra os outros enquanto cantam:

Nossa vida é passageira.
Ninguém pode alcançar.
São Benedito na bandeira
É o nosso guia,
Estamos aqui pra festejar.
Ah, que alegria![2]

---

[1] *Festa do Círio de Nazaré*, samba-enredo de Dario Marciano, Aderbal Moreira e Nilo Mendes. Foi levado para a Avenida em 1975 pela Escola de Samba Unidos de São Carlos. Autoridades eclesiásticas do Pará protestaram com veemência, porque consideraram um desrespeito o que lhes pareceu uma reprodução, em pleno Carnaval, da tarefa sagrada do Círio de Nazaré, em Belém. Foi pedido inclusive ao então governador do Estado do Rio de Janeiro, Chagas Freitas, que não deixasse sair nas ruas a escola e o samba. Ambos saíram. Pouco tempo depois, com o nome de *O Carnaval Devoto*, Isidoro Alves publicou um excelente estudo sobre o próprio Círio de Nazaré (Editora VOZES, Petrópolis, 1980).

[2] Cantorio de moçambiqueiros de Lorena, em uma Festa do Divino Espírito Santo, em São Luís do Paraitinga.

Não é fácil separar uma coisa da outra e colocar uma lógica de ciência em um emaranhado de acontecimentos, cuja maior virtude possivelmente está em procurar fugir sempre, de todos os modos, das regras da lógica da razão cotidiana. Onde está o sagrado e onde está o profano? Onde está a solenidade que coletiviza a necessidade da ordem e a festividade transgressiva que, pelo menos em aparência, parece querer desafiá-la?

Difícil captar o sentido desta dimensão da cultura que costuma colocar mitos, máscaras e fantasias tanto no corpo de seus envolvidos quanto no rosto de seu próprio conceito. Afinal, haverá em algum lugar de uma mesma cultura uma unidade qualquer de gestos e falas ou um conjunto associado de acontecimentos e ideias que possam ser separados de todos os outros da vida social e a que se possa atribuir o nome genérico de *festa*? Se isso fosse importante, como reunir sob um mesmo conceito ou dentro de uma mesma região da cultura experiências simbólicas coletivas cujas razões e significados talvez sejam, para seus próprios promotores e participantes, tão diferentes, em alguns casos tão opostos?

Aqui mesmo, hoje, de tal modo, a *festa* invade a vida e, de repente, parece que tudo é ela – quando há "crise" ou mesmo por causa disso – ou parece que em tudo há uma dimensão que pode ser vivida como *festa*. Estamos acostumados a chamar *festa* a comemoração caseira do dia do aniversário de um parente, entre bolos, bolas e balas. Do mesmo modo oficialmente se diz: "Os festejos da Semana Santa" e ao que imaginamos que fazem em junho os povos camponeses do país e as crianças da cidade imitam na escola chamamos "festas juninas". Desdobradas, elas podem receber o nome de cada um de seus patronos e serem, por exemplo, a "Festa de São Pedro", no dia 29 de junho. Embora ninguém ouse chamar um velório de "festa", todos sabem que há algo festivo nele, sobretudo quando no meio da noite a família do morto lembra de servir aos presentes alguns "comes e bebes". Mas entre lenços que secam lágrimas e acenam o adeus ao morto querido, despedidas de mortos públicos, como Clara Nunes, acabam sendo também intensas festas coletivas.

Se considera-se o Carnaval como "a grande festa brasileira", por que não considerar seu aparente oposto, o Dia da Independência, como uma outra grande festa nacional? O antropólogo Roberto DaMatta não hesitou em fazê-lo. Ele acredita, inclusive, que boa parte da solenização da vida brasileira pode ser compreendida pelo que acontece dentro e entre esses momentos rituais separados no tempo e, possivelmente, na intenção, entretecidos por um terceiro, que coloca a igreja a meio caminho do poder civil e do Estado: a Semana Santa.[3]

Por outro lado, se a *festa* pode ser considerada um *ritual* ou uma configuração de rituais, cujo acontecimento se opõe à rotina e coloca as pessoas, as instituições e a própria vida social diante do espelho fiel ou invertido do que são, quando não são *a festa*, parece ocorrer com uma o que tem acontecido com o outro. Passa-se do mais restrito ao mais abrangente, e a nova maneira de compreender incorpora elementos e significados excluídos da antecedente. Assim, há uma tendência mais remota na Antropologia em considerar como *ritual* apenas solenização cerimonial de comportamentos coletivos, cujos propósitos e símbolos, concentrados em ritos e mitos, têm algo a ver com a expressão de sagrado, seja ele mágico ou religioso, no seu sentido mais amplo. Entre os antropólogos mais recentes, este parece ser o ponto de vista de Victor Turner, para quem o *ritual* realiza comportamentos formais codificados, separado dos da vida rotineira e que se referem a crenças em seres e poderes místicos.[4]

Outras pessoas preferem ampliar a ideia de *ritual*. Por que ele é apenas o comportamento simbólico coletivo e solene? Por que apenas é aquele que, acredita-se, torna possível algum meio de comunicação entre o humano e o sagrado? Assim, para antropólogos como Edmund Leach, a ideia de *ritual* deve ser ampliada em pelo menos duas direções: primeira, a conduta festiva de seus integrantes não precisa ser necessariamente regida por normas solenizadoras. Ao contrário, o que dá a especificidade de certos rituais

---

[3] Roberto DaMatta. *Carnavais, Malandros e Heróis – Para uma sociologia do dilema brasileiro*. Editora Zahar, Rio de Janeiro, 1980, p. 41.
[4] Eis o que diz Victor Turner: "By ritual I mean prescribed formal behavior for occasions not given over by technological routine, having reference to beliefs in mystical beings or power", *The Forest of Symbols*, Vailballour Press, Ithaca, 1970, p. 19.

é a possibilidade da expressão espontânea dos sentimentos e a possibilidade de o comportamento coletivo ser não só irreverente, mas, pelo menos em aparência, transgressivo. Segunda, não é indispensável que haja uma relação explícita ou desejada entre *o que se faz* e uma esfera mística de sujeitos ou instituições *a quem se faz* para que haja, em algum lugar, um *ritual*. Ao contrário, parece que em quase todas as sociedades humanas há momentos festivos em que a vida dos ritos está em eles poderem, ao se oporem uns aos outros, realizar simbolicamente a oposição entre o sagrado e o profano, entre a solenidade e a mascarada, entre a cerimônia codificada de sagração e a codificação da orgia de transgressão de norma.

Ao passarem da pesquisa de grandes festas solenes de afirmação do poder e de pequenos ritos folclóricos dos diferentes povos do país para o estudo de uma incontável multiplicidade de cerimônias, que vão do carnaval ao comício e da procissão ao circo, os antropólogos brasileiros tendem hoje, em maioria, a seguir o ponto de vista de Edmund Leach e outros antropólogos estrangeiros atuais.[5] E o que se diz então sobre o *ritual* serve também para a *festa*, para sua casa.

Novas formas de viver o *festejo* ou a redescoberta de formas antigas para nosso mundo parecem estender o poder e o significado da *festa*. Cada vez mais ela não quer tanto se opor à rotina, ao trabalho produtivo, mas sim invadi-los. Invadir a política, o lado do sério, as relações que entre si os homens trocam. Para aqueles a quem sentido da *festa* tem sempre a ver com o tradicional, a memória do antigo ou a proximidade do sagrado, seria oportuna a leitura, por exemplo, de três artigos do número 9 de *Religião e Sociedade*. Ali estão, lado a lado, três olhares sobre formas tradicionais e modernizadas de solenizar como festa popular a experiência da participação: a romaria católica em Portugal, a festa anarquista no Brasil e a festa comunista na Itália.[6]

---

[5] Ver em Roberto DaMatta, *Ensaios de Antropologia Estrutural*. Editora Vozes, 1973, p. 141.

[6] Os três estudos sobre festas são os seguintes: *Política e Ritual – a festa comunista na Itália*, de David Kertzer; *A Festa libertária no Brasil*, de Jorge Cláudio N. Ribeiro; *A caminhada ritual*, de Pierre Sanchis. Religião e Sociedade n. 9, junho de 1983.

A simples leitura de como o PC preserva o fervor de seus fiéis, lançando mão de rituais que, fora acidentes de conteúdo, de longe parecem festas religiosas de aldeia, evoca questões sobre como aparentes opostos se misturam e como parece ser a *festa* um dos momentos em que isso mais acontece.

Claude Lévi-Strauss traça uma oposição entre o *jogo* e o *rito*. No primeiro, as regras que tornam possível um confronto entre dois rivais estabelecem as bases de uma igualdade inicial e indispensável, a partir do que é possível esperar um resultado diferenciador que produza, de fato, vencidos e vencedores. Nada pior do que um zero a zero. Como do mesmo modo as regras são prescritas para os dois lados e como as diferenças são estabelecidas ao longo da partida, de acordo com a atuação de cada lado, o jogo permite a reprodução de uma infinidade de confrontos com lances e resultados diversos. E esta é sua razão.

Ora, o rito também é "jogado", mas como se fosse uma partida regida por um padrão de desempenhos, cuja característica é justamente a desigualdade *a priori* entre os participantes. Como se fosse uma única partida viável entre todas as possíveis, o rito produz sempre, do mesmo modo, os mesmos resultados. Assim, no jogo, que é disjuntivo, os adversários são tomados inicialmente como iguais em tudo e produzem ao final o resultado que os torna diferentes. O *jogo* produz acontecimentos a partir de uma estrutura, através da qual codifica e pré-ordena uma simetria necessária. O *rito*, que é conjuntivo, reproduz uma estrutura através de acontecimentos, começando por atores tomados como essencialmente desiguais e procurando um resultado que, ao final, a todos iguale simbolicamente.[7]

No entanto, o próprio Lévi-Strauss apresenta exemplos em que *jogos* são "jogados" como *ritos*. Ritos-jogos de sociedades tribais, cujo resultado é antecipado – ainda que duas equipes joguem de verdade, para que o acontecimento confirme um efeito simbólico que submete o inesperado do *jogo* à regularidade do *rito* –, ou jogos-ritos, que entre dois lados são jogados

---

[7] Claude Lévi-Strauss, *O Pensamento Selvagem*. Cia. Editora Nacional, São Paulo, 1970, p. 54 e 55.

tantas vezes quantas sejam necessárias para que ambos os lados saiam com o mesmo número de vitórias e derrotas.[8]

Muitos rituais que fazem até hoje a fração mais popular e mais tradicional de inúmeras festas religiosas brasileiras, de algum modo, tratam o *jogo* como um *rito*. Um exemplo poderia ser o das representações de *congadas* e *marujadas*, cujas embaixadas simulam combates entre lados opostos, em que os atores-guerreiros desempenham papéis fixos entre situações de lutas, cujos resultados são conhecidos de todos e, por isso, são intensamente esperados a cada ano. Mais curioso é o que ocorre com as *cavalhadas*, descritas em um dos artigos deste livro. No Centro-Sul do país, elas são jogadas de tal modo que, primeiro, os 24 cavaleiros, divididos em dois lados de guerreiros rivais – cristãos e mouros, quase sempre –, lutam uma guerra de várias batalhas, que são as "carreiras" do *rito*, até quando os mouros, vencidos, são convertidos e incorporados ao lado dos vencedores, os cristãos. Após a celebração da paz, os dois lados de guerreiros rituais se convertem em equipes de cavaleiros rivais e o *rito* termina como um puro *jogo*. Um a um eles são obrigados a dar demonstrações de destreza com lanças e espadas, e, então, há, entre supostos iguais, verdadeiros vencidos e verdadeiros vencedores.[9] Simplificadas, as *cavalhadas* no Nordeste fazem apenas a parte do *jogo*, e ele é toda a sua *festa*.[10]

Essa não será, no entanto, a diferença mais importante aqui. O que deve ser ressaltado é a maneira como a *festa* e o *jogo*, o sagrado e o profano, tão aparentemente separados, são, na verdade, continuamente misturados um ao outro, de tal maneira que, por serem opostos, não se possa pensar e viver um lado sem o outro. Não se trata mais apenas de *ritos* que repre-

---

[8] Claude Lévi-Strauss, *O Pensamento Selvagem*, p. 53.
[9] Em 1973 fiz um pequeno estudo sobre o ritual das cavalhadas na Festa do Divino Espírito Santo, em Pirenópolis, no interior de Goiás. O trabalho foi publicado: *Cavalhadas de Pirenópolis – um estudo sobre representações de cristãos e mouros em Goiás*. Ed. Oriente, Goiânia, 1981, 2ª edição.
[10] Theo Brandão, *As Cavalhadas de Alagoas*. Revista do Folclore Brasileiro, ano II, n. 3, maio/agosto 1962.

sentam *jogos* ou *jogos* que se incorporam a *ritos*. Trata-se do modo como, a cada dia mais, a totalidade de certas festas tende a ser redefinida através de relações de competição que ameaçam tornar, por exemplo, o dia do "resultado oficial" do concurso de blocos e escolas de samba mais esperado e importante do que a noite em que, na "avenida iluminada", eles fazem sua *festa*. Por outro lado, nos grandes dias dos jogos de futebol mais importantes, o *jogo* entre os dois times parece ser apenas um pretexto para que, entre a geral e a arquibancada, a massa dos torcedores reproduza, como um gigantesco ritual, a "festa das torcidas".[11]

2.2. Funções? Significados?

Para que servem as festas? Para o que serve pensar a que elas servem ou em nome de que razões "funcionam"? Estamos muito longe do tempo em que a vida social era imaginada como um edifício, onde não só todos os andares se correspondiam pelo fio de uma mesma lógica, como também respondiam às mesmas ou a diferentes funções. Melhor, portanto, do que procurar saber o que a festa *faz*, não seria compreender o que ela *diz*? Dito de outro modo: as pessoas fazem a *festa* porque ela responde a alguma necessidade individual ou coletiva, ou cumpre alguma função social que a torna, por outros caminhos, necessária? Ou as pessoas vivem a *festa* porque ela é um entre outros meios simbólicos através dos quais os significados da vida social são ditos, com dança e canto, mito e memória, entre seus praticantes?

Tomemos alguns exemplos nossos, próximos ou distantes de nossa cultura. Quando antropólogos norte-americanos pesquisaram festejos de comunidades aymaras das margens e ilhas do lago Titicaca, esses festejos foram

---

[11] Sobre este assunto há um trabalho muito interessante escrito por Benedito Tadeu César: *Os Gaviões da Fiel e a Águia do Capitalismo*, dissertação de mestrado apresentada ao Programa de Pós-graduação em Antropologia Social da UNICAMP, em junho de 1981 (xerox).

interpretados como um tipo de sistema social e simbólico institucionalmente flexível, capaz de, ao mesmo tempo, conservar elementos tradicionais da cultura indígena e incorporar outros novos. Há nas festas elementos de conflitos e discórdia. Eles são conduzidos da sociedade para a festa ou são criados através da festa, e, assim, antagonismos entre categorias de sujeitos sociais são traduzidos como rito e, entre danças e simulações de lutas, ao mesmo tempo expostos e resolvidos. Esta seria apenas uma das funções da festa. Seus rituais veiculam mensagens que fazem circular da sociedade para ela própria significados e princípios que reforçam as estruturas da própria ordem social.[12]

A mesma coisa é dita, com maior profundidade, em um conhecido estudo em que Max Gluckman discute o sentido de rituais de rebelião no Sudeste da África. Ali, um comportamento feminino invertido – transformado de submisso e pudico em arrogante e sensual – ou um comportamento festivamente desafiador de súditos a figuras reais serve para que a sociedade reforce a ordem das relações de um cotidiano que a festa simbolicamente nega. O poder permite o excesso. Permite deixar-se desafiar, com a condição de que a própria festa que violenta a ordem estabeleça os limites de seu retorno a ela.

> A aceitação da ordem estabelecida como certa, benéfica e mesmo sagrada parece permitir excessos desenfreados, verdadeiros rituais de rebelião, pois a própria ordem age para manter a rebelião dentro de seus limites. Assim, representar conflitos, seja diretamente, seja inversamente, seja de maneira simbólica, destaca sempre a coesão social dentro da qual existem os conflitos. Todo o sistema social é um campo de tensões, cheio de ambivalências, cooperações, lutas contrastantes. Isso é verdade tanto para sistemas sociais relativamente estacionários – que me apraz chamar de repetitivos – como para sistemas que mudam e se desenvolvem. Num sistema repetitivo os conflitos são resolvidos, não por alterações na ordem dos postos, mas por substituição das pessoas que ocupam esses postos.[13]

---

[12] Buechler, H. e Buechler, J. M. *The Bolivian Aymara*. Holt, Rinehart and co. New York, 1965, p. 63.
[13] Max Gluckman, *Rituais de Rebelião no Sudeste da África*. Editora Universidade de Brasília, 1974, p. 22 e 23.

Conclusões de Gluckman: em sociedades tribais, onde não é viável a alteração da própria ordem social, ou os que mandam são substituídos, quando se reconhece que eles não servem mais para mandar, ou a vida social transforma em rito o momento em que os que obedecem dizem festivamente ao rei que o odeiam, mas o toleram.

A cerimônia afirma que, em virtude de suas posições, povo e príncipios odeiam o rei e, no entanto, eles apoiam este último.[14]

O que dizer de grandes festas de sociedades complexas como a nossa? O que dizer do Carnaval, por exemplo, um demorado ritual de aparente quebra da rotina, da ordem e da regularidade dos papéis sociais que os foliões possuem e aceitam fora dele? O próprio Max Gluckman levanta a hipótese de que culturas como a nossa não possuem rituais equivalentes de rebelião simbólica contra o poder porque são mundos sociais onde a própria ordem política pode ser contestada.[15]

O Carnaval sequer desafia a ordem da vida social. Em um mundo de pessoas e instituições regidas pela desigualdade e hierarquia, tudo o que ele permite é, por um momento, espreitá-lo e vivê-lo de outra maneira, invertendo, entre músicas, condutas e fantasias, não tanto as regras da vida, mas sim o modo rotineiro de vivê-las. O Carnaval não é alegre porque se canta e dança, mas porque, cantando, é possível por alguns momentos enunciar a possibilidade de transgressão e, sobretudo, da diferença, ainda que um coisa e outra em momento algum desafiem a ordem que se alimenta da desigualdade. De resto, por que esperar de uma festa que ela faça isso?

> Os costumes carnavalescos ajudam a criar um mundo de mediação, de encontro e de compensação moral. Eles engendram, assim, um campo social cosmopolita e universal, polissêmico por excelência. Há lugar para todos os seres, tipos, personagens, catego-

---

[14] Max Gluckman, *Rituais de Rebelião no Sudeste da África*, p. 23.
[15] Max Gluckman, *Rituais de Rebelião no Sudeste da África*, p. 32.

rias e grupos; para todos os valores. Forma-se então o que pode ser chamado de um campo social aberto, situado fora da hierarquia – talvez limite na estrutura social brasileira, tão preocupada com suas entradas e saídas. Neste sentido, o Carnaval é o mundo da conjunção, da liderança e do *joking*; vale dizer, o mundo da metáfora; da união temporária e programada de dois elementos que representam domínios normalmente separados e cujo encontro é um sinal de anormalidade. Os personagens do Carnaval não estão relacionados entre si por meio de um eixo hierárquico, mas por simpatia e por um entendimento vindo da trégua que suspende as regras sociais do mundo da plausibilidade: o universo do cotidiano.[16]

"O mundo da metáfora": será este o lugar da festa? Um modo coletivo surpreendentemente denso e afetivo de se estar, afinal, *aqui* e se ser finalmente *outro*? Um meio pelo qual, sob a ilusão da inexistência das regras do código que torna o cotidiano ao mesmo tempo indispensável e opressor, as pessoas trocam entre si afetos e sentidos. Gestos, palavras e símbolos que não servem apenas para que sejamos mais felizes, mas para que, mascarados e diferentes, possamos dizer-nos uns aos outros e com ou sem a mediação do sagrado quem somos e por quê.

Depois de estudar a "briga de galos" na Ilha de Bali – um esporte ao qual os balineses se entregam como a um rito e a cujas regras se submetem, de tal sorte que, por debaixo daquilo que aos olhos de estrangeiro parece ser pura desordem e violência, reina a ordem da festa e a ética do justo –, um outro antropólogo, Clifford Geertz, conclui de modo não muito diferente.

Primeiro ele chama a briga de galos de *arte*, mais do que de *jogo*, e, com mais motivos, isto vale para *ritos* e *festas*. Depois, ele lembra que se a arte tem função, tal como em uma série de combates em que ritualmente os homens se apostam uns contra os outros e os animais se matam uns aos outros, ela serve para tornar "compreensível a experiência comum, cotidia-

---

[16] Roberto DaMatta, *Carnavais, Malandros e Heróis*, p. 49

na, apresentando-a em termos de atos e objetos dos quais foram removidas ou reduzidas (ou aumentadas, se preferirem) as consequências práticas ao nível da simples aparência, em que seu significado pode ser articulado de forma mais poderosa e percebido com mais exatidão".[17]

De acordo com Clifford Geertz, brigas de galo, danças no templo, festas de aldeia não "funcionam" como reguladores da ordem social; não reduzem conflitos nem os criam de outro modo; não são o espelho invertido nem a face real das relações de poder e prestígio. Rituais são falas, meios pelos quais as pessoas vivem, na celebração coletiva da cultura, o aprendizado de seu próprio modo de ser. De alguma coisa que não é nem a identidade e nem sequer a ética de um povo, mas seu *ethos*: algo que inscreve na cultura a maneira efetivamente densa e cheia de significados através da qual um povo resolveu viver. Ritos e festas "dizem alguma coisa sobre algo" e são, para Geertz, portanto, mais um problema de semântica do que um problema de mecânica social. Como a briga de galos que se joga como um jogo e se vive como um rito, "uma leitura balinesa da experiência balinesa". Entre gestos de amor e ódio, atos de desespero acompanhados de atos de uma intensa euforia; afinal, é "uma história sobre eles que eles contam a si mesmos".[18]

Situações de trocas entre pessoas através de símbolos e sentidos, que a vida sabe, a fé relembra, a cultura escreve e a festa canta, dança e diz a quem venha ver e ouvir.

---

[17] Clifford Geertz, *A Interpretação das Culturas*. Zahar, Rio de Janeiro, 1978, p. 311.
[18] Clifford Geertz, *A Interpretação das Culturas*, p. 316.

3
OS MESTRES DA FOLGA E DA FOLIA

Estruturas e processos sociais de reprodução do saber popular[1]

Eu digo o seguinte:
Todos aqueles que quiserem aprender na doutrina tragam um caderno.
Eu tenho o prazer de ensinar para cada um,
pois tenho certeza de que o tempo não está muito longo.

Messias, mestre de Aladares,
mestre de Folia em Goiânia

Ele tinha o título de mestre.
Porque aqui quem tem o título de mestre
é quem faz as coisas mais bem feitas;
então tem o título de mestre.
O irmão dele era mestre Pedro,
e ele era mestre.

Dona Cinira, em São Luís do Paraitinga

---

[1] Este longo texto foi a minha parte de um projeto de pesquisas realizado por estudantes de graduação em Ciências Sociais, na UNICAMP, nos anos de 1982 e 1983. Seu nome era: *Estruturas e processos de reprodução do saber popular,* e dele participaram: Aurea Cristina Sampaio, Elda Rizzo de Oliveira, Elisa Granda de Arruda Botelho, Geraldo Matheus Rogatto, Marta Maria Machado, Maria Filomena Gregori, Patrícia Sarti, Ronaldo Batata Simões Gomes, Rosângela Maria Nazzieiro, Wilma A. Silva.

3.1. Uma etnografia da educação

Escrito através dos olhos do antropólogo e com os usos da lógica de sua ciência, este capítulo sobre a reprodução social do saber popular é dirigido a educadores. No entanto, devo dizer de saída que não sei bem como convidar companheiros de trabalho, professores e outros profissionais da educação a que viagem comigo a trilha das páginas seguintes.

Repito, elas falam sobre a Educação. Falam sobre situações, processos e pequenas estruturas de trocas de símbolos através dos quais flui o saber e o ensino do saber. Falam, portanto, sobre o trabalho social de ensinar e aprender. Mas o problema é que se o assunto parece ser-nos tão familiar, os atores que entre cantos e danças o tornam aqui vivo e real podem parecer distantes e estranhos. Espero que nem tanto e nem por tanto tempo.

Eis o desafio da viagem que nos aguarda: o que poderiam ensinar ao educador erudito alguns bandos viajeiros de foliões de Santos Reis e de dançadores folgazões do São Gonçalo, sujeitos roceiros dos sertões de Goiás, Minas e São Paulo, que convoco a que peregrinem, cantem, rezem, dancem e falem diante de nós? Ei-los, leitor, a seu modo nossos iguais em artes e ofícios: mestres da "Folga" e da "Folia". Saberemos ouvi-los?

Entre 1972 e 1980, pesquisei algumas situações da vida e do trabalho de populações rurais do Centro-Sul do Brasil. Dois ou três estudos feitos em Goiás trataram de questões ligadas, por exemplo, ao sistema de relações familiares e produtivas do campesinato; às representações que lavradores migrados para a cidade faziam sobre o trabalho e o alimento; às imagens que sobre si mesmos possuíam negros de antigas cidades "do tempo do ouro". Outros estudos foram mais sonoros. Estendidos depois a Minas Gerais e a São Paulo, eles fizeram perguntas sobre festas, rituais e símbolos do catolicismo popular. Primeiro busquei compreender alguma coisa a respeito da trama de trocas de serviços e significados que dançadores do congo e do moçambique ou foliões do Divino e dançadores da Santa Cruz e do São Gonçalo estabelecem entre si e entre eles e outros participantes de rituais e festas "de santo" do interior do Brasil. Depois ampliei um pouco o esquadro das perguntas e investiguei relações religiosas de teor político dentro do que então aprendi a chamar de "o campo religioso".[2]

Ora, ainda que naquele tempo as trocas populares de saber não fossem objeto de minhas perguntas, por toda a parte eu as encontrei. Aprendi a tratar alguns camponeses dançantes e cantadores com o nome de "mestre". Assim os chamavam seus "discípulos", alunos que cantando e dançando com eles aprendiam. Aos poucos, sem muitas surpresas com o passar do tempo, fui percebendo que alguns métodos criativos de educação ativa eram costumeiros ali, ainda que nomes como os de Piaget fossem entre aqueles lavradores em festa mais desconhecidos do que o de algum planeta inexistente.

Por onde andei nunca vi espaços próprios e situações formais ou escolarizadas de ensino, mas aqui e ali encontrei inesquecíveis momentos de um persistente trabalho pedagógico, mesmo quando aparentemente invisível, mesmo quando oculto atrás da força da evidência de outras práticas, como o trabalho de lavradores, os rituais coletivos dos dias de festa de povoado ou os momentos de lazer das tardes roceiras.

No interior da família nuclear, nas redes tradicionais da parentela ou da vizinhança rural, dentro de equipes de trabalho coletivo e rotineiro ou de trabalho popular especializado, deparei-me com diferentes situações em que o próprio ato do ofício é carregado do exercício ativo de fazer circular o conhecimento. De educar, portanto.

A mesma experiência que vivi conversando com lavradores dos fundos de Goiás, repeti conversando depois com agentes de rituais devotos. Todos estranhavam quando eu lhes perguntava quando e como aprenderam o saber e as difíceis habilidades do ritual de que eram parte – às vezes como um figurante entre muitos, às vezes como um "mestre". Estranhavam a pergunta e demoravam com a resposta. A entrevista que vinha fácil até ali ficava então difícil. Quase sempre diziam que "desde menino" e que foram

---

[2] Trata-se de *Os Deuses do Povo – Um estudo sobre a religião popular*, Brasiliense, 1980. Sobre a mesma questão recomendo ao leitor a leitura de *Gênese e Estrutura do Campo Religioso*, capítulo 2 de *A Economia das Trocas Simbólicas*, de Pierre Bourdieu, Perspectiva, 1974.

"vendo os outros fazendo". Não foram, ou não foi somente assim. Quando a pergunta insistia, a memória popular desvelava situações nas quais houve momentos destinados a ensinar e aprender, dentro e fora do exercício do ritual. A memória do artista devoto recordava, então, que, por simples que pareça o seu grupo de trabalho religioso, ele é uma equipe corporada de um ofício de especialistas. Ali há postos, hierarquias, e ali todos respondem por tipos diferentes de poder, de trabalho simbólico e de exercício do saber. A diferença faz a unidade e torna possível a equipe. Este fato descoberto aos poucos acabou impressionando-me muito. Afinal, como todos os que aprenderam artes e ofícios em escolas eruditas, eu havia sido acostumado a pensar que ordem, distribuição racional do trabalho, hierarquia de postos e uma carreira profissional eram atributos dos lugares profissionais do meu mundo. Da escola ou de universidade, por exemplo.

Entre mestres e discípulos da Folga e da Folia não realizei mais do que uma primeira aproximação, apenas descritiva, aos processos sociais de reprodução do saber popular. Muitos outros mistérios foram deixados de lado. Para um estudo mais a fundo a respeito das origens dos dois ritos camponeses de que falo, prefiro remeter o leitor ao relatório de outras pesquisas.[3] O pouco de história que cabe aqui há de servir para ajudar a seguir o fio de uma questão intrigante. De que maneira uma "tradição religiosa" tida como essencialmente popular foi pelo menos em parte trazida e divulgada por agentes eruditos e colonizadores?

Mais importante do que essa história é a descrição da estrutura interna das relações de poder/saber nas Folias e entre dançadores do São Gonçalo. Daí para a frente o resto do caminho passa pelos lugares que nos interessam mais, leitor. O estudo a respeito do tipo de saber que entre si trocam os sujeitos rurais de quem falo aqui e de como, no ofício do devoto,

---

[3] Alguns estudos foram publicados: *A Folia de Reis de Mossâmedes*, Cadernos de Folclore, FUNARTE/INF, 1977; *Sacerdotes de Viola – rituais religiosos do catolicismo popular em São Paulo e Minas*, Vozes, 1981; *A Dança de São Gonçalo – ritual religioso do catolicismo popular de camponeses do Estado de São Paulo*, Musices Aptatio – Collectanea Musicae Sacrae Brasiliensis, Institut Fur Hymnologische und Musikethnologische Studien, Roma/Maria Laach, 1981.

se aprende o saber da devoção, preferi fazê-lo a partir da análise de alguns casos. Em cada situação escolhida, através dos relatos de cada mestre, este ou aquele aspecto importante é explicado. Finalmente, para obter sobre o assunto algumas conclusões que acredito possam ser estendidas a outras situações de trocas de saber, procedi como acontece em alguns lugares do Centro-Sul do país. Reuni os mestres da Folga e da Folia e, tomando juntas suas falas, atos de ofício e lições, procurei aprender e contar como acontece seu saber.

O material etnográfico mais essencial foi obtido com o trabalho de campo dos dois últimos anos. Parte dele conversando com mestres e devotos em momentos dos dias de rotina. Outra parte, a mais rica e mais motivada, perambulando por ruas da periferia ou trilhas entre sítios e fazendas com "Companhias de Santos Reis", durante os dias do ano em que eles partem "em jornada". Reuni aos dados principais das pesquisas recentes alguns outros, fruto de viagens e contatos anteriores. Apenas três ou quatro vezes estive às voltas com grupos de Folia do Divino ou de São Sebastião. Por outro lado, ainda que várias vezes tenha varado noites entre dançadores folgazões do São Gonçalo, numa região paulista entre Atibaia e Piracicaba, foi junto a um dos mais notáveis mestres do saber popular – Antônio Teles – que obtive quase tudo o que aprendi sobre a dança.

Relaciono abaixo os grupos de trabalho religioso do catolicismo camponês pesquisados. Indico o tipo devocional do rito, assim como o estado, o município e o contexto rural/urbano onde o encontrei.

Ritual	Estado	Município	Contexto
Folia de Santos Reis	Goiás	Mossâmedes	Rural
	Goiás (hoje, Tocantins)	Guaraí	Rural
	Goiás	Abadia de Goiás	Rural
	Goiás	Cidade de Goiás	Urbano
	Goiás	Goiânia	Urbano
	Minas Gerais	Caldas	Rural
	São Paulo	Jardinópolis / Jales	Rural / Urbano
	São Paulo	Ilha Bela	Rural / Urbano
Folia do Divino	Goiás	Mossâmedes	Rural
	São Paulo	Ubatuba	Rural / Urbano
	São Paulo	São Luís do Paraitinga	Rural / Urbano
Folia de São Sebastião	Goiás	Santo Antônio dos Olhos D'Água	Rural
Dança de São Gonçalo	São Paulo	Atibaia, Batatuba	Rural / Urbano

Alguns anos de pesquisa geram dívidas com muita gente. Não dá para falar de todos. Os alunos da pequena equipe que constituímos na UNICAMP, para realizar os trabalhos de investigação sobre o saber popular, trouxeram ideias novas que fizeram amadurecer as minhas ou que me obrigaram a revisá-las. Em várias reuniões estudamos juntos, discutimos nossas dúvidas e aprendemos uns com os outros.

Dizendo o nome de alguns mestres foliões e folgazões, quero estender a todos o testemunho da alegria de tê-los conhecido. Um deles, Mestre Messias, de Goiânia, morreu moço, uma dessas mortes súbitas de pobre. Deixou um discípulo "formado", Aladares, hoje "mestre e embaixador". Os três irmãos do Povo dos Bentos – Nego Bento, Bastião Bento e Quim Bento – que conheci em um giro entre fazendas de Mossâmedes e quem depois re-encontrei em outro, em Abadia de Goiás. Afonso, violeiro e mestre em

São Luís do Paraitinga. Lázaro, um dos mestres da "Folia da Renovação", em Jardinópolis. Outro, que na doçura do trato lembra "a nação dos Bento", de Goiás: Joaquim F. Lopes, como se assina, Mestre Donquinha, como se diz em Caldas, Minas Gerais. Antônio Teles, folgazão notável do São Gonçalo, em Batatuba, na região São Gonçaleira de Atibaia, o mesmo que um dia disse: "Aqui há mestres e o mestre dos mestres". E depois calou humilde para que o silêncio me sugerisse quem deles ele era.

3.2. Missionários, índios, camponeses

Há embaixadores, mestres de Folia, que preferem chamar ao seu *terno*: "Companhia de Santos Reis". Só não evitam de todo o nome "Folia" porque isso é impossível. Afinal, "Folia" – "Folia de Santos Reis", "Folia dos Três Reis Santos", "Folia dos Três Reis Magos" – é um nome consagrado. O recurso é explicar a quem pergunta que "Folia", quando se trata "de religião", nada tem a ver com "folia", "bagunça", assuntos fora do sério e da devoção. Se em alguns momentos do "pouso" e do "giro" há alegria e até diversão na "jornada", os foliões se consideram devotos e/ou promesseiros em "missão". "Estamos aqui cumprindo uma obrigação que os Três Reis Santos deixaram para nós." Ouvi isso vezes sem conta.

Acontece que de algum modo a Folia foi folia no passado e, de um tempo ou outro, de um a outro domínios de prática, oscilou entre a dança profana e o rito sagrado, entre a mascarada e a solenidade. Oscilou entre a praça, a nave das igrejas e os caminhos da roça, do sertão.[4]

Ritos com canto e dança foram comuns no cristianismo primitivo. Cristãos dançavam nas catacumbas. Coros de meninos vestidos de anjos can-

---

[4] "Mascarada" x "solenidade": essa oposição entre cerimônias festivas é empregada aqui com o mesmo sentido que lhe deu Roberto da Mata em *Carnavais, Paradas, Procissões*, Religião e Sociedade, n. 1, maio de 1977; da mesma maneira como a oposição "sagrado x profano" vem de Émile Durkheim e pode ser encontrada na *Introdução de les Formes Elémentaires de La Vie Religieuse*, PUF, 1968.

tavam e dançavam, inclusive diante dos primeiros altares, em cerimônias de que sairiam mais tarde as missas católicas. Uma carta aos gentios escrita por Clemente de Alexandria, morto em 216, descreve cerimônias de iniciação cristã com cantigas e danças de roda. Eusébio de Cesareia, morto em 339, narra danças e hinos, tanto na cidade quanto no campo, em louvor a Deus, festejando a vitória militar do imperador Constantino (Backman, 1952).

> Os cristãos costumavam dançar bastante nos primeiros anos da Igreja. Dançavam nos lugares de culto e nos adros das igrejas. Dançavam nas festas dos santos e nos cemitérios junto aos túmulos dos mártires. Homens e mulheres dançavam – diante do Senhor – e uns com os outros (Cox, 1974, p. 55).

Cantos e danças, comuns entre os primeiros cristãos, possivelmente guardariam memórias de rituais pagãos anteriores. No entanto, é inegável que, tal como em todos os ritos estudados pela Antropologia nas sociedades tribais, tivessem uma função pedagógica essencial. Antes de surgirem as escolas, eram os lugares dos rituais os melhores espaços das trocas do saber. Dançando se sabe e cantando se ensina o saber da história e dos mitos da tribo.

No entanto, já no século IV, surgem controvérsias sobre o uso de danças nas cerimônias cristãs. São Basílio Magno, bispo de Cesareia, primeiro aprova sem restrições cantos e danças em sua igreja. Depois as condena, porque no lugar da devoção piedosa começa a ver sensualidade. Teriam as próprias danças pascais – a que ele se refere – incorporado através das mulheres a lascívia e a profanação? Ou teriam os olhos da hierarquia descoberto a semente de uma perigosa autonomia dos fiéis, nos gestos espontâneos da comunidade cristã?

> Durante o milênio seguinte, as autoridades da Igreja sustentaram uma luta desesperada, primeiro para garantir a compostura na dança e, depois, perdida essa batalha, para abolir a dança de vez. Século após século, bispos e concílios baixaram decretos, advertindo contra as variadas formas de danças que se executavam dentro e nos

adros das igrejas. Mas elas perduraram. Por fim, em 1208, o Concílio de Wurzburg declarou-as grave pecado (Cox, 1974, p. 96).

O que acontece a partir de então na Europa Medieval vamos ver depois no Brasil. As proibições da hierarquia cristã não extinguem de todo os rituais com canto e dança da massa festiva de fiéis. Elas empurram seu cenário para outros cantos de culto popular. Expulsos da nave dos templos, os devotos dançadores refugiam-se nos adros. Expulsos dali, vão para as praças, as ruas, as beiras de cidade, os campos. Alguns ritos de dança voltarão timidamente incorporados a procissões. Outros irão fazer parte dos festejos devocionais, que muito mais tarde vieram a ser chamados de Catolicismo Popular.[5] Mas vamos por partes.

Sobretudo no centro-sul do país, o nome "Folia" aplica-se a um ritual religioso de grupos de viajeiros precatórios. Grupos de artistas devotos em nome de uma santidade de devoção coletiva visitam casas onde recolhem dádivas, distribuem bênçãos, atualizam promessas e anunciam os festejos do "santo" em nome de quem se reconhecem "em jornada": Folia de Santos Reis, Folia do Divino Espírito Santo, Folia de São Sebastião, folias de outros santos de devoção camponesa e tradição popular desde o Catolicismo Colonial.[6]

---

[5] Cito Harvey Cox: "Nem mesmo essa interdição definitiva conseguiu abolir a dança religiosa. Proscritos do santuário, os dançantes foram para a praça, para o adro da igreja e de volta para o cemitério. Acompanhavam ao lado das procissões ou tomavam até totalmente conta delas. Apareciam nas peregrinações. Animavam os dias de festa dos santos. Oculto com dança continuava também em movimentos cristãos fora do alcance dos decretos conciliares e se mantém vivo até o presente. Em congregações negras e igrejas pentecostais, o movimento rítmico não desapareceu jamais. 'Avante, velhos, moços e moças', reza e exortação do dirigente e shaker, há cem anos, 'e rendei culto a Deus, com todas as vossas forças, na dança'", Harvey Cox, *A Festa dos Foliões*, p. 56, Vozes, 1974.

[6] Algumas definições de Folia: "No Brasil a folia é bando precatório que pede esmolas para a festa do Divino Espírito Santo (folia do Espírito Santo) ou para a festa dos Santos Reis Magos (folia de Reis)" (Luís da Câmara Cascudo, *Dicionário do Folclore Brasileiro*, INL, 1962). "Tem o nome de Folia esse agrupamento que anda de fazenda em fazenda, a pé ou a cavalo... são elas as Folias de Reis, que vão de 25 de dezembro a 6 de janeiro" (José Teixeira, *Folclore Goiano*, Cia. Ed. Nacional, 1959).

No entanto, folia foi originalmente uma dança portuguesa, profana e masculina, muito difundida nos séculos XVI e XVII. Uma dança ligeira, com adufes e cantos (Câmara Cascudo, 1962, p. 321). Mais tarde, as folias, purificadas de seus "excessos", penetraram nos salões e, tal como as mazurcas mais ao norte da Europa, tornaram-se também danças de nobres. Ora, folias terão chegado ao Brasil pelas mãos do trabalho catequético dos missionários jesuítas. Desde cedo eles compreenderam a utilidade de incorporarem dramas, cantos e danças no ensino e nos rituais de catequese dos indígenas. "Façamo-los dançarem como nós, para que creiam como nós." Criativos aqueles colonizadores. Texto do jesuíta Anton Sepp sobre o trabalho pedagógico da Igreja nas reduções jesuíticas dos índios guaranis.

> Tomo a lição dos dançarinos e lhes ensino algumas danças, como as costumamos apresentar em nossas comédias, e como são apresentadas nas igrejas da Espanha por ocasião das grandes festas. Aqui é particularmente necessário entusiasmar os descrentes com coisas semelhantes e despertar-lhes e gravar-lhes, como o aparato litúrgico, uma inclinação natural para com a religião cristã (apud. Moreyra, 1979, p. 5).

A musicóloga Yara Moreyra lembra que as procissões portuguesas e, mais ainda, as que os jesuítas promoviam eram verdadeiros teatros espetaculares ambulantes. Havia carros alegóricos, representações em movimento e, por certo, "danças e invenções" (Moreyra, 1979, p. 5). O leitor não se espante, portanto, quando José Ramos Tinhorão aponta as solenes procissões cariocas e baianas dos séculos XVII, XVIII e IX como uma das origens das escolas de samba do Carnaval.[7]

A Folia como dança "de fundo religioso, mais uma manifestação paralitúrgica que profana", é mencionada por Manoel da Nóbrega em 1549. Em uma carta, ele descreve uma procissão de Corpus Christi onde já havia "danças e invenções à maneira de Portugal".

---

[7] Do mesmo modo como em um estudo anterior, o presente documento deve muito a dois textos da musicóloga goiana Yara Moreyra. Um deles é *Folias Mineiras em Goiás* (mimeo., 1978), e o outro é *De Folias, de Reis e de Folias de Reis* (Instituto de Artes da UF Goiás, mimeo., 1979).

Autos litúrgicos medievais representados, cantados e dançados no interior das igrejas foram levados à Península Ibérica. Em Portugal e na Espanha, surgem inúmeros autos natalinos a partir dos séculos XV e XVI.[8] Autos populares piedosos eram então compostos de breves diálogos ingênuos, pastoris, entremeados de *vilancicos*, pequenos cantos que, perdidos mais tarde dos textos de teatro erudito, se difundiram no meio do povo, tanto em Portugal quanto no Brasil. Serão a origem da memória do modo como se canta até hoje a Folia de Santos Reis? (Moreyra, 1980, p. 14.)

Yara Moreyra estabelece uma curiosa analogia entre cerimônias de visitação de pessoas ilustres aos aldeamentos de indígenas no Brasil (leia-se: visitas de autoridades da Igreja ou da Coroa) e o ritual roceiro da chegada das folias de Santos Reis nas casas de "pouso". Em um drama composto por José de Anchieta para a ocasião de tais visitações, o visitante ilustre era recebido à distância da aldeia e levado a ela em um festivo cortejo processional, "com canto, música ou dança, até o adro da igreja". Ali, depois de cenas paralitúrgicas, mas devotas, o auto encerrava-se com bênçãos e despedidas. Algumas vezes danças aconteciam, seja no final do primeiro auto, seja no final do último (Moreyra, 1980, p. 25 e 26).[9]

Das aldeias e da catequese para fora delas, autos piedosos e cortejos processionais com cantos e danças migraram para as festas de povoados e cidades. Invadiram, portanto, igrejas e procissões durante festejos de santos padroeiros (São Gonçalo é um exemplo; o "Divino", reduzido de divinda-

---

[8] Yara Moreyra cita alguns autos de piedade popular que da Península Ibérica terão vindo com os missionários jesuítas para o Brasil: Auto do Nascimento e la Huida (para o Egito), de Gomes Manrique; Auto da Sibila Cassandra (tematicamente relacionado com o Ordo Prophetarum), Auto de Mojica Mendes, Auto Pastoral Castellano e o Auto dos Reis Magos, todos de Gil Vicente (De Folias, de Reis e de Folias de Reis, p. 12 a 14). Cito Luís Felipe Baêta Neves: "*Cantos, músicas e danças* foram, nas Aldeias, muito empregados, sendo julgados os meios mais eficientes para prender a atenção a 'indiada' – o que já era um grande mérito – daí levada a um entendimento considerado de maior valor espiritual" (*O Combate dos Soldados de Cristo na Terra dos Papagaios – colonialismo e repressão cultural*, Forense Universitária, 1978). A respeito do assunto recomendo ainda ao leitor a leitura do *Estudo Introdutório*, escrito por Armando Cardoso para *Teatro de Anchieta* (Loyola, 1977).

[9] Assim, ver em *De Folias, de Reis e de Folias de Reis*, p. 27 e 28.

de a santo protetor, é um outro) ou as grandes festas do calendário litúrgico: as do Natal, da Páscoa, de Pentecostes, do Corpo de Deus.

Os destinos dos ritos se separam. Em alguns, como na Função de São Gonçalo, sobram a dança que sucede a pequena procissão caipira e uma reza ao pé de um altar rústico. Em outros, como na Folia de Reis, é justamente a dança o que desaparece. Em ambos os casos, os dramas piedosos que cantos e danças serviam para introduzir ou dividir em atos foram com o tempo sendo reduzidos ou mesmo desaparecendo, deixando vivos apenas cantos e/ou danças, ao lado das "rezas" costumeiras. Autos populares até hoje existem em outros rituais, como nos de festejos a padroeiros de negros: São Benedito, Nossa Senhora do Rosário e alguns outros.[10]

A Igreja romanizada dos fins do século XIX lutou por varrer dos templos e das procissões a tradição católica anterior – ibérica e colonizadora – de representar a religião através da memória dramatizada dos fatos religiosos, com diálogos, cantos e danças.[11] No caso do Ciclo de Natal, o resultado deste lento e difícil trabalho "purificador", levado a efeito pela hierarquia católica, foi a transformação, aos poucos, do sistema antigo de ritos solenes em uma sequência de atos religiosos oficiais – cujo centro é a Missa do Galo – desvestidos de quase tudo o que se fez no passado.

Em alguns lugares, em um canto do templo ficam presépios que as crianças visitam e onde deixam algumas esmolas "para o Menino Jesus", esquecidas dos autos, cantos e danças que os seus ancestrais devotos viveram há muitos anos. Ou que ainda vivem, lá nos recantos de refúgio para onde foram, varridos da igreja para o adro, do adro para a praça do centro, dali

---

[10] Em Goiás, São Paulo e Minas Gerais, fiz alguns estudos sobre devotos dançadores do Congo e do Moçambique. Eles estão em *A Dança dos Congos da Cidade de Goiás* (Folclórica, n. 6, Goiânia, 1976); *Sacerdotes de Viola*, nos capítulos 5 e 6; *A Festa do Santo de Preto* (Goiânia, 1975, mimeo.).

[11] Entre muitos, recomendo ao leitor alguns estudos em que a questão é discutida: Edison Carneiro, *A Dinâmica do Folclore* (Civilização Brasileira, 1965) e, especialmente, *Ladinos e Crioulos – estudo sobre o negro no Brasil* (Civilização Brasileira, 1964); Fritz Teixeira de Salles, *Associações Religiosas no Ciclo do Ouro* (Universidade Federal de Minas Gerais, 1963); José Ramos Tinhorão, *Música Popular de Índios, Negros e Mestiços I* (Vozes, 1972); Julita Scarano, *Devoção e Escravidão* (Cia. Editora Nacional, 1976).

para os quintais da periferia, de lá para os terreiros dos ranchos da roça. Os rituais devotos que a memória camponesa não deixou morrer.

Em mãos de agentes populares da religião – rezadores, capelães, mestres rituais –, cerimônias como as folias e as folgas tenderam a reorganizar-se através de pequenas confrarias estáveis de praticantes; acrescentaram e depois tornaram fundamentais ritos de peditório de esmolas, pagamento de promessas e trocas solidárias de bens, serviços e símbolos. Migrando de um sistema religioso hierarquizado e erudito para um sistema comunitário e popular de devoção católica, as danças de folia dos autos da Igreja tornaram-se longas viagens de Folia sem folias. Explico-me.

Deixando de ser um "drama litúrgico" de pedagogia catequética, as Folias de Santos Reis perderam a estrutura de auto piedoso. A representação da visita dos Três Magos do Oriente ao Menino Jesus, tão comum nos autos piedosos de Gil Vicente e Anchieta, tomou uma outra forma. Agora, uma longa jornada de 7 a 13 dias de duração (de 1º a 6 de janeiro ou de 25 de dezembro a 6 de janeiro) entre casas de moradores devotos tornou-se ela própria um *auto* sem *drama*. Tornou-se uma réplica popular do acontecimento evangélico, sem danças e sem partituras de teatro religioso.

A Companhia de Santos Reis solenemente sai de casa – a do "mestre da companhia", a de um promesseiro, a do "folião do ano" ou uma outra qualquer. Ela viaja, se possível, "do Oriente para o Ocidente", entre casas "do giro" e "do pouso". Nas primeiras, os foliões cantam apresentando-se como viajeiros de uma devoção: pedem esmolas para a Festa de Santos Reis, cantam agradecendo e distribuindo bênçãos. Quando o "dono da casa" ou outra pessoa qualquer solicita algum serviço religioso extra (a reza de um terço, um "cantorio" diante de um presépio armado), o grupo ritual cumpre o pedido como parte de seus deveres. Nas casas de pouso, os foliões almoçam ou, já à noite, jantam e dormem. Ali são mais frequentes os outros serviços religiosos ou as funções festivas, como os cantorios de "benedito de mesa" (após as refeições), as longas rezas de terço e danças da região (catiras, forrós, chulas, viadeiras, entre as que conheci em Goiás). Na tarde do dia 6 de janeiro, o grupo de viajeiros chega ao lugar antes tratado para a Festa de Reis. Ali, repetem-se, redobradas em tempo e solenidade, as sequências de anúncio da chegada, distribuição de bênçãos, rezas. Diante de um presépio armado para a festa – uma "lapinha" –, os viajantes da Companhia de Santos Reis completam os cantos e as rezas da "adoração". Mais do que em outros momentos, eles são assistidos pelos "donos da casa" – os festeiros –, por devotos e outros acompanhantes. Entende-se que, simbolicamente, "os Três Reis chegaram a Belém" e, uma vez mais, cumpriram o rito de adoração ao "Menino Jesus", o que encerra a sequência religiosa dos dias "de jornada". Uma "adoração" completa, conduzida por um mestre experiente, pode durar entre duas e três horas de "reza e cantorio". Depois dela, todos comem, bebem e dançam. Com isso completam o final da Festa de Santos Reis. Folias de outros padroeiros observam os mesmos passos.

Assim, todos os anos, em inúmeros recantos do país, repete-se um festejo devoto que incorpora crenças e cultos, ideias e atos coletivos de diferentes origens. Uma dança inicialmente popular e profana associa-se a autos dramáticos também populares em sua origem. A dança de folia passa pelo salão dos nobres, e os autos pela nave das igrejas medievais. Dramas de piedade cristã com versos e danças são trazidos ao Brasil pelos missionários jesuítas. Fazem parte do repertório do teatro catequético e, portanto, são impostos aos indígenas aldeados pela Igreja. Dos aldeamentos indígenas espalham-se pelos ciclos das festas de povoados e cidades da Colônia. Tornam-se partes da vida das confrarias e irmandades religiosas de todo o país. Dramas da "Vida de Cristo" ou da "Vida dos Santos" coexistem com os ritos oficiais da religião, seja nas igrejas, seja nas procissões. Vistos com desconfiança pelos bispos renovadores do período de romanização do catolicismo brasileiro, ritos com cantos, danças e dramas piedosos – mas, é preciso dizer, em muitos casos fervorosamente festivos e barulhentos – são aos poucos expulsos do interior dos templos e das procissões para o adro, a praça, a periferia pobre das cidades e, daí, para as estradas e terreiros do mundo rural.[12]

Para todos aqueles a quem interessa a questão de como se cruzam fragmentos do que tradicionalmente chamamos cultura erudita e cultura popular (indí-

---

[12] No caso, como em outros inúmeros rituais semelhantes, algo potencialmente sempre perigoso do ponto de vista simbólico e concretamente sempre ameaçador do ponto de vista social. Sujeito, portanto, a regras rigorosas de evitação. Volto ao assunto muitas páginas adiante.

gena, camponesa, operária), a curta narrativa feita até aqui pode conter algumas lições. A Igreja Católica apropria-se de elementos de um saber popular – cantos, danças, versos, autos – que ela re-escreve e dota de outras funções, como a de catequese de índios e, mais tarde, de negros escravos trazidos da África. Quando o repertório de crenças e cultos trazidos pela Igreja é apropriado por confrarias e irmandades de leigos devotos e, assim, estabelece espaços simbólicos de prática religiosa relativamente autônoma, frente ao poder de controle da hierarquia eclesiástica, os funcionários da Igreja primeiro se retiram de tais tipos de saber e prática devocional e, depois, proclamam sua ilegitimidade. Eles são redefinidos como formas marginais de crenças e cultos profanadores do saber e do trabalho religioso exercido pela Igreja, através de seus agentes oficiais. O imaginário e o trabalho simbólico populares recriam o aprendizado feito e o transformam no *corpus* religioso de seus sistemas comunitários de devoção católica.

O ritual votivo da Folia de Reis é apenas um exemplo do que acontece com inúmeros outros. Sobrevivente em redutos de cultura camponesa, multiplica-se entre incontáveis equipes, grupos e confrarias de foliões. Unidades populares de trabalho religioso; equipes estáveis de especialistas camponeses que realizam uma fração do trabalho popular de fazer com que circule *na* comunidade e *entre* comunidades rurais (depois urbanas, quando o lavrador começa a migrar para a beira das cidades) o saber coletivo de crenças de fé, ritos de piedade e regras de vida.

Modalidades complexas de saber e de trabalho religioso que, para serem exercidas todos os anos entre os últimos dias de dezembro e os primeiro de janeiro, precisam ser ensinadas e aprendidas. Precisam ser codificadas e desigualmente distribuídas entre mestres, contramestres e discípulos foliões dentro de uma ordem popular de exercício coletivo, cujo conhecimento nos espera algumas linhas adiante.

3.3. Mestres, contramestres, foliões e folgazões

Vista à distância, a "Companhia" de camponeses que jornadeiam em nome dos "Três Reis Santos" parece um *bando*, um *bando errante*. Segue o depoimento de Luís da Câmara Cascudo.

No Brasil, a folia é bando precatório que pede esmolas para a Festa do Espírito Santo (folia do Espírito Santo) ou para a Festa de Santos Reis Magos (Folia de Reis) (1962, p. 321).

No entanto, ela não é um bando errante. Longe disso, é um grupo corporado de trabalho religioso. Aqueles que tomam volta e meia, por algum motivo, os caminhos de terra das estradas da roça do país podem ao acaso dos janeiros topar com pequenos grupos de três a cinco pessoas que se acompanham de pelo menos uma bandeira, duas violas, um pandeiro e uma "caixa". Como supor que possa haver ali uma organização interna que chega a ser muito complexa quando o grupo é maior, como entre as companhias que Zaíde de Castro e Araci do Prado Couto (1959, p. 21) encontraram no Rio de Janeiro, com 24, 25 e até 35 personagens? Mas até mesmo quando o "bando" é muito pequeno, como costuma acontecer com as companhias de Folia do Divino Espírito Santo, existe ali uma distribuição de trabalho que atribui a cada devoto folião uma posição hierárquica e um lugar próprio no ofício de "foliar". Cada personagem do ritual comanda e obedece de acordo com seu posto: embaixador (também capitão, chefe, mestre, guia), contramestre, alferes, gerente, folião palhaço (também gigante, boneco, bastião). Cada um toca, canta, reza ou representa de acordo com seu papel de devoto-artista: o das diversas vozes e desempenhos, como a primeira voz, a resposta, o contrato, a seguinte e assim por diante; o dos instrumentos do ritual, como violas e violões, pandeiros, acordeons ou sanfonas, rabecas, caixas e pandeiros.[13]

---

[13] Nomes, títulos de figurantes, funções específicas de cada cargo no ritual, relações internas de saber e poder, distribuição do trabalho artístico, tipos de instrumentos, regras e princípios de regras do rito, tudo varia de região e, não raro, de Companhia para Companhia, de "sistema" para "sistema". Mas em qualquer caso, em qualquer lugar, tudo gira em torno de um *mestre, capitão, embaixador, chefe, guia*, e, ao mesmo tempo, do responsável pelo "terno" e seu principal ator. Os próprios mestres estabelecem as grandes diferenças entre modelos de organização da Folia de Reis, não raro dando o nome de "sistema", associando a um estado ou a uma região, a cada tipo de variação. Fala mestre Messias, de Goiânia: "O sistema de Folia é Goiano, Maranhense e Mineiro; é quase tudo o mesmo ritmo. Agora, Paulista, Cuiabano já é diferente".

Ainda quando a situação de um personagem é grotesca e parece absolutamente improvisada, como a dos palhaços (que em tudo parecem profanos, profanadores e, portanto, opostos aos piedosos foliões), ela é tão rigorosamente regida por um código de preceitos quanto a de qualquer outro figurante. Como toda a jornada entre estradas e casas é entendida como um longo rito que em tudo imita "a viagem dos Três Reis Santos a Belém", todos os momentos do "foliar" são codificados: caminhar pelas estradas; encontrar outras "bandeiras" (outras equipes de Folia) pelo caminho;[14] entrar em cada casa de "morador" (na verdade, em cada um dos espaços nominados da casa, muitas vezes a porteira, o arco, a varanda, a sala); proceder dentro de cada casa, no interior e fora dos momentos propriamente religiosos do ritual; cantar e dançar nas casas de pouso; chegar ao local da festa e proceder ali.

Quando uma companhia de foliões é muito pequena – porque tradicionalmente sempre foi assim, como as "do Divino", ou porque é o que restou de uma outra, rural e maior –, os foliões podem estar distribuídos assim: um mestre, um contramestre, um caixeiro e um menino que faz a voz do "tipe" ("requinta", em Minas e Goiás). Quando mais completa, uma companhia deve ter pelo menos treze participantes: um mestre e doze acompanhantes, que alguns identificarão como "os doze apóstolos de Jesus". Algumas vezes ela incorpora ainda um, dois ou mais palhaços. Assim, quando caminha sua jornada anual, a Companhia de Santos Reis, com que uma vez "foliei" em Mossâmedes, no Estado de Goiás, adota a seguinte ordem:

---

[14] O fato de que de antemão todo o trajeto da Folia de Reis seja pré-determinado, associado ao fato de que, em cada casa do "giro" ou do "pouso", entre as inúmeras de uma "jornada", haja uma contracena completa entre os devotos viajantes e os moradores, devotos e promesseiros, ajuda a pensar que, mais do que um grupo errante de artistas camponeses, o ritual da Folia venha a ser todo um espaço rural (ou já urbanizado, quando na periferia de cidades) redefinido simbólica e socialmente para / pelo trabalho religioso que ali se realiza durante um período de tempo igualmente re-escrito entre regras, símbolos e imaginários religiosos populares.

◆   *Folião do ano*
ou *alferes*, com a bandeira

Embaixador 1ª voz ◆   ◆ *Resposta* 2ª voz
(mestre)   (contramestre)
Contrato 3ª voz ◆   ◆ *Contrato* 4ª voz
Requinta 5ª voz ◆   ◆ *Requinta* 6ª voz
    (gerente da folia)

Requinta 7ª voz ◆   ◆ *Requinta* 8ª voz
Instrumentalista ◆   ◆ *Instrumentalista*
Instrumentalisa ◆   ◆ *Instrumentalista*
    ◆ *Palhaço*

Acompanhantes[15]
◆ ◆ ◆ ◆ ◆ ◆ ◆ ◆ ◆ ◆

---

[15] Muita coisa na Folia depende de seu destino, de seu tamanho. Há aí uma enorme variação, ou porque em alguns lugares é exigida a presença de inúmeros atores e, em outros, a de um mínimo de pessoas, ou porque em alguns foi possível a um mestre manter a integridade de seu grupo ritual e, em outros, ele perde aos poucos seus figurantes e precisa redefinir o trabalho ritual de cada um. Folias de Reis de Catuçaba, no município paulista de São Luís do Paraitinga, giram com não mais do que quatro figurantes: duas violas, uma caixa e um pandeiro ou triângulo. Essa é a regra, menos do que isso ameaça a qualidade do trabalho do grupo, mais do que isso é impensável. Mas em Poços de Caldas e numa estrada sem fim entre os municípios de Guaraí e Pedro Afonso, no Norte de Goiás, encontrei companhias de Folia que deveriam ser originalmente maiores e giravam agora com o que lhes havia sobrado de devotos: três, quatro. Por outro lado, até por volta dos anos sessenta, a Folia de Reis de mestre Julinho no Morro do Salgueiro, Rio de Janeiro, formava um cortejo de trinta e cinco pessoas e deslocava quatro violas, dois cavaquinhos, um violão, um banjo, quatro pandeiros, quatro chocalhos, três cabaças, uma harmônica, um triângulo, um bumbo e três caixas (Zaide Maciel de Castro, *Folia de Reis*, cadernos de Folclore, n. 16, 1977, Funarte/INF).

Uma Companhia de Santos Reis é, ao mesmo tempo, uma *confraria ambulante de devotos* hierarquizados de acordo com posições tradicionais regidas por princípios de saber/poder e uma *equipe de artistas populares* (cantadores, instrumentistas, atores). Procuremos conhecer a divisão de postos e atribuição de tarefas no ritual. É através dela que fluem as relações de ensino e aprendizagem, cujo conhecimento é, afinal, o objeto de nosso estudo, leitor.

O mestre, o embaixador

A variedade de nomes com que se designa o chefe da Companhia ajuda a explicar as dimensões de seu trabalho. Ele é o *mestre* que sabe e ensina, é o *capitão* que comanda a equipe e é o *embaixador* que a representa. Bastião Bento dizia em Goiás: "A Folia é o mestre", coisa que ele mesmo nunca quis ser, e explicava:

> Já fiz de tudo na Folia e não sei fazer nada. De formas que eu já girei como requinteiro e até hoje eu prefiro mais requintar a ajudar lá na frente. É que minha voz não dá.

Mas esta é uma outra história. O mestre é, ao mesmo tempo, o "dono da companhia", o responsável pela qualidade de seu trabalho e seu principal artista. Ele criou o grupo, recebeu-o por herança de um pai ou outro parente consanguíneo mais velho, ou então subiu passo a passo os "encargos" da Folia até tornar-se *mestre*. A cada ano o mestre agencia o grupo ritual e decide uma vez mais a "jornada da Folia", acertando com os moradores da região da jornada os lugares de "giro" e dos "pousos" de almoço e dormida. Acerta com o festeiro do ano sobre a Festa de Santos Reis. É muito comum o mestre ser procurado por moradores do lugar, devotos e promesseiros que se alistam como festeiros ou que apenas querem que a Folia passe por suas casas durante a jornada.

Veremos adiante que o mestre é um professor rústico. Um especialista religioso sobre quem recai, como uma de suas tarefas mais essenciais, a de formar um grupo corporado de artistas-devotos; transferir a seus membros, diferencialmente, seu saber; mantê-los coesos e submissos ao código do ritual e, finalmente, distribuir entre posições e comandos o trabalho para sua equipe de foliões. Eles detêm o poder do "capitão" porque sabem, como um mestre – e apenas um mestre de Folia o saberá assim – todo o saber sobre as artes, os fundamentos e as regras do ritual que os outros artistas-devotos conhecem de modo fragmentado. Antes e depois dos dias de jornada, o mestre providencia ensaios, quando julga isso necessário. Muitas vezes vi, durante este ou aquele momento da "apresentação da Folia", um mestre corrigindo um "companheiro", ensinando alguma coisa ou repreendendo uma conduta indevida.

Nos "cantorios" da Folia, é sempre o mestre (a não ser quando ele delega por instantes a tarefa a um outro) quem "tira" a música. Ele canta sozinho o que os outros responderão depois, repetindo seus versos da quadra ou os completando com os seguintes.[16] Por isso, espera-se de um mestre que ele seja a memória do rito. Que saiba o "repertório da Folia" ou que seja capaz de improvisos de artista. Voltaremos a essas questões mais à frente. Por agora antecipemos uma fala em que um embaixador descreve, no que vai fazer, aquilo que sabe.

---

[16] A "Folia de Reis da Vila Vicentina", em Caldas, Minas Gerais, reúne hoje pelo menos cinco mestres de outras antigas companhias da região. Todos os anos eles saem juntos, em um mesmo terno, entre 31 de dezembro e 6 de janeiro. Tratam-se a si mesmos e são chamados pelos outros de "mestre" e repartem coletivamente momentos do trabalho de direção do grupo de devotos, ocasião em que os outros mestres assumem papéis coadjuvantes. Qualquer um deles sabe fazer o que os seus pares sabem, e não parece haver qualquer hierarquia entre eles, embora todos tributem respeito maior a mestre Porfírio, o mais velho. Algo que poderia ser impensável em outros ternos é rotineiro em Caldas. Dependendo das condições e da disposição dos mestres, resolve-se sem cerimônias quem comandará o grupo e "dirigirá o cantorio". Em uma das casas, quando pelo tempo em que "tirava" sem parar as quadras do "peditório", um mestre começou a perder a voz, um outro o substituiu no meio de um verso e passou a dirigir o grupo. De outra feita, antes de entrarem em outro sítio, foi escolhido "na sorte" qual seria o mestre do cantorio ali. A escolha foi feita por meio de palitos de fósforos semiescondidos na mão de um deles, e "cantou na primeira" aquele que tirou o palito cortado ao meio.

Lá é uma entrega simples, porque é um voto, não é diretamente um reinado. É uma Entrega muito simples, mas na simplicidade dessa Entrega eu vou fazer uma Adoração (cantorio solene diante de um presépio) justamente completa perante uma parte do Antigo Testamento e outra parte do Nascimento de Cristo, e a outra parte pequena da Adoração dos Três Reis. Quer dizer, como também tem uma partilha da Apresentação de Jesus no Templo, para que de cada parte eu apresente pelo menos três versos, o que é um dever doutrinal do folião. Então, depois que eu terminar essa parte, essa saudação, aí, agora, eu vou citar a humildade do penitente que está cumprindo seu voto, para que seja cumprido, e receber a santa bênção divina sobre a terra, ajoelhando depois que ele receber a santa bênção. Naquele momento em que ele está recebendo, todos ajoelhamos porque são palavras que principalmente nós foliões temos que ter grande reverência... (Mestre Messias, de Goiânia, explica as partes do ofício que cantará em uma casa onde há pessoas com "voto" para pagar.)

O Contramestre, contraguia

Algumas vezes não tem este título, mas apenas o da voz com que canta: "segunda", "resposta", aquele que via de regra responde aos versos entoados pelo mestre, antes que os devotos de outras vozes completem versos de cada quadra do "cantorio". Ele é o substituto e o auxiliar imediato do embaixador e, por isso mesmo, deve ser aquele cujo conhecimento mais se aproxima do saber do mestre, de quem é o mais atento aprendiz. Não é indispensável que um folião seja antes um contramestre para chegar depois ao posto de comando de uma Companhia de Santos Reis. Mas esta é a regra geral, e alguns mestres de Folia chegam a acreditar ser impossível que alguém venha a ser um bom mestre sem ter antes estagiado durante alguns anos na posição de contramestre.

O alferes da bandeira, o gerente, o regente

Não há "Companhia de Reis" sem seu mestre e sem um contramestre. Mas nem todas possuem completos os cargos de trabalho rituais ou de controle da conduta dos foliões. Algumas vezes o contramestre divide com um alferes da bandeira a função de auxiliar direto do mestre. Outras vezes ambos podem receber o nome de *gerente* ou *regente* – sem dúvida inovações que trazem para o trabalho religioso tradicional do campesinato sinais da ordem profana e dominante – e a tarefa de "zelar pela disciplina" do grupo (Moreyra, 1980, p. 32).

O mestre designa o gerente e descansa do trabalho de controlar a conduta da equipe de devotos. O gerente reúne os foliões antes da "saída" e lembra as regras da Folia. Durante o giro, chama a atenção dos viajeiros e de acompanhantes que, seja na estrada, seja em alguma casa, fogem por momentos das normas prescritas e consagradas pelo uso.[17]

Folia alguma "gira em jornada" sem sua bandeira: a "guia". Ela vai à frente de todos e é o principal, senão o único, símbolo de devoção coletiva do ritual de Santos Reis ou do Divino Espírito Santo. Quando há personagens em número suficiente, um alferes de bandeira carrega a "guia" durante todo o trajeto, a não ser quando algum devoto promesseiro pede para conduzi-la por um dia ou dois, em pagamento de um "voto válido". Muitas vezes ele não tem outro papel a não ser o de levar a bandeira em jornada e, depois, guardá-la em casa de um ano para o outro.[18]

---

[17] Assim Bastião Bento, notável requinteiro e respeitadíssimo gerente de Folia, faz avisos de regras em Mossâmedes, antes da saída de um giro: "Meus senhores, chegou a hora de eu fazer meu pedido sobre o sistema da Folia. Quer dizer que o sistema é o mesmo, somente aumentando mais o respeito, quanto mais não cabe. Nós vamos fazer o possível pra todos os folião – aliás, todos, mas os empregados principalmente – estando presentes todas as horas necessárias da cantoria. Todos 'arreunidos' pra não ser preciso (em) todas as casas ficar chamando cada um, de um em um. Cada um recebeu os seus instrumentos pra tocar. Vai ter uma responsabilidade até o dia 5, pra não faltar nem o instrumento nem o companheiro na luta. Não ficar companheiro pra trás. Não ficar pela estrada. Vamos cumprir a Folia conforme os preceitos. E, então, um companheiro que atrasa pode fazer falta numa hora necessária, eu não vou chamar a atenção da companheirada não. Eu quero que os companheiros vai saber o pedido que eu estou fazendo, pra não por companheiro sem graça. Aqueles que já sabe o sistema deve esclarecer (os outros). Outra coisa, a música pelas estradas não é interessante. Nós vamos girar a estrada em silêncio, deixando de tocar instrumento. Então, quer dizer, estando tudo em silêncio, quando vê, é a Folia" (então, quando outras pessoas pelo caminho virem o grupo, saberão que é a Folia de Reis). (*A Folia de Reis de Mossâmedes*, p. 17 e 18, com algumas pequenas revisões.)

[18] Conforme está em *Folias de Reis*, de Zaíde Maciel de Castro, p. 19.

O Folião: Devoto e artista

Em "jornada", os foliões não se confundem em nada com grupos de romeiros. São devotos-artistas, não romeiros-devotos, ainda que seu ritual de culto coletivo seja também uma viagem. Na romaria e na procissão, o que se tem é uma pequena massa provisória de fiéis. Na Folia há, repito, uma equipe estável de devotos-artistas.

Há uma outra diferença essencial. Nas procissões, a divindade ou os santos padroeiros deslocam-se, em seus andores, com os caminhantes. O sagrado é conduzido pelos que andam. Nas romarias, a massa de devotos parte em busca do lugar santo; os homens é que vão a Deus ou aos santos, que os esperam no final de uma viagem, muitas vezes longa e penosa.

A ideia é de Roberto da Matta e pode ser instrutiva aqui (1980, p. 80, ver também Victor Turner, 1975, p. 166 a 230). No entanto, na procissão ou na romaria o espaço coberto com o santo, ou em sua direção, é de algum modo sacralizado. Nesse sentido, folias camponesas são ritos mais próximos da romaria do que da procissão. Levando uma bandeira, que não raro é identificada com o sagrado e à qual são atribuídos poderes de eficácia simbólica, os foliões partem em busca de um presépio – "nós vamos em jornada de Oriente para Ocidente em busca da Lapinha de Belém", dizem e cantam – no local da festa. Ali a folia faz a "Entrega" e conclui solenemente o trabalho de mais um ano de seu ritual votivo.[19]

De Goiás a São Paulo, ouvi vários mestres repetindo com palavras diversas os mesmos preceitos. Quando uma pessoa faz uma promessa aos "Três Reis Santos", deve cumpri-la patrocinando uma Festa de Santos Reis; oferecendo um pouso à Folia; dando esmolas em dinheiro ou prendas de

---

[19] Alguns estudos fundamentais a respeito de peregrinações e romarias: Maria Cecília França, *Pequenos Centros Paulistas de Função Religiosa* (USP, 1976); Rubem Cesar Fernandes, *Os Cavaleiros do Bom Jesus* (Brasiliense, 1982); Daniel Gross, *Ritual and Conformity – a religious pilgrimage to northeastern Brazil* (Ethonology, apr. 1971); Victor Turner, *Image and Pilgrimage in Chistian Culture* (Columbia Univ. Press, 1979). Romarias portuguesas foram estudadas por Pierre Sanchis em um admirável trabalho que aguarda publicação em francês: *Arraial – la Fête d'un peuple*.

leilão; mandando rezar um terço em sua casa por ocasião da passagem de uma Folia; ou acompanhando por um dia, dois ou uma jornada completa a viagem dos foliões.

Caso o voto comprometa o fiel com uma participação mais estável, será necessário que ele encontre uma Companhia com um lugar vago de trabalho artístico; que ele tenha, ao mesmo tempo, o "dom" de folião e a habilidade para cantar e tocar algum instrumento. *Estar na Folia* como devoto promesseiro ou acompanhante festivo "é uma coisa de religião, de devoção da pessoa". Assim disse uma vez mestre Cícero, que levou com a família mineira uma Companhia completa de Folia de mudança para Guaraí, no Norte de Goiás. *Ser da Folia*, como um personagem do grupo, é uma questão também de "dom", palavra que mestres e foliões usam a todo momento para explicar por que, fora os motivos da fé, estão ali "em jornada". É preciso ter *devoção* para ser um fiel acompanhante, um festeiro de Santos Reis, um morador que por uma noite abriga a viagem da Folia. Mas é indispensável ter o dom, o patamar natural sobre o qual se equilibra o saber do artista, para ser um folião. É esta peculiaridade o que desenha a outra face do artista devoto de tantos rituais coletivos do catolicismo popular: ser um sujeito de devoção ativa a um padroeiro, o que traduz em um trabalho artístico o teor de sua devoção.

Fora o alferes da bandeira, mesmo que algum folião não seja um cantor da equipe, será um de seus instrumentistas. Um "caixeiro" ou um "rabequista", que toca sem cantar, mas cuja presença é indispensável para que o grupo se apresente "completo". Aqui e ali, em Goiás, São Paulo e Minas Gerais, meninos de menos de dez anos giram dias a fio com as cores do Divino pregadas no bolso da camisa. São foliões. Não cantam como os outros, nem dançam as alegres catiras, mas devem dar, depois dos últimos versos de cada quadra, os longos e finos gritos das vozes de "requinta". Difícil imaginar o cantorio sem eles. Meninos "requinteiros" aproveitam a porta dos fundos do rito para começar a aprender os segredos do ofício.

Uma companhia de Reis tradicionalmente toca os seguintes instrumentos: de uma a quatro violas; um ou dois violões e, em casos mais raros, um cavaquinho; uma rabeca; um ou dois pandeiros; uma ou duas caixas de Folia. Quanto mais ao Sul do País, tanto menos violas e tanto mais sanfonas; quanto mais ao Norte, em direção à Bahia, tanto mais caixas, triângulos e flautas.

Há uma razoável margem de variação de instrumentos. Ela é menor para o caso da distribuição de vozes e estilos de cantar. Quando um grupo está reduzido a uma quantidade quase indigente de artistas-devotos, ele deve ter pelo menos um mestre na primeira voz, um contramestre na segunda e mais alguém que faça a terceira ou complete o canto da cada quadra com o grito de "requinta" ou "tipe" (São Paulo e Minas Gerais). Na Folia de Reis de Mossâmedes, cujo esquema de apresentação resumi em algumas páginas atrás, cantam o embaixador na primeira voz, um "resposta" na segunda, dois "contratos" na terceira e quarta vozes e quatro "requinteiros". O mestre é o único cantor criativo. Ele propõe quadras que descrevem passagens evangélicas ligadas ao Ciclo de Natal, do Espírito Santo ou de algum outro santo de preceito. Quadras que fazem também o anúncio solene da chegada da Companhia, que pedem dádivas, agradecem e abençoam, atualizam votos, dão despedidas. Veremos mais à frente que esse "cantorio" de Folia, mesmo quando inclui versos improvisados, é regido por regras musicais e religiosas. Todos os outros foliões cantam repetindo os versos emitidos pelo mestre ou os versos que encerram os que ele propôs. São um pequeno coro que completa os solos do mestre.[20]

O palhaço, boneco, Herodes, Bastião

Não há personagem-devoto mais estranho e contraditório do que o palhaço das folias de Santos Reis. Ele não existe nas do Espírito Santo e é raro em outras. Mestre Cícero em Guaraí, mestres Donquinha e Lázaro em Caldas e mestre Lázaro em Jardinópolis acreditam que o palhaço é um ator indispensá-

---

[20] Na esperança de que em breve sejam publicados, quisera uma vez mais remeter o leitor aos dois estudos da doutora Yara Moreyra, especialmente quando ela discute, em *Folias Mineiras em Goiás*, a estrutura musical de cerimônia.

vel. "Sem o palhaço a Folia não sai", disse mestre Zé do Tide em Mossâmedes. Muitos outros concordam plenamente com essa ideia. Mas hoje alguns mestres o acham dispensável, e pelo menos mestre Messias, enquanto vivo, proibiu o acompanhamento de palhaços em seu terno de foliões.

Ele é um só em várias folias goianas. Mascarado, agressivo, arrogante, atua nos intervalos da ação ritual dos foliões e é seu oposto. Dança como eles não dançam (a não ser nos pousos, depois de concluída a "obrigação"). Não canta e não toca instrumento algum. Não reza e não se comporta como um devoto. Debocha de todos os presentes e até mesmo do próprio mestre. Eles são dois humildes bastiões na folia de Caldas e em outras inúmeras companhias de Reis mineiras. Encarregados de ajudar a pedir e a velar pelos bens que os foliões ganham pelo caminho, ali eles também não fazem o que os devotos-artistas realizam, mas inventam graças e peditórios ingênuos que aos foliões é interdito fazer.[21]

A descrição da ordem de um pequeno ritual camponês do ciclo do Natal aqui tem uma utilidade. Demonstrar que a Companhia de Santos Reis existe e atua como uma equipe de especialistas de trabalho religioso, com uma rígida ordem interna de lugares e postos, cujo desempenho distribui diferenças de atuação ritual, de saber e de poder de comando. Equipes de trabalho produtivo, como as unidades familiares que lavram a terra ou os grupos de mutirões; equipes de especialistas de artesanato; equipes de outros tipos de trabalho religioso popular não fogem a modelos semelhantes. Distribuídas em torno de um ou alguns especialistas, cujo trabalho em si mesmo ensinam e cujo poder de comando centraliza a ordem do grupo, essas equipes repartem tipos diferentes de sujeitos de acordo com seu *poder de desempenho*. O próprio trabalho coletivo deriva da conjugação de tais diferenças, e um aparte importante da sabedoria de um pai, de um guia, de um mestre artesão ou de um embaixador de Folia está em articular em torno de seu próprio desempenho o trabalho produtivo, artístico ou religioso de uma equipe popular, cuja hierarquia de postos faz a *diferença* em estabelecer a *desigualdade* e realiza uma unidade solidária de viagem e intenções comuns.

---

[21] Sobre a questão da presença do *Palhaço* em ternos de Folia de Reis, ver *Folia de Reis*, p. 24 a 27, e *De Folias, de Reis e de Folias de Reis*, p. 34.

3.4. Um rito que codifica e ensina

A Folia de Santos Reis é um bom exemplo da maneira como a sociedade camponesa estabelece relações sociais e simbólicas entre categorias de suas pessoas e grupos, no interior da família, da parentela, da vizinhança, da comunidade. O rito é a unidade móvel que noticia e antecede uma festa religiosa camponesa. A própria festa é um grande *mutirão*. Inúmeras pessoas de um povoado rural ou mesmo de vários deles participam dos preparativos da Festa. Tanto a casa do *festeiro* quanto as casas do "giro" e dos "pousos" são decoradas para a passagem da Folia ou a realização da Festa. Familiares encarregam-se das inúmeras tarefas de preparar o local e fazer a comida. Parentes e vizinhos oferecem-se ou são convocados para "um adjutório". Meninos e meninas em idade de trabalho participam ativamente das várias tarefas de preparação. A mesma comida cotidiana multiplica-se entre panelões e fornos de barro. Há pessoas que fazem promessas de prepararem ou servirem a comida dos pousos ou da festa de Santos Reis. Durante os dias de caminhada, os foliões passam em um sem-número de casas. Em cada uma vivem por momentos uma pequena sequência de trocas codificadas de sinais e objetos. Cantam e anunciam, ao dizer quem são, o rito de que são parte e a história do nascimento de Jesus Cristo. As pessoas da casa os recebem com gestos e situações que não devem fugir de certas regras. Marido e mulher, se possível os filhos e outros parentes, esperam na porta da casa pelo grupo de devotos cantadores. Nas fazendas não é raro que o marido vá esperar a Folia na porteira ou em um "arco" construído e decorado para o evento, enquanto a mulher e os filhos menores aguardam a chegada de todos na porta da casa. Em um momento do cantorio a bandeira de Santos Reis é passada ao marido, que deve entregá-la à esposa. Ela passeará com a "guia" por todos os cômodos da casa, com o intuito de abençoá-los. Feito isto, ela deverá colocar a bandeira na parede acima do pequeno altar, onde um terço poderá ser rezado, se for pedido por "alguém da casa". Ou então deverá segurá-la, diante dos foliões, durante o tempo em que cantam o "peditório", o "agradecimento" e a "despedida".

Entre as quadras do cantorio os foliões farão pedidos de esmolas para a festa de Santos Reis. As trocas iniciadas a partir daí são também regidas por preceitos pré-estabelecidos. Os foliões pedem. A começar pelos donos da casa; as pessoas ofertam dádivas em dinheiro e em produtos do trabalho rural; os foliões respondem cantando, agradecendo, abençoando e tornando "cumpres" votos de promesseiros. Pedir, dar, receber, retribuir. Tornar tudo solenizado e cerimonial e, assim, estender aos limites das dimensões comunitárias os tipos de trocas de bens e serviços tradicionalmente comuns no mundo camponês; eis uma das funções da Folia de Reis.

> Esta é uma estrutura contratual da Folia. Em nome de pedir e receber bens materiais – para si próprios durante a jornada (comida e hospedagem) e para os outros, depois dela (dinheiro e bens) –, os foliões são obrigados a retribuir por meio de dádivas sociais (a proclamação do valor moral do gesto do doador) e espirituais (bênçãos e pedidos de proteção divina). Promesseiros e devotos, contra-atores da Folia, *dão* porque estão incorporados ao ritual, e *dar* é um dos seus momentos. Mas eles *dão*, também, porque a crença simbólica que garante com palavras sagradas a legitimidade das trocas proclama a reciprocidade desejada: o doador será abençoado nesta vida e/ou na outra; seus bens serão proporcionalmente aumentados; seus familiares e seus animais serão protegidos. Todos acreditam que o ato de dar obriga Deus a retribuir em nome dos Três Reis (mediadores sobrenaturais) e através do trabalho religioso dos foliões (mediadores humanos). O dom, a coisa dada, dirige o contradom, a coisa retribuída, por seu poder: o dinheiro atrairá mais dinheiro; o frango, o porco e o gado atrairão proteção necessária sobre os seus iguais, restados na casa de quem deu (Brandão, 1981, p. 45).

Difícil separar o ritual do que não é. Difícil separá-los dos pequenos acontecimentos da rotina camponesa, eles próprios também carregados de gestos e símbolos.[22] O que acontece no encontro tão afetivamente invadido de música, orações e trocas de bens entre foliões e moradores não é mais do que a aglutinação de gestos e atos corriqueiros que a situação ritual apenas soleniza e dispõe em sequência. Pessoas que chegam e são recebidas, rezas de terços (em algumas casas isso se faz toda sexta-feira), ofertas de bens, trocas. A mesa farta, mas então decorada com toalhas roceiras – as mesmas que os "serventes" promesseiros envolvem no pescoço para servir aos foliões – e os pequenos gestos de comer e, depois, cantar agradecendo. Voltarei a isto ao descrever o saber das regras do rito.

Reunidos e solenizados, os gestos são poderosos e ensinam com mais força do que outros, iguais mas cotidianos. Poucas vezes vi donos de casa chorando de emoção como nos momentos da "despedida" de uma Folia de Reis. Por outro lado, os olhos atentos dos meninos indicam que também eles se tocam, se divertem e aprendem. Como tudo tem sua ordem e seu lugar, e como todo o ritual não é mais do que uma sequência cerimonial de gestos que *são* e *tornam* explícitas regras sociais, tudo o que acontece *ensina*. Cantos, falas e rezas repetem todos os anos uma pequena fração de uma história já muito conhecida, mas que, repetida com a força do rito, se torna, mais do que apenas legítima, uma ideia amada. O rito religioso recria, grandiosa e ao mesmo tempo afetivamente, a ordem das relações entre as pessoas: pais e filhos, irmãos, compadres, outros parentes, vizinhos e companheiros. Os meninos que acompanham a Companhia e são foliões, com cargos e lugares na equipe de devotos, aprendem, como veremos mais adiante, para serem os continuadores do ritual da Folia.

Mas as crianças e os adolescentes que a tudo assistem como moradores ou como acompanhantes aprendem também. Aprendem ali as crenças que sustentam as normas que codificam a vida camponesa. Oscilando entre

---

[22] "De qualquer modo, a rigor, a menos que se opte por definições dogmáticas ou formalistas, não se tem condições de distinguir, no corpo de um processo social complexo, o que pode ser classificado como atuação ritualizada, em oposição a formas de comportamentos eminentemente políticas, exclusivamente econômicas, puramente pautadas em regras sociais vigentes no cotidiano. Essa distinção só teria sentido se dispuséssemos de uma teoria convincente da especificidade do ritual. Ou vendo a questão pelo ângulo inverso, se dispuséssemos de uma teoria rigorosa da especificidade irredutível do econômico e do político" (Luís Eduardo Soares, *Campesinato – ideologia e política*, Zahar, 1981, p. 151).

demonstrações de "respeito" e afeição e a possibilidade sempre presente do conflito, às vezes até de violência, a festa coletiva ensina quem são as pessoas e como elas devem ser, umas perante as outras.[23] O mestre folião trata o "dono" da casa com extrema deferência, e é norma que atenda a todos os seus pedidos, que, mesmo quando ditos com humildade, valem como ordens. Por sua vez, o "dono" exagera atenção aos viajeiros devotos. Na hora do almoço ou da "janta", primeiro são servidos só os foliões. As pessoas da casa, os visitantes e acompanhantes da Folia esperam até que todos os da Companhia tenham comido para então fazerem seus pratos. Entre as duas autoridades maiores do momento, o "mestre" e o "dono", há cerimoniosas trocas de atenções. Crianças que cometem qualquer "falta" (chegar à mesa antes de sua hora, conversar durante a reza do terço) são admoestadas.

Todos os "do lugar" compartilham crenças e conhecimentos comuns. Pouca coisa pode ser improvisada, e é porque desigualmente *se sabe* o que vai acontecer e desigualmente *se sabe* como proceder que o rito recria o conhecido e, assim, renova a tradição; aquilo que se deve repetir todos os anos como *conhecimento*, para se consagrar como *valor* comum. Renova um saber cuja força é ser o mesmo para ser aceito. Repetir-se até vir a ser, mais do que apenas um saber sobre o sagrado, um saber socialmente consagrado.

---

[23] No "alvará de licença" emitido pelo delegado de Mossâmedes, em Goiás, e solenemente lido por um dos foliões letrados, a pedido do embaixador, antes do momento da "saída", estão arroladas as seguintes proibições: "... a presença de pessoas armadas; ... a presença de pessoas embriagadas nos locais dos pousos da folia; ... que os foliões girem com armas ou embriagados" (*A Folia de Reis de Mossâmedes*, p. 16). É voz corrente que os locais e as situações de ritualização religiosa da vida camponesa são espaços e tempos de alternâncias entre "respeito" e violência. Consultando processos jurídicos e policiais de Mossâmedes, encontrei alguns "casos" de tiros, brigas e até mortes em locais de pouso de folias. Há violências sociais, como quando jovens brigam, durante um "pagode no pouso", por causa de uma mulher (motivo frequente de conflitos), e há conflitos *rituais*, como quando, sobretudo no passado, mestres de companhias desafiavam-se em duelos de "cantoria". Sobre a questão da violência em rituais camponeses sugiro ao leitor os seguintes estudos: Maria Sylvia de Carvalho Franco, *Homens livres na ordem Escravocata*, (IEB/USP, 1969); Luís Eduardo Soares, *Campesinato – ideologia e política*, especialmente o capítulo 5: *Brincando com o fogo cruzado das imagens*; Carlos Rodrigues Brandão, *Violência ritual e controle ritual da violência*, capítulo 5 de *Sacerdotes de Viola*.

4
OS MESTRES QUE ME ENSINARAM

4.1. As dimensões do saber

Quando Peter Berger e Thomas Luckmann escreveram sobre os aparatos simbólicos por meio dos quais a ordem social e as instituições desta ordem são apresentadas a seus sujeitos como legítimas, eles não dão ao discurso de atribuição social de legitimidade o nome de *ideologia*. A legitimação possui elementos normativos, tanto quanto cognoscitivos. Portanto, ela implica não apenas *valores*, mas conhecimentos.[1]

---

[1] "A legitimação 'explica' a ordem institucional atribuindo validade cognoscitiva a seus significados objetivados. A legitimação justifica a ordem institucional adjudicando dignidade normativa aos seus imperativos práticos. É importante compreender que a legitimação tem um elemento tanto congnoscitivo quanto normativo. Em outras palavras, a legitimação não é apenas uma questão de 'valores': implica sempre também 'conhecimento'" (Peter Berger e Thomas Luckmann, *La Construcción Social de la Realidad*, Amorrortu, 1968, p. 122). Existe em português, publicado pela Editora Vozes: *A Construção Social da Realidade*. Por outro lado, a discussão ainda teórica de níveis e modos de saber remete à questão analisada em *A Interpretação das Culturas* pelo antropólogo Clifford Geertz. Ela é fundamental para a compreensão do que, entre si, as pessoas e os grupos sociais, através de seus mitos, símbolos e ritos querem se dizer partes da realidade de configurações de uma mesma cultura. Eles dizem os modos e as regras de se ser um *nós*. Mais do que conduzirem a lógica de uma *ideologia* – a racionalidade do pensado –, dizem a lógica de uma *identidade* – a consciência da afetividade constitutiva de um *nós* próprio e apropriado por um grupo social, através de formas sociais e simbólicas de produção da diferença, diante de outros e por causa dos outros. Aquilo que de tanto ser um *modo de vida* acaba sendo o seu *modo de ser*. Valores éticos, valores morais que, ao afirmarem como se deve ser em uma sociedade, dentro de uma categoria ou de um de seus grupos sociais, prescrevem *o que se é*, ao se ser dele. Geertz analisa a questão admiravelmente quando discute os símbolos sagrados da religião em Java. "Na discussão antropológica recente, os aspectos morais (e estéticos) de uma dada cultura, os elementos valorativos, foram resumidos sob o termo

De um lado, a legitimação explica a ordem institucional, atribuindo validade cognoscitiva àquilo que dá nomes e significados. De outro lado ela justifica a ordem institucional, tornando normas seus "imperativos práticos". Existem níveis entre valores e conhecimentos com os quais a sociedade atribui sentido e estabelece seus padrões de cultura.

— Um nível pré-teórico de legitimação incipiente que envolve as explicações do tipo "assim são feitas as coisas", como nas respostas que usualmente os pais dão aos filhos pequenos. Este é o nível das verdades tidas por autoevidentes; o nível do conhecimento popular não demonstrado, embora eficaz e consagrado, mais pela prática do uso coletivizado do que por haver sido teoricamente comprovado.

— O nível das proposições teóricas rudimentares (que, em geral, uma análise antropológica mais a fundo demonstraria não serem em nada "rudimentares"). Este é o lugar dos esquemas explicativos que codificam grupos de significados objetivos. Esquemas pragmáticos de orientação do

---

'ethos', enquanto os aspectos cognitivos, existenciais, foram designados pelo termo 'visão de mundo'. O *ethos* de um povo é o tom, o caráter e a qualidade de sua vida, seu estilo moral e estético e sua disposição, é a atitude subjacente em relação a ele mesmo e a seu mundo que a vida reflete. A visão de mundo que esse povo tem é o quadro que elabora com as coisas como elas são na simples realidade, seu conceito de natureza, de si mesmo, da sociedade. Esse quadro contém suas ideias mais abrangentes sobre a ordem. A crença religiosa e o ritual confrontam-se e confirmam-se mutuamente; o *ethos* torna-se intelectualmente razoável porque é levado a representar um tipo de vida implícito no estado de coisas real que a visão de mundo descreve, e a visão de mundo torna-se emocionalmente aceitável por se apresentar como imagem de um verdadeiro estado de coisas do qual esse tipo de vida é a expressão autêntica. Essa demonstração de uma relação significativa entre os valores que o povo conserva e a ordem geral da existência dentro da qual ele se encontra é um elemento essencial em todas as religiões, como quer que esses valores ou essa ordem sejam concebidas. O que quer que a religião possa ser além disso, ela é, em parte, uma tentativa (de uma espécie implícita e diretamente sentida, em vez de explícita e conscientemente pensada) de conservar a provisão de significados gerais em termos dos quais cada indivíduo interpreta sua experiência e organiza a sua conduta" (*A Interpretação das Culturas*, p. 143 e 144).

trabalho e de outras condutas sociais. Exemplos seriam as regras prescritas das relações entre parentes, entre sexos, os provérbios (enunciados de codificação simbólica da conduta), as sentenças de sabedoria popular, os contos e as lendas de interesse normativo.

– As teorias sociais explícitas pelas quais um setor institucionalizado da vida coletiva é legitimado como um corpo específico de conhecimento diferenciado. Ao contrário do que acontece nos dois níveis anteriores de conhecimento, aqui há marcos teóricos bastante amplos de interpretação de frações do real social. Dado que este é um nível de codificação do conhecimento pedagogicamente mais motivado, quero transcrever um trecho cuja utilidade mais adiante não será pequena.

> Em razão de sua complexidade e diferenciação, é costume encomendar-se a um pessoal especializado que as transmite (as teorias explícitas de legitimação de setores institucionais da sociedade) mediante procedimentos formalizados de iniciação... Em outras palavras, com o desenvolvimento de teorias legitimadoras especializadas e sua administração a cargo de legitimadores com dedicação exclusiva, a legitimação começa a transcender a aplicação pragmática e a converter-se em "teoria pura". Com este passo a esfera da legitimação alcança um grau de autonomia vis-à-vis das instituições legitimadas e, eventualmente, pode gerar os seus próprios processos institucionais (Berger e Luckmann, 1968, p. 124).

Este é o momento em que os autores associam um terceiro nível de produção de conhecimentos e valores de atribuição de legitimidade à ideia de *ideologia* em Marx.

– Os grandes corpos de tradição teórica, capazes de integrar amplas zonas de significados diferentes e de abarcarem explicações legitimadoras da ordem institucional como um todo. A este nível de legitimação social, Berger e Luckmann dão o nome de *universos simbólicos*, que reconhecem ser um conceito muito próximo ao de religião, em Emile Durkheim (1968, p. 124-125).

4.2. Os saberes da folga e da folia

Afinal, de que conhecimentos falei até aqui, quando disse que entre mestres e devotos-artistas da Folia de Reis ou entre mestres e devotos-dançantes da Folga de São Gonçalo existem e circulam diferentes tipos de saber?

Penso que a pergunta poderia ser dividida em três momentos. Um primeiro para pensar sobre as dimensões desses conhecimentos do ofício, tomando como um suporte teórico à distância a classificação dos níveis de saber feita por Peter Berger e Thomas Luckmann. Um segundo para estabelecer algumas características dos modos de saber entre os diversos sujeitos dos ritos. Um terceiro para percorrer, com mestres e seguidores, a trilha de seu próprio aprendizado. Deixemos os dois primeiros momentos para este capítulo e o terceiro, para o próximo.

O saber instrumental

Vimos, leitor, que qualquer curioso ou devoto pode acompanhar a Folia; pode "girar" com ela a trajetória de seus dias. Qualquer pessoa do lugar ou de fora pode entrar na Dança de São Gonçalo. Ela é mais difícil apenas nas linhas de frente, onde dança entre sapateios e palmeados a equipe de folgazões. Nas da parte de trás, devotos e promesseiros fazem passos fáceis, aproximando-se ou afastando-se do "altar do santo". Mulheres sequer sapateiam e palmeiam. No entanto, para ser da Folia, para usar pregadas na lapela do paletó as pequenas fitas de cores que algumas Companhias adotam como símbolo de identidade, é necessário possuir um "encargo" na equipe, como um gerente ou um alferes, ou é necessário saber e realizar um trabalho de artista-devoto, como o do mestre, o do palhaço e o dos outros foliões.

Equipes estáveis de cerimônias coletivas do catolicismo popular são unidades de trabalho ritual que transformam periodicamente lavradores familiares ou vizinhos, como qualquer um, em devotos-artistas, como poucos. Fora ter o "dom" do ofício, é indispensável que ele seja um caminho para o acesso e o domínio de conhecimentos técnicos, éticos e doutrinais que, de acordo com o grau e o modo como se combinam em cada sabedor, fazem a diferença entre um devoto comum e um devoto-artista e, entre este último, estabelecem a diferença entre um folião comum e um folião graduado.

No primeiro patamar do saber, o folião ou o folgazão precisa dominar as artes e técnicas do ofício: tocar pelo menos um instrumento de música, cantar em sua voz os "responsos" do cantorio do mestre, completar as rezas de terços e benditos, realizar os passos da Folga de São Gonçalo. Como se espera que equipes de devotos "na missão" cumpram, além dos ritos específicos da devoção, outros diferentes tipos de serviços tidos como religiosos ou profanos, o saber instrumental do devoto-artista estende-se para além dos limites do ritual. Mestres de Folia devem ser também, se possível, hábeis rezadores. Não tanto quanto capelães especialistas, mas espera-se que saibam "tirar" terços, ladainhas, benditos e outras rezas. Espera-se que a equipe saiba fazer e comandar as danças que alegram as casas do pouso: catiras, chulas, viadeiras, forrós e pagodes.

Aparentemente espontâneo e desabusado, até mesmo o desempenho do palhaço requer conhecimentos e habilidades de especialista. Ele deve saber com destreza os passos galhofeiros de suas danças – como o Lundu dos "herodes" goianos – e deve saber repetir tanto seus longos versos de deboche quanto o enredo dos diálogos que estabelece com os donos das casas por onde passa a Folia.

Em síntese, fora pessoas incorporadas ao grupo para o exercício de uma função auxiliar, todos os integrantes da equipe realizam trabalhos de ofício – cantar, tocar, dançar, rezar, representar –, para os quais é necessário um conhecimento apropriado e, portanto, seu aprendizado. São conhecimentos da cultura do lugar. Um mestre de Folia não precisa ser alfabetizado, nem precisa possuir conhecimentos teóricos de música ou de poética.

Saber tocar um instrumento, cantar ou dançar não são domínios de conhecimento e habilidades específicos do ritual religioso. Na verdade, até mesmo meninos e adolescentes sabem isso, e nem por isso são foliões ou folgazões. Nem todos os artistas populares de uma comunidade camponesa são membros de uma equipe de trabalho ritual coletivo. No entanto, em seu conjunto, a equipe de artistas da Folia possui e produz um tipo próprio de *saber fazer* um trabalho religioso que a torna uma instituição especializada dentro da comunidade de que é parte.[2]

Repertório e improviso

No que se canta a fala nos ritos da Folga e da Folia, há o *repertório* e o *improviso*. Nas várias regiões e entre os incontáveis grupos onde eles são praticados, não há um consenso estabelecido que denomine e estabeleça diferenças entre uma coisa e outra. Do mesmo modo como um rezador que ora "tira" ou "puxa" as orações conhecidas que todos sabem responder e ora profere aquelas que apenas ele sabe e um auxiliar responde, vimos que o mestre é a pessoa que canta primeiro, propondo as quadras do cantorio. As "colunas", como prefere dizer mestre Ovídio, de Abadia de Goiás, versos que o embaixador-mestre propõe e os outros repetem ou completam. Este é o momento em que ele pode cantar estrofes conhecidas de todos os foliões ou pode improvisá-las, dentro de padrões consagrados de criação.

---

[2] O embaixador de uma das companhias de Mossâmedes explica, com os nomes, as posições de seu sistema de Folia: "Primeiro é o *embaixador*, que sou eu: José Elpígio de Oliveira, conhecido por Zé do Tide. Aí vem o *palhaço*, que é o *boneco* da Folia. Tem o Édio, o Lazinho e o Joaquim Bento. São os três que participam (alternando-se) de palhaço. Daí vem a *resposta,* que é o Divino Gomes. Outra voz é o Adelino, que é filho do Tião Bento. Depois vem o Joaquim Correia; o Bastião Correia é o *contrato*, a *três voz* (terceira voz). Daí vem a *quarta voz*, é o Zoé da Gabira. Depois do Zoé vem o João Bento, filho do *gerente* (Bastião Bento). Depois tem a *cinco*, a cinco voz tem algum problema (falta quem cante nesta voz no momento). A seis, o *gerente* faz a seis também, e o Geronico também faz a *seis voz*. A *sete voz* tem o Gabino, que faz pra nós. Ele é o pai do Zoé. Agora, tem o *caixeiro*, que é o Zico e o Édio. O *tocador de cavaquinho* é o Criolo e o Agostinho. O *povo do pandeiro* é o Francisco e o Joventino. ("Esses dois não cantam?" eu pergunto.) Não, nem esse, nem o da caixa. Viola não tem (no meu terno), só violão". Bastião Bento entra na conversa e completa: "A viola é uma resposta e o violão é o acompanhamento. Tem o *sanfoneiro*, que é o Cordeirinho. Agora, nosso de Folia é o Zé Canário (ausente naquele ano)".

Mais adiante veremos como mestre Antônio Telles de Batatuba explica seu improviso.

Um embaixador pode ser um violeiro como outro qualquer. Mestre Messias de Goiânia tocava "caixa de Folia", um instrumento de menor importância e menor nobreza, comparado com violas e violões. Mas, entre todos os de seu grupo de devotos, é ele quem sabe o repertório do cantorio. Ou então é aquele que, criando no momento letras de quadras, ao mesmo tempo transgride o repertório do ritual e o amplia. Ele deve repetir sem erro algum todas as inúmeras quadras de uma "adoração do presépio", por exemplo, e será tanto melhor mestre quanto mais capaz de ser uma memória perfeita do saber consagrado ele for. No instante de cantar uma "despedida" e seus "agradecimentos", ele poderá improvisar com sabedoria, aplicando versos e palavras às situações do momento.

Voltemos por um momento a coisas que já sabemos, desde quando falei sobre o mestre. De um modo ou de outro, ele é o homem que cria ou repete aos outros a palavra que faz o fio do rito e, assim, torna-se uma memória inteligível. As pessoas sabem o que ouvem e creem no que escutam, mesmo que não consigam, como o mestre, conhecer todas as palavras que ele canta ou compreender o que ele diz. Promesseiros, moradores e foliões escutam, repetem e fazem o que o mestre diz quando canta. As palavras dos versos anunciam uma história sagrada, pedem esmolas e agradecem bens recebidos, tornam "cumpres" votos religiosos feitos, distribuem bênçãos. Alguns mestres de Folga e da Folia acreditam que o improviso é um erro. Afinal, o rito é uma fala conhecida, e ela é legítima, porque é uma tradição antiga. Essa fala não é tida por sagrada apenas porque é religiosa, mas porque é, justamente, consagrada de tanto ser ritualmente repetida ao longo dos anos da história da vida das pessoas do lugar. As pessoas creem no que se acostumaram a ouvir; creem mais quando acreditam que ouvem palavras perdidas no tempo; uma memória "dos antigos", cuja fala não poucos mestres associam a uma origem divina. Mestre é quem "embaixa". Por isso, sabemos, em muitas regiões de Minas Gerais e Goiás, os nomes: *mestre*, *guia* e *capitão* são menos usuais do que *embaixador*. *Embaixador* é cantar o rito para que os outros repitam ou cumpram com gestos o que o canto diz. É, portanto, fazê-lo. Entre todos, o mestre é quem sabe cantar os versos "dentro da doutrina" e assim tornar uma devoção camponesa ao mesmo tempo acreditada, participada e eficaz.

Há diferenças de qualidades de saber entre os mestres. Procuremos conhecê-las, porque elas ajudam a compreender como o domínio do saber popular é também uma malha difícil de regras e ordens.

– Tal como um cantador nordestino ou um porfiador de Cururu paulista, um mestre exemplar é capaz do improviso. Bom repentista, ele sabe criar versos e rimas para as diferentes situações que se lhe apresentam nos dias do giro da Folia ou durante uma noite inteira da Dança de São Gonçalo. Sobre matrizes fixas e reconhecidas como legítimas de música e letra, ele canta inovando. Mestre Antônio Telles de Batatuba improvisa durante duas diferentes "voltas" de uma mesma noite de Função de São Gonçalo, a respeito de meu trabalho, de eu estar ali gravando seu cantorio:

> Faz muito tempo que eu danço
> E eu sou o "folgazão",
> Deus lhe pague, Deus que ajude
> Quem tem o gravador na mão.
> E na frente de São Gonçalo,
> Com respeito e devoção,
> Para o senhor professor
> São Gonçalo que dê a bênção
> ...
> Eu vou entregar pra São Gonçalo,
> São Benedito também.
> Deus lhe pague, Deus que ajude
> Todos que na festa vêm.
> Pra quem grava a nossa dança,
> Deus que pague ele também.
> E este é o derradeiro verso,
> São Gonçalo disse amém.

Alguns dias depois, em sua casa, ele explicava segredos do improviso:

> Agora, eu faço de improviso na Dança de São Gonçalo. Se o senhor me perguntar um verso agora, é capaz de eu não responder. Mas se eu chegar no altar e cantar um, eu tô cantando um e vem descendo o outro pra eu cantar. Eu tenho tanta facilidade que um dia eu peguei cantar pra um conhecido meu – até ele dançava comigo, ele era dono de uma turma (de dançadores do São Gonçalo). Ele falou que não tinha muita facilidade de fazer verso, e eu falei: "Eu tenho". E eu fiquei quatro horas cantado pra ele. Cantando com oito pés e eu não repeti nenhum. Oito pés é isso aqui, ó: tem 1, 2, 3, 4, 5, 6, 7 e 8. Geralmente os dançadores de São Gonçalo, a gente canta com esse aqui só: 1, 2, 3 e 4 (ele mostra nos dedos). Por exemplo: São Gonçalo é violeiro / Protetor dos folgazão / Eu não tinha onde guardar / Pus a viola no chão. Terminou o verso. Agora, eu, geralmente, eu canto com oito pés. Eu cantei com *travadinha*, que é *trovado* e *travado*. O senhor canta: 1º e o 2º e 3º, trova no meio o 4º, trova com o 1º; depois, mais dois no meio e o último: trova o 4º com o 1º. Por isso que é trovado e travado, e têm muitos. Quando canta de improviso tem que saber como que vai trovar. Por exemplo, na Dança de São Gonçalo é sempre com palavras religiosas. A gente não pode pôr no meio versos que não têm pelo menos 40% de palavras religiosas, que sem religião já é o catira.

– Mesmo quando um bom mestre não queira – por considerar que é "fora da doutrina" – ou não saiba improvisar, ele é "bom" quando conhece de memória uma grande quantidade de quadras. Estrofes de cantorios que se aplicam a inúmeras situações diferentes. Sabemos que cada uma das partes cerimoniais da "jornada" de uma Folia exige o cantorio de algumas "colunas"; para chegar, para pedir, para abençoar, para agradecer, para orar, para despedir. Além dos cantos de rotina, repetidos um sem-número de vezes em alguns casos, certos mestres sabem entoar longos cantorios, como os de "Adoração do Presépio" ou do "Rosário de Nossa Senhora". Sabem também entoar cantos para situações especiais, como quando duas companhias de Reis se cruzam na estrada ou quando chegam à casa de algum folião recentemente falecido. Aladares, mestre em Goiânia, explica a obrigação de cantar repertórios. Ele explica diferenças.

Tem. Às vezes um contraguia já é um mestre, já é quase mestre. Às vezes um mestre sabe embaixar. Sabe cantar em presépio. Cantar, não tem assim um fundamento profundo igual o mestre tem. Quer dizer que muita gente embaixa. Giro em fazenda é muito fácil, porque na roça o giro não tem assim muito presépio, não tem coisa (que torne o giro difícil). Você sai de uma casa e às vezes ainda tem umas três casas (para passar naquele dia, até o próximo pouso) e já tem um presépio. E então o mestre tem que estar presente... Tem que cantar o Nascimento, assim, na época certa que é do dia 25 ao dia 6. Agora, fora de época você canta a Saudação do Altar. Pode ter um presépio (que) você não precisa cantar. Algum mestre canta, mas isso aí não é provado (exigido). Cantar fora de época. Tem contraguia que sabe embaixar, mas não sabe saudar um Presépio. Só sabe cantar pedindo esmolas, às vezes até um agradecimento, pouso, mas não sabe cantar um Nascimento de Cristo.

Alguns mestres reconhecem que toda a História Sagrada erudita pode existir em cantorios populares de Folia. Raros, como mestre Messias, de Goiânia, pretendem conhecer quase todos os cantorios. Aladares copiou dele uma quantidade muito grande de estrofes para os mais diferentes usos. Rigoroso contra os que improvisam "fora da doutrina", ele defende que todo o mestre deve saber de memória os versos consagrados, aqueles que ele conhece e canta, podendo improvisar apenas em situações muito raras. Ele diz:

> Por exemplo, aquela saudação dos doze apóstolos, que vai com quinze versos, que são cada um (dos) apóstolo(s) e três das Três Pessoas Divinas. São quinze. Muitos vão cantar vinte e cinco, trinta versos, tudo em repertório, achando que aquilo tá certinho. Mas não tá... Agora, o pouso, nós cantamos pedindo pouso, mas dentro da doutrina. Eu canto pedindo pouso em repertório, que assim como os Magos pediam um pouso na viagem deles, eles agradeciam. Mesmo assim nós pede e agradece. ... Aquilo é repertório dentro da doutrina. Se é de cantar, agradecer um café com repertório, com dez versos de repertório, sim (está certo). Louvando uma xícara, que ela

é bonita, que o bule é dessa cor, não senhor. Eu agradeço com as palavras divinas.[3]

– A diferença entre um grande mestre tradicional da Folga e da Folia e um embaixador pobre de recursos é medida pela quantidade a mais de conhecimento de versos de cantorio e pela habilidade em saber usá-los para situações diversas da jornada ou da noite de dança. Contraguias do sertão alçados à chefia de uma pequena equipe saberão "embaixar". Saberão um conjunto mínimo de sequências de quadras para as situações rotineiras do giro. No entanto, seu repertório será pobre de versos de doutrina, os mesmos que um mestre notável saberá usar não só para dirigir os gestos coletivos essenciais do rito (dar, receber, retribuir), mas também para fazer do ritual um momento de ensino da "doutrina". Em quase todas as companhias de Santos Reis, do Divino Espírito Santo ou de São Sebastião, duas ou três pessoas sabem "embaixar" em situações simples. Um mestre fatigado pelos dias e noites de giro e cantorio poderá pedir a um contramestre que cante em seu lugar durante algum tempo, enquanto ele descansa. Saber por conta própria puxar um cantorio na Folga ou na Folia é o caminho da

---

[3] O depoimento de mestre Messias sugere que ele é contra o uso corriqueiro do improviso entre mestres de Folia, sobretudo nos momentos de "peditório", "agradecimento" e "despedida". Mesmo os desafios antigos entre mestres eram mais da memória do rito – saber cantar dentro da doutrina, sem perder um verso, uma palavra – do que da capacidade do improviso. Para seu cantorio, mestre Messias possuía uma grande relação de sequências de quadras de Folias, aquilo que outros mestres de Goiás chamam de "colunas". Aladares copiou dele muitas séries. Um de seus cadernos tinha o seguinte índice: "Anunciação dos anjos e a Virgem, Nascimento, Saudação e recebimento das coroas, Despedindo, Encontro de Folia, Saudação das entidades espíritas, Saudação dos cruzeiros, Verso para pessoa falecida, Verso para tirar a bandeira presa, para soltar preso, para tirar encanto ou guardado, Verso para promessa, Verso para tirar dinheiro do altar, Verso para saudar os quadros da parede, Verso para tirar coisa-feita na encruzilhada, Verso para cantar na igreja, Verso para cantar na casa de um capitão, Verso para cantar na casa de um alferes, Verso para tirar bandeira presa (outro), Oferecimento, Pai-Nosso, Ave-Maria, Apresentação das pessoas distintas que é um só Deus verdadeiro, Verso para mestre de Fulia, Verso para soltar o mestre chegando em casa que tem, chegando na casa que tem a Santa Ceia ou na casa de um alferes ou de um capitão, Verso para desatar uma corrente, Saudação do Cruzeiro com vela, Quando faz uma cruz dentro de um coração, Quando faz um coração e põe uma

maestria. Até mesmo um embaixador muito pobre de repertório e incapaz de improviso é, frente a seu grupo e diante de todos os que participam da cerimônia, aquele que canta, aquele que sabe dizer a fala do rito.

Mais do que todos os outros, este é o saber que faz do mestre o dirigente de uma Companhia e seu solista. Quase sempre, qualquer que seja o "sistema" da Folia, vimos que o mestre canta só, primeiro, o que os outros completam ou repetem. Mesmo a Folga de São Gonçalo, cantada sempre por uma dupla de violeiros, tem uma "primeira voz" que entoa o que o outro – o "segunda" – acompanha. Sabedor do repertório que entoa todos os anos nos dias de jornada ou dança, ou dono do dom de improviso, o solista é que recria a fala do rito. Criando ou repetindo "dentro da doutrina", quando um mestre consagra com seu canto um ritual de devoção camponesa e torna sagradas e eficazes as palavras que o canto profere, é porque

---

moeda dentro e ajoelha, Cora na porta, Saudação a cruz na porta, Para saudar o rosário na porta ou num arco, Para saudar a Bandeira no Centro Espírita, Quando a manjedoura foi feita de Guiné ou quadro debaixo das folhas da Guiné, Verso para saudar a Bíblia Sagrada ou a Escritura Sagrada e a página que está aberta, Verso para penitente, Promessa ou voto, Promessa pedindo esmola, Pedindo pouso, Despedindo de pouso, Verso para cantar na chegada, Quando pega na bandeira e enrola ela (por promessa), Verso quando está cantando (e alguém) apresenta uma bandeira de Reis ou de São Sebastião, Entrega da Fulia, Agradecimento de mesa, Agradecimento de mesa (outro), A viagem oculta de Maria para o Egito, Saudação do Altar, Verso para cantar quando chega e o festeiro está ajoelhado, Verso para passar a Fulia para outro capitão e de todos os foliões para sair no giro, Verso para cantar pra três ou quatro fuliões pegados na bandeira, Verso para cantar para um fulião quando encontra, Verso para saudar as velas, Quando um devoto está com um quadro na mão, Verso para cantar na porta à noite e uma ou três pessoas cumprindo um voto ajoelhado, Padecimento de Cristo, Verso para saudar os peixinhos, Os doze apóstolos, Despedida da bandeira e dos fuliões de outra Fulia, Chegada e despedida, Saudação ao vigário, Saudação às irmãs, Recebimento de bandeira, a esmola e os instrumentos, A viagem e a adoração dos Magos, Prisão do macumbeiro, Terço por cima da bandeira no altar – está pedindo para rezar o terço por voto ou devoção (se ele pede para tira com a Doutrina, é diferente – parênteses de Aladares), Recolhimento de uma bandeira – transforma em presépio e tem que fazer ela todo o ano". Cada um dos títulos nomeia uma sequência de "colunas" com um mínimo de oito e um máximo de vinte e quatro. Mestre Messias dava conta de outras sequências, como a de um Rosário de Nossa Senhora, com um número muito maior de "colunas".

ele conhece e segue o "fundamento" do que canta. O saber daquilo de que o verso entoado é, ao mesmo tempo, a arte e a reza. É também porque a fala que canta encerra e proclama princípios acreditados de trocas sociais e simbólicas que tornam a Folga e a Folia cerimônias devotas reconhecidas entre seus praticantes camponeses como tão sagradas e necessárias, em seus domínios comunitários, quanto uma missa ou um batismo são necessários e sagrados no domínio dos ritos e poderes da Igreja.

As regras do rito

Para que um ritual religioso popular cumpra o que se espera dele, é preciso que tudo seja feito observando regras rigorosas de conduta. Todos os momentos são prescritos e, neles, todos os gestos individuais e coletivos também. Alguns versos podem ser improvisados, mas os atos que os acompanham não. Cantos, rezas, posturas de corpo, detalhes de trocas entre pessoas – entre foliões, entre foliões e moradores, entre foliões e promesseiros acompanhantes – necessitam ser, ao longo de cada jornada anual, rigorosamente cumpridos em cada casa, em cada momento de chegar, de pedir, de comer, de agradecer, de abençoar, de partir, para que tudo seja a repetição de um demorado momento de culto coletivo que reinventa uma tradição acreditada, porque se repete todos os anos da mesma maneira. Tudo deve ser feito como sempre foi, para que tudo seja como todos sabem que é e acreditam que deva ser. Para que o rito que festeja o santo seja a festa que simbolicamente consagre e favoreça o festejador. Dizem os folgazões de São Gonçalo que "tudo deve ser feito com fé". Esse é o único modo de tornar realizado o rito sagrado e fazê-lo o oposto do "folguedo" profano, embora gestos de um e outro possam ser tão iguais que ao leitor seja difícil saber quando se "folga" e quando se "brinca". Mas o sinal de que "se tem fé" é fazer "com respeito". Não sei dizer quantas vezes ouvi repetida a palavra "respeito" entre foliões e folgazões. Ela traduz a aparência social da intenção religiosa. Pequenos desvios de conduta de um devoto-artista ou mesmo de um menino morador são objeto de censura e até de punição no momento em que ocorrem. Os mesmos folgazões que varam uma noite de "brincadeira" armados de chapéus, intermináveis cigarros de palha e garrafas de pinga durante um "pagode" em que se dança a catira e outras danças do sertão varam noites de "folga" dançando passos iguais, mas entremeados de cantos de devoção, com a cabeça descoberta, sem fumar e beber. Por isso uma dança diverte e comemora a alegria solidária, enquanto a outra abençoa, atualiza para o devedor seu "voto válido", recria situações de reza coletiva e afasta o perigo, segundo a crença de todos, desde que cumprida "com respeito" e seguindo todos os passos da sequência de gestos prescritos.[4] Dois terços das palavras de uma antiga ladainha em latim podem ser pronunciados de forma errada, do ponto de vista erudito. Mas entre rezadores e devotos é preciso que sejam ditos de modo rigorosamente "errado", ou seja, de maneira certa para os ouvidos que creem no que escutam.

Acompanhemos por momentos, leitor, a chegada de uma Folia de Santos Reis na casa de um camponês plantador de uvas em Caldas, Minas Gerais. Mestre Donquinha comanda o cantorio.

---

[4] Preceitos do passado, hoje raramente observados, segundo o juízo dos próprios mestres mais velhos, formados na "regra dos antigos". 1) A companhia deve "girar" à noite, em silêncio, cantando só dentro das casas, com as portas e janelas fechadas, "pousando" durante o dia, porque assim teriam feito os Três Reis fugindo de Herodes. Fala um mestre folião em Santo Antônio dos Olhos D'Água: "A viagem dos Três Reis foi só à noite. Nós giramos de dia não é porque acha que está direito. É porque a lei e a justiça nos proibiram de girar a noite toda e ocultar o dia. Mas o direito é ocultar o dia (o terno ficar oculto durante todo o dia em alguma casa). Os Três Reis no correr do dia estavam tudo oculto. Ninguém sabia onde eles pousaram e, quando era noite e a estrela brilhava, eles viajaram na direção (dela)". 2) A Companhia deve viajar "de Oriente para Ocidente", se possível sem nunca retornar sobre seus próprios passos e sem cruzar por seu próprio caminho. 3) Caso duas companhias se encontrem, os mestres devem realizar rituais de preceito que traduzam o respeito que uma tem pela outra (respeito pela "bandeira", pela "guia"). Assim, conflitos e competições de competência devem ser criteriosamente evitados. Veremos mais adiante que, no entanto, alguns mestres confirmam que no passado eram comuns situações rituais de competição e conflito entre ternos de Folias. Alguns mestres atestaram seu saber e sua competência justamente vencendo adversários em torneios demoradíssimos de conhecimento de "cantorios" da "doutrina".

– O mestre manda que o grupo que vinha andando pela estrada reassuma sua formação de trabalho ritual, quando todos chegam à porteira do sítio.

– De dentro do sítio, um "rojão" é solto pelo "dono da casa". Os foliões entram propriedade adentro, com a bandeira à frente e ao som de um toque manso de violas e violões.

– Diante de um arco enfeitado com bambus, bananeiras e bandeirinhas coloridas, algumas crianças e outras pessoas da casa e da vizinhança ficam frente a frente com a equipe de foliões e seus acompanhantes. A Folia para ali, e o mestre canta "saudando o arco".

– É anunciado, após o cantorio, que em algum lugar do arco está escondido um "presente pros dois bastiões". Jocosamente eles os procuram até que encontram. Este momento divertido e esperado pelas crianças é também sujeito a maneiras corretas de fazer.

– Uma nova ordem de mestre Donquinha, e a Companhia vai do arco à porta da casa. Ali o casal de donos e outros familiares e vizinhos aguardam em silêncio a chegada do grupo. O "dono" coloca-se de joelhos diante da bandeira que lhe é passada às mãos. Nem todos fazem isso, mas ele tem *essa* promessa a cumprir.

– O mestre comanda o cantorio de chegada. Todos cantam durante algum tempo, primeiro anunciando quem são, depois pedindo pouso e ofertas "pra Santos Reis" e finalmente anunciando ao dono da casa que sua promessa está cumprida e que ele pode "levantar-se". Ele o faz.

– O mestre, cantando, diz à "dona" que tome a bandeira nas mãos e entre com ela por toda a casa. Ela passeia com a "guia de Santos Reis" por todos os cômodos, volteando a bandeira três ou quatro vezes em cada um deles, de modo a abençoá-los. Algumas pessoas ajudam-na a fixar a bandeira na parede, acima do altar.

– Os foliões entoam um longo cantorio diante do altar e, ao final, cantando ainda, pedem de novo "pouso" e dizem ao "dono" que por uma noite guarde seus instrumentos de música.

– Dois rezadores ajoelham-se sobre pequenos tapetes colocados diante do altar. Alguns foliões, mulheres, pais com filhos pequenos em nome de quem cumprem votos chegam perto e ali se reza um terço entremeado de cantos tradicionais.

– Terminada a reza, há um momento de descontração (em Goiás e em outras áreas de Minas Gerais, este seria o momento em que o "dono" poderia pedir aos foliões que dançassem "um catira ou dois"). As pessoas bebem vinho e cachaça; entre elas, alguns foliões.

– O dono da casa chama os foliões para a "janta". Eles são servidos cerimonialmente, embora todos comam à moda sertaneja, com os pratos na mão, alguns acocorados pelos cantos da casa.

– Depois da "janta", nos dois lados da mesa em que ela foi servida, os foliões cantam sem instrumentos um "bendito de mesa", agradecendo ao "dono" pelo alimento. Em outras ocasiões, em vez do "bendito", os foliões poderão incorporar os agradecimentos ao cantorio de despedida.

– No dia seguinte, os instrumentos são devolvidos aos foliões. De novo em formação e diante do altar, eles cantam o "peditório". Pessoas da casa e da vizinhança oferecem dinheiro e prendas rústicas para os festejos do santo padroeiro ou para os usos de caridade a que a Companhia os destine. As ofertas feitas por devotos e promesseiros são pronunciadas pelo doador a um dos dois bastiões do grupo. Ele comunica a doação ao mestre, que, então, entoa uma ou duas quadras de agradecimento e bênçãos.

– Concluída a cerimônia do "peditório" e cantados mais alguns versos para o cumprimento de outros votos de promesseiros, a bandeira de Reis é retirada da parede e devolvida às mãos de um alferes. Muitas pessoas aproveitam o momento para beijar pela última vez a "guia" e passar a ponta de seu pano sobre o alto da cabeça. Acompanhada por algumas pessoas da casa até a porta e por outras até a porteira, a Companhia retira-se do local e retorna à estrada, ao "giro".

Mais demorada e diversa do que outros rituais de devoção a santos padroeiros, a Folia é uma contracena cerimonial que opõe e envolve uma equipe de devotos viajeiros e sucessivos conjuntos de "moradores" e vizinhos em suas casas. Os atos que recriam em cada casa "do giro" e "do pouso" sequências de trocas sociais e simbólicas, regidas por regras tradicionais que encaminham ações de dar, receber e retribuir dádivas materiais e espirituais, são na verdade gestos de códigos de prescrições e proscrições cerimoniais; é preciso conhecê-los bem para realizar ou evitar com acerto e respeito duas condições da eficácia do ritual devoto. As regras do código do rito definem *posições rituais* (quem pode ou deve fazer o quê, em cada momento) e *relações rituais* (o quê e como deve ser feito), de tal sorte que a todos os participantes, de um lado e do outro, o rito torna atores de solo ou coro, ao impor procedimentos regidos por obrigações consagradas de condutas religiosas.

Por outro lado, festejos como os da "passagem", do "pouso" ou da "entrega" de uma Folia de Santos Reis provocam rupturas da rotina da vida cotidiana de trabalho e geram aglomerações pouco usuais no mundo camponês. Estes são momentos em que são maiores as possibilidades de quebra dos padrões costumeiros do comportamento social, principalmente por parte dos jovens. Não é outra a razão pela qual muitas Companhias, ainda grandes e tradicionais, colocam ao lado de um mestre o "encarregado" (gerente ou regente) às vezes fixo, às vezes escolhido a cada ano, como vi acontecer em Abadia de Goiás. Deixando ao mestre a responsabilidade pela conduta coletiva de foliões e outros devotos *no ritual*, o encarregado assume a tarefa de "zelar" pela conduta social *no lugar do ritual*. Livrando o embaixador de assuntos mais profanos, é ele quem "vigia", por exemplo, as noites de festa e dança nos pousos, para que excessos na bebida não provoquem excessos na conduta e os arroubos jovens da afeição não sejam transgressões das regras locais de conduta sexual. Ele fiscaliza o comportamento de foliões e acompanhantes, para que não se atrasem pelo caminho nem tenham, no fim das contas, procedimentos de "falta de respeito".

Os tipos de saber são diferentes. O "regente" é um gerente, um encarregado da ordem. Não precisa conhecer mais do que as regras cotidianas da conduta que todos os outros conhecem no lugar: a deferência dos mais jovens para com os mais velhos, as possibilidades e os limites da conduta afetiva, as normas do comer e outras tantas. Enquanto isso, o saber do mestre são segredos de sacerdotes.[5] Ele precisa dominar os princípios dos gestos de todos os atores. Falando algumas vezes, dando em outras o exemplo de sua própria ação, cantando em outras ainda, ele prescreve o que fazer e como fazer. Por ser aquele que sabe de modo mais completo do que todos os outros os princípios do fazer do rito, o mestre é quem concentra o poder de interpretar o sentido de qualquer conduta na cerimônia e de dirigi-las todas, dando ordens a seus foliões e até mesmo aos donos da casa, enquanto lá está. Muitas vezes assisti a "donos" dizendo a um mestre recém-chegado que a casa é dele e que, dali em diante, ele deve comandar tudo. Mas esse capitão de equipe nunca pode impor sua vontade pessoal. Ele comanda porque *sabe obedecer*, melhor do que todos, o código do rito a que se submete com mais rigor do que seus seguidores. Expressão do saber e da ação religiosa da cerimônia coletiva, também aqui o mestre e, em menor escala, o contramestre e o regente são codificados de uma memória de gestos entre pessoas que a tradição consagrou. Uma tradição conhecida de todos – e é difícil participar da Folia como folião ou acompanhante sem conhecê-la – que os guias do rito dominam, ao se fazerem seus seguidores mais subalternos. Seguidores tão mais legítimos como agentes rituais da crença popular, quanto mais são sua memória e seu pleno exercício.

Doutrina, fundamento

Velhos mestres chamam de *doutrina* ou de *fundamento* o repertório de relatos bíblicos, mitos, lendas derivadas e crenças religiosas do catoli-

---

[5] Assim também, em seu estudo sobre um terreiro de Umbanda do Rio de Janeiro, Yvonne Maggie Alves Velho discute uma oposição entre domínios do sagrado (o sacerdote) e do profano (o presidente). "A lógica que organizou o drama descrito consistia, basicamente, em duas maneiras distintas de ordenar a realidade interna do terreiro. Uma delas correspondia ao 'código do Santo' e a outra ao 'código burocrático'. Esses dois códigos eram atualizados pelos membros do grupo, que podiam manipulá-los dependendo da situação para informar os seus pontos de vista em disputa e para legitimar suas posições dentro da hierarquia que organiza o terreiro. No entanto, em alguns momentos os dois códigos opunham-se de forma clara, tendo como representantes o Pai-de-santo e o Presidente" (*Guerra de Orixá*, Zahar, 1975, p. 150).

cismo popular associadas ao rito que praticam. Este conjunto produz o conhecimento que explica:

– a origem acreditada do rito universal;
– a origem e a história da prática do rito no Brasil, na região e na comunidade;
– o imaginário de acontecimentos e casos que garantem a sua legitimidade;
– as prescrições e proscrições rituais de que falei no item anterior.

A pequena passagem da visitação dos Magos, no Evangelho de Mateus, ao longo dos anos foi muitas vezes recriada e multiplicada com relatos, histórias e interpretações populares que acrescentam personagens, milagres e aventuras à "viagem dos Três Reis do Oriente à Gruta de Belém". Mestre João, em Caldas, depois de fazer sua versão dos acontecimentos da "visita dos Reis", contou, sem sinais de dúvidas de que aquilo seja verdadeiro, como o próprio Menino Jesus ensinou aos visitadores do Oriente o ritual da Folia e, em uma folha de papel, desenhou os instrumentos de música que deveriam usar e ensinar a usar, para que ao longo dos anos o evento da visita fosse celebrado. Mestres da Folga e da Folia descrevem com pormenores a pessoa e a vida de seus padroeiros, para, em seguida, explicar como cada gesto do que fazem na "jornada" ou na "função" imita com fidelidade o que fizeram um dia os santos em nome de quem viajam, cantam e dançam. Para explicarem como, por isso mesmo, a sua cerimônia religiosa é legítima. "São Gonçalo está dançando / vamos nós dançar também", cantam do "santo violeiro" os folgazões, enquanto dançam com palmas e batidas dos pés.

Ao narrar a viagem "de Reis", Mestre Messias dá vida ao empobrecido relato evangélico e toma o que conta como o fundamento da doutrina do que faz. Vamos ouvi-lo por alguns momentos, numa versão em que entremeio a fala do mestre com minhas sínteses, para que a viagem dos Magos não fique, aqui, tão interminável como na noite em que ele me contou, pouco antes de morrer.

O fundamento da Folia de Reis é o seguinte. Porque eles eram três homens amigos de Deus Pai, que era Gaspar, Belchior e Baltazar. Gaspar é do Egito, Oriente. Então Belchior é africano e Baltazar da Babilônia. Então eles eram escolhidos de Deus Pai, mas nem um deles sabia que eles foram escolhidos para que eles fizessem a visita a seu santo filho. Mas como eram do Oriente, todos os anos vinham fazer aquela conferência de dias em dias. Acontece que no dia em que eles estavam fazendo aquela conferência, José e Maria passaram procurando um meio de se ocultar, porque Maria estava grávida do Menino Jesus. E, quando viram, os três conheceram a semelhança do casal (souberam quem eles eram). Ninguém mais tinha o poder de conhecer o anjo Gabriel acompanhando aquele casal. Só eles três viram. (Os três magos ficaram sabendo que a dupla fugia para se ocultar de Herodes e que em breve nasceria Jesus. Pediram então a José e Maria que lhes enviassem um sinal, para que fossem visitá-lo.) Eles viajaram e foram cada um para seu território. Quando foi em dezembro teve nova conferência de fim de ano. Acontece que eles estavam em conferência ali, na noite de 24 para 25 de dezembro, quando resplandeceu a estrela. Um sinal estranho que eles nunca tinham visto, porque naquele tempo eles esperavam o Menino Jesus... Tudo estava uma sequidão terrível, tudo triste, aquelas árvores todas secas, o sol não brilhava, a lua não brilhava, as estrelas eram todas apagadas, os passarinhos não cantavam, ninguém via alegria de nada. Tudo era tristeza por causa da perseguição de Herodes e fariseus. Gaspar disse: "O sinal é esse". (E os três seguiram o rumo da estrela, ocultos na noite, escondendo-se em casas durante o dia, por ordem do anjo Gabriel. Por isso mesmo, a Folia no passado girava sempre e só à noite e ficava escondida durante o dia, como ainda acontece em algumas regiões de Goiás e Minas Gerais. Ora, Baltazar e Gaspar quiseram deixar Belchior para trás, porque ele era negro. Aquele que chegasse em primeiro lugar à Gruta de Belém seria coroado. Os dois seguiram por Jerusalém e Belchior, desgarrado, foi por São Miguel. No entanto, por intervenção divina, chegaram juntos a Belém.) Quando chegaram a Belém, fizeram a visita e as ofertas. E ia voltar cada um para seu território. O anjo avisou que voltassem por terras estranhas e que não dessem notícia a ninguém. Então eles voltaram, e é justamente como nós fazemos o giro. Vamos por uma parte e voltamos por outra. Até eles pediram esmolas para não dar conhecimento de quem eles eram. Ninguém sabia quem era. E por isso é que nós continuamos viajando (como eles). E eles foram tão felizes que Gaspar foi coroado pelo Espírito Santo, Belchior pelo Menino Jesus e Baltazar coroado por Belchior.

Esta é uma entre outras muitas versões que as pessoas da Folia contam a seu respeito. A própria narrativa de mitos como de Mestre Messias é um momento de ensino. Nas vezes em que estivemos juntos, quando em casa ou no meio de um giro, ele me narrava acontecimentos sagrados do passado bíblico ou acontecimentos miraculosos de histórias de Folias e de sua própria biografia, e outros foliões e meninos chegavam perto. Vinham ouvir. Alguns faziam perguntas; outros, comentários. Certa vez, em Caldas, quando mestre João narrava a história de como Jesus teria ensinado aos Magos o rito da Folia, outros mestres invadiram o caso e fizeram correções. Discutiram com mansidão mineira e, no fim, cada um saiu com a versão com que entrara, mas eu aprendi três.

Mais adiante vou voltar ao assunto, mas não será inútil adiantá-lo aqui. Tanto em Goiás quanto em Minas Gerais e no Oeste de São Paulo, encontrei mestres da Folga e da Folia que liam a Bíblia e, com mais gosto, livros tradicionais de devoção católica. Eles sabiam que tudo o que "o livro sagrado" dizia da visitação dos três Reis cabe em um pequeno parágrafo. Mas não lhes parecia errado acreditar no caso conciso da passagem bíblica tanto quanto nas muitas e longas narrativas que a memória popular do campesinato acrescentou e tornou acreditadas, do mesmo modo como as dos livros das igrejas. Mestres do catolicismo popular são, mais do que os nossos, uma soma de compositor, artista e teólogo. De qualquer um deles a comunidade camponesa espera: a) um conhecimento mais rico e completo do que o dos devotos não-especialistas a respeito dos "fundamentos da religião", dos assuntos "da doutrina católica"; b) um saber ainda mais completo do repertório de relatos e mitos, assim como da exegese dos princípios e símbolos dos ritos que dirige ou de que participa; c) uma coleção ordenada de casos e de interpretações de casos religiosos atuais, do lugar ou de outras regiões, que atribuam legitimidade próxima ao rito e o tornem inteligível, do modo como é acreditado e praticado na comunidade.

Não é raro, por exemplo, que diferentes mestres tenham interpretações diversas de passagens bíblicas ou do imaginário camponês para defender um ponto de vista doutrinário pessoal ou, com mais ênfase, seu "regime" de conduzir a Folga ou a Folia. Com os mesmos personagens – Herodes, a Sagrada Família, os Três Reis, o Anjo Gabriel –, mestre Zé do Tide, cuja Folia gira para os lados do Troca-Tapa no município de Mossâmedes, em Goiás, defende a necessidade da presença de um palhaço em sua Companhia, enquanto em Goiânia, mestre Messias justifica por que recusa a incorporação de um "herodes" para a sua.

Um contraguia ou mesmo um mestre novato conhecem imperfeitamente a doutrina da Folia e a ensinam aos fragmentos. Mestre Aladares comparava-se com seu mestre Messias e justificava por que não sabia interpretar como ele os fundamentos do ritual: "Bem, eu não posso dar uma explicação, porque eu não tenho um fundamento profundo". No entanto, lançando mão da memória do aprendiz e das muitas gravações e transcrições que fez do saber do mestre antes de sua morte, ele luta por decorar as quase três centenas de "procuras". Pequenas unidades de perguntas e respostas de estilo catequético que, de acordo com mestre Messias, continham "toda a doutrina sagrada".[6] Na verdade, não são muitos os mestres foliões e folgazões reconhecidos como notáveis conhecedores dos "funda-

---

[6] Entremeando com toques de viola que gravava a meu pedido, Aladares me ensinava algumas "procuras" do saber da Folia. Ele introduz: "Agora vamos fazer uma *procura*, porque na Folia de Reis tem... (esquece). Uma Folia de Reis completa são seiscentos e vinte versos e tem trezentas e setenta procuras". E, depois, diz algumas: "Qual foi o primeiro apóstolo que Jesus chamou a seu lado para com ele consagrar? Foi João Batista, filho de Zacarias e Isabel. Qual foi o primeiro apóstolo que Cristo chamou para andar com ele a seu lado? Foi Tiago e João, os dois são irmãos, filhos de Zebedeu. Sua profissão era pescador e ele pescava com eles. João Evangelista e Tiago irmão, para acompanhar o Salvador". A respeito do saber das *procuras*, Aladares ensinava o seguinte: "Trezentas e setenta ele não conhecia não (Mestre Messias). Trezentas e vinte ele falou pra mim que conhecia". Perguntei: "Será que tem algum mestre que você conhece que sabe todas elas?" Aladares respondeu: "Não, não tem não. Eu acho que não tem. Eu acho. Não conheço nenhum que sabe". Pergunto: "E no tempo antigo, será que tinha?" Ele responde: "Não tinha. Porque eu acho que tinha no Norte onde o seo Messias respondeu, mas já é falecido. O mestre aprendeu com ele. Um dos mestres que ensinou pra ele".

mentos", aqueles a quem os outros remetem quando alguém quer conhecer mais do que dois ou três relatos do imaginário religioso local. Mestres que se apresentam como narradores de mitos e casos, e como intérpretes verdadeiros e populares dos assuntos da religião.

Um dos principais valores do *fundamento* é que ele oferece a praticantes estáveis e promesseiros de ocasião um conjunto acreditado de fatos e exegeses de fatos sociais e religiosos que articulam narrativas de origem ou de continuidade do fio da história do ritual com os preceitos cerimoniais de uso local. Tudo o que se faz tem um sentido que a história e a tradição ao mesmo tempo narram e explicam, de modo a atestar sua eficácia e tornar o gesto – a oração, o canto, a dança, a oferta, a troca de serviços – e o próprio rito os sinais comunitários passíveis de serem aceitos como crença coletiva e praticados como um tipo de culto solidário.

Um outro valor do *fundamento* é que ele é *aquilo* de que falam o canto e a oração. Para que palavras, frases, versos e longas sequências de cantorios da Folga e da Folia tenham um sentido e sejam eficazes, tanto do ponto de vista social (produzam trocas entre as pessoas, façam saudações, abram portas, obtenham esmolas) quanto do ponto de vista religioso (façam milagres, atualizem promessas, atraiam bênçãos divinas), é necessário que tenham e traduzam uma doutrina. Que sejam a fala ritual do que se acredita ser uma doutrina religiosa verdadeira. Por isso, mestre Messias insistia em redizer a todo momento que cantava sempre "dentro da doutrina" e que, por isso mesmo, seu cantorio de folião era ao mesmo tempo "um ensino" e "uma oração".

Um outro valor importante do conhecimento da *doutrina* é que ele arma o folião de defesas contra perigos e desafios que o devoto imagina cercar sempre as equipes de trabalho religioso do catolicismo popular. Dado que ali convivem, entre fronteiras frágeis, a magia e a religião, pelo menos o mestre e o contramestre devem conhecer os fundamentos da fé e os recursos de preceito que, quando exercidos de modo correto e "poderoso", são a única defesa da pessoa e do grupo contra os malefícios de agentes supostamente danosos: de outros grupos rituais do catolicismo popular; de outros sistemas de crença; de agências definidas como de feitiçaria.

Messias foi capitão do Congo e do Moçambique e os abandonou porque ali há, segundo ele, artes de feitiçaria. Muitas vezes nas entrevistas ele costumava tomar longo tempo para contar situações de desafio. Alguns eram simples desafios de competência ritual e conhecimento doutrinário entre mestres de Folia. Quando no passado duas Companhias de Santos Reis cruzavam pelo caminho, era costume que seus capitães se desafiassem, seja para demonstrar maior conhecimento da doutrina, seja para vencer o contrário em um duelo de cantorio. Mestre Messias conta proezas de seu início de vida de folião.

> Eu falei: "Tio Odorico, não precisa ter medo que eu estou aqui pra cobrir a sua falta" (o tio e mestre havia ficado adoentado na véspera de um desafio de cantorio entre embaixadores de duas Folias). Ele admirou de eu, um menino, falar assim para ele. E chegou a hora do encontro; nós começamos o encontro que foi 12 horas marcadas. Então fomos cantando, e foi a parte do cantorio do outro terno de Conceição do Norte, naquela passagem da Apresentação de Jesus entre os doutores. Justamente foi uma passagem que eles erraram e soltaram quatro versos. Quando eles terminaram eu fui e cantei os quatro versos para eles, e completei o cantorio deles, e arvorei, e depois comecei o meu. Todos baixaram a cabeça, e nós cobrimos a bandeira deles com a nossa bandeira. Quando foi no outro dia, eu fiz a Despedida deles e eles tiveram que dividir a esmola deles no meio com nós. E desde os doze anos quando iniciei até hoje – já estou completando cinquenta e três anos – ainda não achei um para me vencer.

Alguns outros foram, muito mais no passado do que hoje, desafios entre poderes de feiticeiros. O mistério ameaça o agente e o sagrado popular, e entre eles se crê que o saber do sagrado (da doutrina) e o domínio de recursos do mistério (da magia) são a condição essencial de defesa contra os malefícios do mistério sem o sagrado (a feitiçaria). Mestre Aladares confessa seus temores e diz por que quer aprender ainda um saber que lhe falta.

> Tem um mestre lá em Itaberaí. Ele tirou uma Folia lá esse ano. Até ele canta um Agradecimento mesmo com a viola (o que é

raro, porque benditos de mesa em Goiás são cantados a seco, sem os instrumentos). Eu queria ter um encontro com ele pra bater um papo, porque tem muita coisa, e a gente queria aprender assim, uns negócios mais. Igual tem esse mestre que o Marreco fala muito nele: é o Ovídio. Ele é um mestre muito bom, mas já tem um defeito: ele gosta de atrapalhar os outros. Então já torna assim... pra você aprender, não dá certo. Ele tem umas partes de Espiritismo, negócio de atrapalhar os outros. Igual o Itamar, lá em Goiás (Velho). Eu queria aprender os fundamentos. Assim, esse de afinar a viola já sei um pouco, mas eu queria aprender mais. Porque tem mestre caboclo que reza em você assim, que no terno de Folia a viola desafina toda. Dá um baixo assim na sanfona e tudo. É igual eu cheguei numa casa uma vez, num pouso, e um mestre queria cantar. E eu só ia girar naquele dia, e meu primo falou: "Não aceito ele cantar, e então ele me atrapalhou". Mas a gente já sabia um pouco. Já tava preparado; eu vi que o negócio quis cair (perderem a voz, desafinarem os instrumentos por artes de feitiçaria). Eu firmei, a turma firmou, aí não teve problema. Mas quando eu saí lá fora, ele tava chorando. Aí veio me dar os parabéns e disse que eu tava bom. O mestre tem que saber os segredos todos. Tem mestre assim que geralmente chega na gente. Eu conheço uma moça que se ela pegar na orelha de um, a voz dele cai só de (ela) pegar na orelha. É da Umbanda, da Quimbanda; ela anda com uns quatro ou seis espíritos junto dela.

Agora, a gente tem defesa. A gente usa o Credo, reza ele. Agora, o capitão tem que ser sabido. Então tem partes que tem gente que não acredita. Acham que é coisa de velho, loucura ou um trem assim, mas não é. A gente corta a voz, como aconteceu até com mestre Messias. Uma mulher cortou a voz dele. Então, pra defender, você tem que achar um giz branco ou polvilho e fazer uma cruz no chão e rezar o Credo. Aí a voz volta de novo. Agora, a gente tem que aprender mais fundamento. Um mestre lá em Goiás (Velho) falou que esse negócio de desafinar viola é coisa de feitiçaria.

Diante do perigo da feitiçaria exercida por pessoas e agências de fora da Folia ou mesmo da "religião" (o catolicismo), torna-se mais necessário ainda conhecer o fundamento do rito, para obter dele a fala (o verso do cantorio ou a oração) e o preceito do uso da fala (quando, onde, como orar ou cantar), a fim de que livrem o mestre e sua equipe dos malefícios da magia. Aladares ensina regras.

> Pode até ter mestre sem fundamento, mas encontra muita dificuldade. Às vezes ele não tem fundamento assim pronto e ele encontra muita malvadeza. Geralmente, na cidade, gente às vezes de outra religião (existe) que quer judiar do folião, do mestre. Agora, na roça, quase não tem esses problemas. Acontece mais na cidade. Na cidade, vamos supor, já tem Centro. Tem mestres que não passam por Centro, têm medo de passar no Centro e não dar conta de cantar. Tem mestre que passa. Eu mesmo passo no Centro. Tem que saldar as sete linhas e tem que saldar as bandeiras que geralmente ficam nos centros. Saldar Preto Velho, Orixás e Oxalá. Agora, aqui quase ninguém sabe. Eles gostam de cruzar as bandeiras. Um dia cruzaram a bandeira sobre o Tomás e ele morreu. Ele era mestre.

4.3. Unidade e diferença

Depois de havermos visto juntos, leitor, *o que é o saber* dos foliões de Santos Reis e folgazões de São Gonçalo, procuremos compreender o que o caracteriza. O que o faz ser, por exemplo, um tipo de conhecimento ao mesmo tempo igual a outros, situados fora da equipe de artistas-devotos e de suas comunidades, e um saber próprio. Um tipo de conhecimento do campesinato, diferente e oposto à maneira como a Igreja Católica possui e exerce um conhecimento religioso equivalente.

Um saber interno? Autônomo?

Todo folião e todo folgazão fazem confissão de fé católica. Principalmente os devotos graduados, que insistem em ser "pessoas católicas" de piedade exemplar. Presos ao pagamento de uma promessa "de toda a vida" ou reconhecidos como interessados desde meninos pelos assuntos da religião, eles são apontados pelos outros da comunidade e da equipe como os guardiões da crença católica no lugar. Veremos adiante que, entre os letrados, alguns mestres e contramestres da Folga e da Folia são useiros da leitura da Bíblia e de livros antigos de devoção. No entanto, em seu todo, a cerimônia e o saber dos ritos que temos acompanhado até aqui são compreendidos como assuntos e práticas internas ao mundo camponês, esteja ele ainda "na roça" ou já na periferia das cidades. Existem fora do domínio direto e do trabalho religioso da Igreja, embora sejam "da mesma religião". "A doutrina é a mesma", poderá afirmar um velho dançador do São Gonçalo em Guaxinduva, perto de Piracaia, em São Paulo, "mas o sistema é nosso". Ou seja, ainda que um dia derivados da Igreja, são agora "próprios" o saber do *repertório*, do *costume* e do *fundamento*, assim como o fazer coletivo do rito popular, *dentro* da comunidade camponesa e *fora* do calendário, da presença e do controle dos agentes da religião oficial. Nas noites de dança ou nos dias de jornada, não há padres presentes, a não ser como convidados, o que ocorre raramente. Um sacerdote da Igreja não teria um lugar ali, nem para ensinar, nem para "exercer" ou "embaixar".

Em momento algum um mestre reconhecerá que a doutrina de seu trabalho religioso é outra que não a da própria Igreja Católica. No entanto, católica e, por isso mesmo, legitimamente devota, ela é modalidade original de a sociedade camponesa saber, pensar e realizar relações coletivas com o sagrado. Sabemos que antes e depois dos cantorios da Folia, foliões promovem rezas de terço e ladainhas, fazem longos benditos de mesa e sabem que dizem ali as orações tradicionais da Igreja, às vezes em latim. Foram aprendidas nela, com seus agentes, e foram incorporadas aos ritos religiosos do campesinato. Velhas beatas, tias e avós, com frequência, são rezadeiras da família. Não há uma só comunidade que não tenha seus rezadores ou que não saiba onde buscá-los quando é preciso. Sabemos que é comum equipes de folgazões e foliões levarem com elas seus rezadores, especialistas em muitas "rezas", que serão feitas dezenas de vezes entre casas de giro e do pouso, no caso da Folia.[7]

As orações que eles "puxam" e os outros respondem são de duas naturezas: preces ainda atuais nas cerimônias eclesiásticas, como o Pai-Nosso, a Ave-Maria, o Credo, a Salve-Rainha; antigas preces da Igreja, hoje muito raras ou mesmo inexistentes nas liturgias oficiais, como as longas ladainhas em latim, os terços cantados e os longos benditos a santos de devoção. Não são rezadas as orações ensinadas pela Igreja depois do Concílio Vaticano II, e muito menos são cantadas músicas pós-conciliares. Por outro lado, os antigos cantos devocionais da Igreja são entoados muitas e muitas vezes.

Dado que qualquer criança sabe dizer o Pai-Nosso ou a Ave-Maria, a qualidade de um bom rezador é medida por sua capacidade de guardar "rezas" na memória e saber os momentos exatos dos usos das orações mais antigas. Entre elas, algumas preces, cantos e gestos cerimoniais são considerados como ainda católicos, mas não "da Igreja". São as rezas populares que o imaginário camponês criou e colecionou, considerando-as tão legítimas quanto as outras, por serem antigas e eficazes. Um saber que vem "desde o começo do mundo". Uma e outra poderão ser atribuídas a algum velho e lendário rezador, mas o costume é que não sejam reconhecidos autores para qualquer prece popular. Entre "mansas" e "bravas", mestre Messias gostava de desfiá-las diante do gravador.

---

[7] Companhia de Santos Reis de Mestre Arlindo, uma Folia noturna da cidade de Goiás. Logo depois que os foliões jantaram na casa do pouso, rezaram em volta da mesa o Bendito de Mesa, puxado pelo próprio mestre. Logo a seguir o *encarregado* convocou os rezadores "da Companhia", os foliões e outros devotos para a *reza*. Havia alguma pressa, era tarde e a Folia já devia estar a caminho há algum tempo. Uma dupla de rezadores, poucos foliões e uma dúzia de mulheres desfiaram uma longa ladainha em latim, acompanhada de terço e rezas de preceito. Mal tinham se levantado, a "dona" da casa pediu outra reza para sua mãe, ausente. Os rezadores e acompanhantes retornaram à posição de que saíram e tudo se fez outra vez. Teriam rezado uma vez mais, se com bom motivo alguém tivesse pedido "outra reza", dado que esta é uma das obrigações fundamentais do folião. Entre Bendito de Mesa e o demorado cantorio de despedida, tardamos quase três horas em uma mesma casa de pouso.

Mais importante do que isso, o próprio modo de selecionar, incorporar e redefinir o espaço, o momento, os usos e o valor das orações da Igreja nos ritos populares é parte do trabalho coletivo de uma lógica camponesa. Com fragmentos de preces da liturgia oficial e rezas, cantos e gestos populares, um sistema de devoção é construído. É aos poucos criado sem que tenha qualquer equivalente com os da Igreja de antes e de agora. Uma lógica que não apenas imita os ritos da Igreja, mas que recria formas reinventadas de culto camponês. Sistemas de prece cuja complexidade e duração costumam ser muito maiores em teoria (fundamento doutrinário) e na prática (exercício ritual comunitário) do que o repertório de crenças e cultos da religião oficial.

Livre de um controle centralizado exercido por hierarquias eclesiásticas com poder de censura, como acontece na Igreja, os corpos de saber e as práticas rituais do catolicismo popular observam regras de recriação e difusão próximas às dos sistemas religiosos de tipo afro-brasileiro. Saindo de um domínio *eclesiástico* e erudito para um domínio *comunitário* e popular, para o trabalho direto de grupos estáveis de lavradores-devotos, de artistas religiosos independentes em suas equipes, umas das outras, o que se sabe, canta e reza na Folga e na Folia são palavras e gestos enriquecidos através de incorporações posteriores e sucessivas. Isto é o que explica por que, servo e ao mesmo tempo guardião de um saber consagrado e consagrador, cada mestre tem o poder de se constituir como um criador em escala local de novos elementos do imaginário religioso popular. Desde que não fuja a alguns princípios básicos de criação que ele mesmo deve defender com empenho, qualquer mestre pode querer que seu *improviso* pessoal venha a ser um dia o *repertório* dos outros.

Entretanto, mais do que no caso da religião oficial, é tão poderoso o difuso poder da tradição que raras são as inovações de fato incorporadas ao sistema dos ritos populares durante muitos anos. Vimos e veremos que algumas vezes um mestre criativo e inovador é criticado por outros mestres, por ser justamente um inovador, por "sair fora da doutrina", ou seja, do saber, que a tradição, ao fazê-lo seu, tornou a norma que o uso coletivo aceita e aprende. Não é raro que uma invenção de mestre permaneça por muito tempo incorporada apenas a seu próprio grupo, dentro dos limites de sua comunidade de residência ou de "giro da Folia".

A eficiência simbólica do rito popular está em que, por ser muito antigo, suas falas, cantos e gestos são acreditados como "de todos", às vezes de um santo, às vezes de Deus. Ele passa a ser um valor local de cultura por ter sido comunitariamente atestado como um *corpus* coletivo de saber-poder religioso, por carregar o peso de muitas ocasiões em que aquilo que foi feito, dito e repetido, produziu efeitos sociais esperados e, não raro, gerou pequenos milagres de âmbito local. Um *saber* entre camponeses não é *sábio* e eficaz porque é verdadeiro e sagrado. Ele torna-se verdadeiro e sagrado porque a tradição o tornou socialmente acreditado entre todos, ou seja, sábio e eficaz. Ele, enfim, faz *milagres*, pune abusos, atualiza votos de fé, distribui bênçãos, aproxima pessoas, provoca lágrimas, reproduz o *ethos*. Confirma o que se sabe solidariamente e, para todos os efeitos, atesta não só a verdade do poder e da proteção do padroeiro em nome de quem tudo é feito, como também o poder que existe no próprio ato de *saber fazer*.[8]

Ainda católicos, mas não eclesiásticos, os sistemas de saber da Folga e da Folia tornam-se parte do modo de vida camponês. Ajudam a comunidade a viver e a se realizar como *comunidade*. Pensam a vida pessoal do devoto, a da família, a vida coletiva. Ajudam a explicar muitos mistérios das relações entre pessoas e grupos, uns com os outros e todos com o mundo. Amparam o sofrimento, explicam a morte e a condição pobre e subalterna da vida oprimida do campesinato. Oferecem esperanças e cobram fidelidade. As pessoas creem juntas, e juntas praticam a festa do que creem. Podem, portanto, viver e trabalhar juntas.[9]

---

[8] Assim também em Lévi-Strauss. A eficácia simbólica não deriva do poder individual do agente religioso, e ele não cria sua credibilidade porque é eficaz. Ele penetra em um sistema anteriormente consagrado de atos mágicos e/ou religiosos e, seguindo seus preceitos, torna-se acreditado, isto é, eficaz. Não é porque cura que o feiticeiro é consagrado em seu ofício; é porque ele é consagrado em seu ofício que ele cura. Ver em Lévi-Strauss, *O Feiticeiro e sua Magia*, capítulo 9 de *Antropologia Estrutural* (Tempo Brasileiro, 1967). É importante também, leitor, o capítulo 4, *Magia e Milagre da Pureza e Perigo*, da antropóloga Mary Douglas (Perspectiva, 1976).

[9] Enfaticamente remeto o leitor à *Conclusão* do *Les Formes Élémentaires de la Vie Religieuse*. Como duvidar de sua surpreendente atualidade? O texto escrito há muitos anos por Émile Durkheim explica, a meu ver, ainda hoje, alguns dos processos e algumas das significações mais intensamente profundas e articuladas do ritual e da religião (PUF, 1968).

Sem abrir frentes de luta com os agentes da Igreja, mestres foliões e folgazões fazem o saber e o trabalho que possuem resistirem a seus equivalentes eclesiásticos. Sabiamente sobrevivem à margem deles. Não lhes parece contraditória a coexistência de um sistema letrado "de Igreja" e restrito de doutrina católica, com um outro oral comunitário e criativamente ilimitado. Com o saber do subalterno, sabem transitar sem problemas de um para o outro, reconhecendo no primeiro a parte oficial do saber e da fé e, no segundo, sua tradução em linguagem e vida camponesa.[10]

Um saber coletivo, mas de mestres

Como relacionar o valor dado à tradição de tudo o que se canta e reza na Folga e na Folia com uma grande variação de doutrina e de repertório? Vimos que a história dos Três Reis Magos é uma só e se supõe que seja conhecida de todos. No entanto, sabemos que vários mestres possuem versões diferentes e nem sempre elas estão de acordo. Nego Fortes por certo exagerava em suas confissões de Abadia de Goiás, no último 1º de janeiro, mas nem tanto:

> Eu, só eu, devo conhecer umas quarenta explicações diferentes da origem da Folia, e nenhuma coincide com a que eu tenho. Quer dizer, cada embaixador tem a dele e eu acho que não tem duas iguais. (E não existe alguma verdadeira, a dos padres? – perguntei eu com ares de dúvida.) Padre não conhece nada sobre isso (respondeu ele cheio de certeza).

---

[10] Em um estudo escrito para o 44º Congresso Internacional dos Americanistas (Manchester, setembro de 1982), discuto formas de apropriação e expropriação entre a Igreja Católica e grupos populares produtores da Folia de Santos Reis. Um dos casos estudados é o do Movimento de Renovação das Folias de Santos Reis. *Em Nome de Santos Reis,* publicado em 1985 como um dos capítulo de *Memória do Sagrado*.

Há um *corpus* mítico e teológico básico de domínio coletivo entre camponeses de uma mesma região. Faz parte, por exemplo, da educação de qualquer criança que ela aos poucos seja introduzida às "coisas da religião". O conhecimento coletivo do sagrado constitui a base da explicação de quase tudo, assim como explica e suporta o *ethos* cultural do campesinato. É muito difícil ser da comunidade e viver sua vida familiar e coletiva, em que a pessoa possua o saber e aceite pelo menos a parte mais substantiva dos valores de crença do imaginário religioso acreditado. E as pessoas creem porque sabem solidariamente o mínimo indispensável para acreditarem no que aprenderam. No entanto, fora homens e mulheres particularmente devotos ou vocacionalmente interessados em aprofundar o seu conhecimento dos assuntos da fé, todos os outros não se esforçam por possuírem mais do que um pequeno mapa das crenças, rezas, regras e usos da religião. Tudo o mais que se precise saber ou obter da religião pode ser conseguido junto a algum especialista do lugar ou da região. Mestres de equipes estáveis de ritos camponeses são, vimos, uma categoria de tais especialistas.

Mais do que apenas conhecedores profundos dos fundamentos de seu rito, devem ser sua memória. Quando falei sobre o *saber do fundamento*, observei que a diferença entre um pequeno e um grande mestre da Folia está em que este último conhece, conserva e recria a doutrina: a) acrescentando novos relatos aos já existentes sobre a história exemplar da visitação dos Três Reis; b) produzindo explicações teológicas, éticas e históricas associadas aos relatos que conta ou canta; c) ampliando o conjunto de acontecimentos notáveis que confirmam o poder e a legitimidade de seu ritual e de seu trabalho dentro do ritual.

Nas páginas seguintes veremos que mestres da Folga e da Folia consideram seu dever conhecer a fundo e ensinar a quem queira os fundamentos da doutrina. Como não existe, repito, uma instância centralizadora de controle sobre o saber religioso das classes populares, cada mestre se atribui um saber doutrinário verdadeiro, e a qualidade de trabalho que faz comprova-se na prática. Em uma mesma região há um relativo consenso entre o saber de vários mestres. Isto quer dizer que, do repertório do cantorio à coleção de relatos doutrinários, há mais coincidências entre inúmeros mestres foliões do Sul de Minas do que entre eles e mestres de Folia de Goiás ou do Mato Grosso. Caso tivesse pesquisado o assunto mais a fundo, poderia demonstrar que existe uma distribuição regional de valores e conhecimentos que, com um não tão desprezível poder difuso de controle, submete interpretações individuais aos limites de um estoque comum de interpretações, preceitos rituais e repertórios de cantos e rezas. Afinal, em uma mesma região, é dentro de comunidades de parentes e vizinhos que as pessoas aprendem. O saber e as variações do saber circulam no interior de espaços até certo ponto restritos de docência e influência recíproca. Por outro lado, ainda que possa vir a ser um inovador de doutrina e repertório, quase sempre um especialista é mais respeitado nos assuntos da fé pelo que sabe e repete do que pelo que cria e incorpora ao que sabe. Seria mais correto pensar que, no interior de um domínio restrito de saber consagrado, há mais variações de estilo entre diferentes mestres – para cantar, para narrar e para fazer – do que variações efetivas de interpretações da doutrina e dos preceitos do ritual.

Um saber que é um trabalho

A aquisição do saber é um trabalho. Ela demanda esforços que começam na infância. Veremos adiante, leitor, que *aprender*, na comunidade camponesa, o exercício de um ofício simbólico é um processo ativo, motivado, voluntário algumas vezes; outras, uma imposição familiar. Entre foliões de Reis e folgazões do São Gonçalo, a lenta aprendizagem dos segredos do ofício não é considerada como um divertimento, do mesmo modo como se entende que o seja o aprender a dançar a chula ou a catira. "Aprendi na missão", gostam de dizer viajeiros da Folia e os dançantes da Folga. Porque uma coisa e outra são compreendidas como o exercício de um trabalho entre outros do mundo camponês. Um trabalho religioso, antes de mais nada, uma devoção ativa que obriga ao compromisso de participar, gerenciar ou embaixar uma Folia durante alguns anos de vida ou durante toda ela. Bastião Bento, folião de vida inteira, gostava de dizer: "Quem tá na folia tá naquela obrigação". Esta frase aparentemente estranha traduz uma opinião unânime entre devotos de rituais do catolicismo popular: ainda que possa haver momentos de alegria e distração na viagem da Folia entre casas da roça ou na noite de dança votiva da Folga de São Gonçalo, elas são um compromisso; não raro, são um sacrifício para certos participantes e, para todos, são uma obrigação que, como trabalho ritual, o devoto presta ao santo padroeiro em troca das bênçãos que acredita receber dele. Até mesmo um palhaço de uma Companhia de Santos Reis dirá: "Eu tenho um encargo na Folia", e tanto a ele quanto a qualquer outro folião um mestre chamará "empregado de Santos Reis".

Falando de um sobrinho querido que, mesmo sendo bom violeiro e de uma família de devotos, nunca quis ser um folião regular, Bastião Bento disse:

> Ele era bom; bom de viola. A irmandade dele (os outros irmãos) tá tudo no giro, mas ele não seguiu *essa carreira* não. É como na viagem dos Três Reis. É uma só, mas quantos e quantos saíram com eles e não chegaram?

Um trabalho de obrigação comunitária, em segundo lugar. Obrigados para com o padroeiro por razões de devoção ativa ou de compromissos de promessa, os foliões e folgazões reconhecem-se como equipes de trabalho a serviço: a) de suas comunidades, compreendidas não só como o lugar de vida da equipe de devotos-artistas, mas como a área social até onde a equipe leva sua festa; b) de toda e qualquer pessoa que solicite o trabalho da equipe, quase sempre para o pagamento de uma promessa. Não conheço caso em que "batalhão" de Folga de São Gonçalo tenha, por algum motivo, recusado a Função pedida por um promesseiro. Pouca coisa existe tão grave quanto um mestre de Folia negar o passar com sua Companhia pela casa de um "morador", mesmo que a ida encompride o giro de modo indesejável. É tradição antiga que os foliões, em nome dos deveres da fé e do respeito camponês, sejam servos do "dono da casa" e atendam a todos os seus pedidos de serviços religiosos ou profanos. Foliões velhos do interior de Goiás faziam queixas amargas de donos de casa de pouso que obrigavam os viajeiros a passarem a noite palmeando e sapateando sucessivas modas de catira, após um dia inteiro de jornada de casa em casa. A Folga e a Folia são momentos comunitários de trabalho religioso. São demorados cultos coletivos de oração e, por isso mesmo, não são nunca serviços cobrados, pelos "empregados", das pessoas em cujas casas cantam ou dançam. Em alguns casos, como acontece com a Folia do Divino de São Luís do Paraitinga, o festeiro – Imperador do Divino – paga a montaria (cavalos), a comida e o trabalho da pequena equipe de três foliões que, por cerca de nove meses, viaja em seu nome anunciando sua festa e recolhendo prendas para ela. No entanto, ainda que aquele seja um ofício profissional que afasta do trabalho agrícola a equipe de foliões, não se entende que eles estejam sendo pagos para "foliarem para o Divino", mas apenas sustentados durante o longo período de trabalho religioso.[11]

Qualquer pessoa de uma Companhia de Reis, quando questionada a respeito de seu trabalho, responderá com o nome de sua profissão: lavrador (ninguém fala "camponês"), carapina, caiçara (como os excelentes foliões de Ubatuba e Ilha Bela), boia-fria, servente de pedreiro. Ninguém aceitará que "vive da Folia", embora reconheça que aquele é um outro tipo de trabalho. Um trabalho voluntário, mesmo quando atado a um compromisso de devoção ou a um dever que moralmente obriga pelo menos um dos filhos de um mestre folião a seguir a trilha do pai. Explico-me. É muito difícil que alguém possa viver em uma comunidade rural sem ocupar em seu interior diferentes lugares sociais que as regras de trocas entre as pessoas estabelecem e atribuem. Lugares sociais nucleares são dados pelo trabalho

---

[11] Há uma tensão crescente em muitos grupos rituais a respeito da relação: trabalho religioso gratuito x trabalho cerimonial remunerado. Foliões insistem com vigor que não recebem por seu trabalho "na jornada", e tudo o que a folia ganha com as esmolas do "peditório" reverte-se para a "Festa de Santos Reis". Foliões do Divino de alguns lugares são remunerados pelos festeiros (embaixadores do Divino), porque giram em tempo de trabalho durante longos meses e são, portanto, semiprofissionalizados. Regina Prado faz uma oportuna discussão sobre o assunto em seu *Todo o Ano Tem – a festa na sociedade camponesa* (Museu Nacional, mimeo., 1980).

produtivo. Todos precisam aprender *em um* ofício, para *ter um* ofício. Quase todos são lavradores, e muitos sujeitos, homens e mulheres, são especialistas de outros ofícios produtivos. Por outro lado, lavores postos a serviço de pessoas, famílias ou da comunidade, como os da benzedeira, do rezador ou do mestre folião, não são considerados como uma profissão, embora sejam uma vocação que obriga a um trabalho. Mesmo que alguma criança seja forçada pelos pais a se incorporar a sua equipe de dança, dificilmente prosseguirá a carreira de artista-devoto se não quiser. Os mais velhos compreenderão que há diferenças de vocação – de "inclinação", como preferem dizer –, e apenas a vontade pessoal de fazer parte do grupo religioso ou um compromisso individual para com o padroeiro determinam a incorporação e a continuidade do trabalho de uma pessoa qualquer na equipe da Folga ou da Folia. No primeiro caso, o trabalho deriva de um "gosto" ou de uma "inclinação". No segundo, ele é uma "obrigação".

4.4. A trilha invisível: Aprender

Creio haver dito na *introdução* que mestres da Folga e da Folia a princípio estranham quando alguém pergunta sobre como eles aprenderam as artes do ofício de que se fizeram, justamente, *mestres*. Mas as palavras que significam ensinar-e-aprender são ali usuais, tanto quanto os atos de que são o vocabulário e a confissão. Se frente à pergunta do pesquisador curioso há um momento de assombro, em parte é porque nem sempre o exercício da docência que gera o domínio do ofício da devoção costuma ser pensado. Costuma ser objeto de meditação. E nem sempre, porque não é hábito que ele seja imaginado como uma prática com vida própria, separada da própria prática ritual de que é parte. Parte e, ao mesmo tempo, condição de continuidade. Crianças da roça vão à escola; professores ensinam e alunos aprendem. Ali há lugares e tempos, regras e situações que obrigam a comunidade a ver a escola como o lugar de um trabalho peculiar: o do "ensino". Mas onde e como encontrar o rosto da docência daquilo que, afinal, "não se aprende na escola"?

Proponho que o busquemos seguindo pequenas trilhas de situações vividas e biografias confessadas. Busquemos surpreender, através delas e de mestres e discípulos que entre si ensinam e aprendem, o mistério do processo pelo qual o saber se transmite, em meio a gestos e falas que aparentemente submergem o trabalho de ensinar na prática de outros trabalho: aqueles a que afinal serve o ensino que ali se faz.

Mestre Aladares ensina a Hamilton, o filho

Quando cheguei, Aladares ensinava seu filho de seis anos, Hamilton. A filha mais velha espiava de longe; o assunto era entre homens. Havia comprado para ele uma "violinha" de feira que acabara de afinar antes de passar ao filho. Sentados um diante do outro, trocavam ensinos. "Ele não toca nada ainda", o pai foi dizendo, quando pedi que os dois fizessem alguns acordes dos cantorios de Folia. O mestre fez dois ou três sons das posições mais fáceis e, com a mão, ajudou Hamilton a distribuir os dedos pelas cordas da violinha. O menino evita o sério e martela as cordas de qualquer jeito. Aladares insiste, puxa um toque fácil, "descansado", e canta uma quadra. O filho acompanha e há progressos, mas por pouco tempo. O gravador perto torna a aula uma brincadeira inesperada. Hamilton batuca confusões na viola, e o pai repreende. Sem muita paciência com o aluno, acaba expulsando o filho da conversa. E me diz que é "assim mesmo", que "o menino tem jeito" e que com o tempo saberá aprender. Por enquanto, não o leva nos giros de dezembro-janeiro, porque ele não aguentaria as longas caminhadas, mas espera que dentro de dois ou três anos Hamilton seja um folião ajudante.

Tal como acontece em outras práticas do mundo camponês, antes de estenderem-se ao domínio da vida comunitária, trabalhos religiosos são assuntos de família. Mães ensinam às filhas rezas e responsos "de mulher". Depois do aprendizado caseiro é que a filha irá buscar outros saberes fora, quando o dos familiares é pequeno demais para sua "inclinação". Não raro avós ensinam às netas, mais do que mães às filhas, os segredos do ofício da benzedeira. Sabemos que fora casos de exceção, equipes estáveis de rituais camponeses são masculinas, exclusiva ou prioritariamente.[12] A regra do saber é a de que o primeiro aprendizado se dê no interior da família nuclear, do grupo doméstico ou, por extensão, da parentela, entre gerações contínuas ou alternadas. Pais e avós paternos costumam ser os primeiros professores de filhos e netos. Como a família camponesa é mais patrilocal do que matrilocal, a linha paterna de descendência participa com maior frequência das equipes de trabalho religioso e, por isso mesmo, da reprodução de seu saber. Parentes afins não são raros em um mesmo grupo, e são mais os genros casados com filhas de foliões. Tios paternos ou maternos ensinam a sobrinhos. Quando entre parentes colaterais – irmãos, primos – a regra geral é a de que o mais velho ensine ao mais moço.

Como a prática do folião não é reconhecida como um trabalho produtivo, embora seja, como vimos, uma missão de compromisso, os pais não consideram indispensável iniciar todos os filhos no domínio do ofício, como farão sem dúvida no caso do trabalho da lavoura. Entre vários filhos homens, pais ou avós mestres de Folia iniciarão aqueles a quem o rito interessa; aqueles que desde cedo demonstram possuir "o dom" do artista-devoto; aqueles a quem uma promessa anterior, feita pelos pais, liga o filho a uma "obrigação" para com o santo padroeiro.

> De primeiro ficava de geração: pai para os filhos. Aquilo não terminava (Mestre Messias, de Goiânia). Eu nasci neste sertão, mas

---

[12] A Folia de Reis de Poços de Caldas – uma das várias que giravam na cidade – é dirigida por uma mulher, Dona Matilde. A Companhia de Mestre Messias, mesmo tendo como embaixador Aladares, é tida como "de Dona Ana", viúva do mestre falecido. Tia Lolota dirige um grande terno de dançadores de congo em Machado, Minas Gerais. São casos raros. Entenda-se bem, uma mulher nunca é mestre da Folga ou da Folia, mas pode ser "dona" de uma Companhia, se a constituiu por voto ou devoção ou se a herdou de um pai ou marido folião ou folgazão. Poderá participar ativamente, cantando entre os outros, como Dona Matilde, ou poderá dirigir o grupo sem ser um de seus atores, como Dona Ana (que, no entanto, às vezes "responde" e ajuda "na reza") ou como Tia Lolota.

existia (a Folia), já era tradição. Isso vem de família: meus pais, meus tios, e eu já venho mais ou menos com cinquenta anos só de mestre. Meus avós também eram. Minha mãe também cantava muito bonito. Na época da Quaresma meu pai com a família toda fazia Recomendação de Almas... No tempo do meu pai eu cantava com ele nas últimas vozes. Depois ele foi ficando de idade e a gente foi procurando compreender melhor. Eu comecei tinha treze anos de idade. Eu cantava no lugar do maestro. Na Folia comecei com sete anos e com treze tomei o lugar do maestro. E meu pai faleceu, e eu passei a ser responsável no lugar dele (Mestre Lázaro, adepto do Movimento da Renovação da Folia de Reis, em Jardinópolis, São Paulo).

Na realidade, entre os casos estudados, encontrei diferentes alternativas de iniciação familiar. Pais foliões graduados ou mestres tomam a seu cargo a formação dos filhos. Pais foliões não assumem a iniciação dos filhos e, em alguns casos, dificultam o ingresso dos filhos na equipe. Pais não-foliões autorizam e até mesmo incentivam o aprendizado dos filhos junto a outros parentes ou mesmo junto a mestres da comunidade, mas de fora da parentela. Pais não-foliões deixam a iniciativa da formação por conta dos próprios filhos. Estes podem ser convidados por algum parente ou não-parente para ajudar, fazendo as finas vozes de requinta e contrarrequinta. Ou podem buscar o saber junto a alguma equipe do lugar, sobretudo quando adolescentes.

Mestres e contramestres têm muito mais interesse na iniciação de filhos, netos ou sobrinhos do que os outros foliões. Quase todos os mestres com quem estive em Minas Gerais, Goiás e São Paulo sonham ter um ou mais filhos como continuadores de seu ofício, de sua "missão". Mesmo quando tomam a seu cargo a formação de pessoas de fora da família, trabalham para que um descendente direto herde a Companhia. O costume é que o filho, o neto ou o sobrinho aprendam no exercício do trabalho. Tão cedo quanto possível um pai folião graduado incorpora um filho "com dom" em seu grupo. Grandes mestres contam com orgulho que entraram cedo "na missão" e, cedo, chegaram a mestres. Uma precocidade indiscutível é o sinal de um mestre de Folia.

> Eu aprendi Folia com meu pai. Ele saía e eu saía atrás pra aprender com ele. Quando comecei eu tinha doze anos e aprendi Folia de Reis aqui. É uma coisa antiga. Meu pai aprendeu com o pai dele. Ele morreu, ficou meu pai; meu pai morreu, ficou eu. Agora, acho que quando eu morrer acaba, porque os mais novos, ninguém quer seguir isso (Mestre Diorando, de Ilha Bela, em São Paulo).

Raros os pais ou avós que procedem como Aladares. Ele, um filho de camponeses cedo migrado para a cidade. "Embaixador" letrado, funcionário subalterno do Museu Antropológico da Universidade Federal de Goiás. Compra os instrumentos de música para o filho, espreita com ansiedade "a inclinação do menino". Reserva períodos caseiros para o ensino. Copia para si mesmo e guarda para Hamilton incontáveis folhas de estrofes de cantorio e "procuras" da doutrina. Programa avanços e inicia o filho antes de incorporá-lo à Companhia de que agora é embaixador.

Um certo João Paulista, avô de Bastião Bento

Conto aqui um pedaço da história "do povo dos Bentos e dos Nunes". Bastião Bento começa.

> Ele é nosso chefe. Ele aprendeu com meu avô essa Folia que o senhor tá gravando. Depois, com a falta dele, vem vindo os nossos que já aprenderam com o compadre Gabriel, que é o que ficou no lugar do meu avô. E daí pra cá a gente mora todos juntos e todos têm a mesma folia que é igual à do meu avô. Agora, esse Gabriel, a família dele ninguém ficou folião, mas os sobrinhos, primos e amigos ficaram com a missão dele. Hoje nós estamos voltando com a turma antiga. Tem muitas famílias, mas o tronco é um só: meu avô João Paulista. Tudo começou ali. Seu Ovide (Ovídio, o mestre atual) aprendeu com o Gabriel que era discípulo do meu avô. Até hoje a Folia é uma tradição do meu avô (segue o seu "sistema"). Já fui folião com outros, o Zé do Tide (a Companhia de mestre Zé do Tide, quando Bastião Bento foi camponês em Americano do Brasil

e Mossâmedes). Mas aquela é desgarrada da nossa (nada tem a ver com a parentela). A nossa procedência é essa Folia aqui.

Os descendentes não sabem explicar como, mas o fato é que um dia um certo João Paulista veio de São Paulo para Goiás. "A assinatura dele eu não sei", explica Bastião Bento, querendo dizer que não conhece o sobrenome real do avô. E por haverem os descendentes esquecido o nome da família, ficaram os filhos de João conhecidos como Zequinha Paulista, Joaquim Paulista, Antônio Paulista, Marciano Paulista. "Eram filhos dele e lidaram com a Folia." Este é o começo da história de uma antiga Companhia de Santos Reis que mestre João Paulista trouxe com a tralha e os parentes para Goiás e que, de acordo com os parentes em linha direta, "tem hoje mais de cem anos, só aqui na nossa região". Esta região é uma área rural das cercanias de Goiânia, onde famílias de foliões habitaram muitos anos antes de haver sido fundada a capital do Estado. Hoje, ela gira todos os anos entre 1º e 6 de janeiro, sob o comando de Nego Fortes e a direção de mestre Ovídio. Gira entre sítios, fazendas e o povoado de Abadia de Goiás, no município de Trindade.

O pai de Bastião Bento, Manuel Bento de Oliveira, foi casado com uma filha de João Paulista. Ele, mineiro migrante para Goiás aos dez anos de idade, foi folião da Companhia do sogro. Nenhum dos filhos homens de João Paulista chegou a ser "embaixador responsável" como o pai. Melhores foram os cunhados, como alunos do mestre e mestres de Folia: Joaquim Fidelis, cunhado do segundo casamento de João Paulista; Gabriel Alves de Oliveira, "um dos principais discípulos do meu avô", diz Bastião Bento; "o maior discípulo que o velho João teve", dizem Nego Fortes e mestre Ovídio. Quando Gabriel começou a aprender com mestre João, ainda "não era da família". Casado com uma outra filha de João Paulista, veio a ser seu substituto. É sobre ele que a memória dos mais velhos conta histórias, porque foi com ele que os velhos mestres de agora aprenderam.

Parentes afins de João Paulista – distribuídos por casamento entre filhas, netas e sobrinhas – e outros camponeses da região "encostaram" famílias na do mestre e foram foliões de sua Companhia. "Acaba sendo uma gente só, uma irmandade de muitas famílias, mas uma gente só, tudo parente", diz Bastião Bento. E completa:

> Aí vêm os colegas dele (de mestre Gabriel), a família de Nunes: Aprígio Nunes, Geraldo Nunes, Orsino Nunes, todos mestres embaixadores; Floriano Nunes, Otávio Nunes, Miguel Nunes e José Nunes, tudo folião, mas não embaixava. Vêm outras famílias, a família de Fortes, que era colega: José Alves Fortes, Joaquim Alves Fortes, Francisco Alves Fortes, Messias Alves Fortes, Antônio Alves Fortes e Eduardo Alves Fortes.

Um dos filhos de Joaquim Alves Fortes, Nego Fortes, fazendeiro em Trindade, é quem se fez uma espécie de "alferes perpétuo" da Companhia e luta para que ela não morra. Dos descendentes, alguns participaram ainda da Folia nos tempos de mestre João Paulista. Os mais moços já são do tempo em que mestre Gabriel assumiu o comando do grupo. Outros aparentados dos primeiros tempos: Leandro Martins, João Custódio e seu irmão José Custódio, todos embaixadores, e João Fidelis, regente de Folia.

Ao falar de mestre Ovídio, Bastião Bento diz:

> Irmãos dele é outra tarrafada de folião: Ovídio Cristino Nunes, discípulo de mestre Gabriel e embaixador atual da Folia. João Cristino, Urias Cristino, Olivo Cristino, José dos Reis (palhaço de Folia, primo de mestre Ovídio). Ovídio é primo daquela carreira de Nunes. Tem outros irmãos e primos dos outros Nunes, tudo folião: Sebastião Nunes, Juvenal Nunes, José Nunes, José Roque Felipe, que já vem de outra família.

Família dos Bento, de quem nunca saiu um embaixador: Sebastião Bento (ego), João Bento, José Bento, Antônio Bento, Luís Bento (Nego Bento) e Joaquim Bento (Quim Bento). "A nossa família deu uma descendência de folião": Brás Cristino (sobrinho do Ovídio, segundo embaixador), os irmãos Sebastião Bento de Freitas, José Bento de Freitas e Antônio Bento de Freitas; Doralino Bento de Oliveira, Sebastião Bento de Oliveira, Eduardo Bento de Oliveira e Geraldo Bento de Oliveira. Os quatro últimos, irmãos também; Geraldo, "palhaço e poeta de um recurso esquisito". José Maria, folião casado com uma sobrinha de Bastião Bento. Bené Maria, casado com outra sobrinha. Lázaro Bento (sobrinho, palhaço exemplar), Antônio Bento ("aquele requinteiro, cantador fino"), Almelino Bento, Miguel Bento ("irmão também os dois, é tudo sobrinho"). Filhos foliões de Bastião Bento: Adelino Bento Santana, Antônio Bento Santana, Sebastião Aleixo Santana ("é filho com outra assinatura"), Jonas Bento Santana, Emilson Bento Santana, Wilson Bento Santana.

Após fazer a listagem das "irmandades de foliões" da descendência do mestre João Paulista, Bastião Bento arremata:

> Agora, isso aí tá tudo misturado, porque esses aí, da parte dos Nunes e dos Alves, já é do tempo do meu avô. Daí pra cá vem aumentando, uns morrendo. Agora tá entregue pro Nego Fortes. Já tem muitos galhos (outras Companhias originadas do tronco original), mas essa Folia é a que veio e nunca acabou.

Nego Fortes me faz ensinos no pouso de saída da Folia em 1º de janeiro de 1983. Com a chegada de "um povo de paulistas" há cerca de um século, vieram para aquela região "a Folia e a Catira". A memória, mesmo a dos mais velhos, nada guardou a respeito daquela geração de migrantes paulistas para o que era então um sertão goiano a muitos dias de viagem. "Esses paulistas sumiram aos poucos, mas a Folia deles e a Catira ficaram." Nego Fortes é hoje o responsável pela Companhia. Em 1982, perdeu o pai doze dias antes da data da "saída do giro". Em um pequeno discurso que fez entre lágrimas, disse que a melhor homenagem que poderia ser prestada a ele seria fazer a Folia girar naquele ano como em todos os outros. Ele tem consciência de que de sua geração para a próxima o rito familiar corre perigos. Quando contava para mim que espera em Deus que a Folia nunca acabe, um sobrinho de menos de quinze anos fez roda na conversa. O menino disse que achava que a Companhia morreria com a geração dele. Dava seu próprio exemplo: gostava de foliar, de sair com o "giro", mas tal como os outros primos, não fazia esforços para aprender o ofício.

Ao que Nego Fortes respondeu:

> Pois eu queria começar é por você mesmo. Você que gosta, que tem gosto, já era tempo de procurar aprender a cantar, caçar um instrumento, aprender a tocar; conhecer os princípios, a doutrina.

Mas o sobrinho não fará aquilo. Meninos da cidade procuram outros ofícios. São raros os jovens que participam do rito com o mesmo entusiasmo dos pais. Poucos pais têm ainda poder familiar para manter por muito tempo seus filhos à sua volta, fiéis ao rito. Um dos parentes, Juquinha Ruivo, vem todos os anos com dois filhos. Moradores da cidade, eles conservam ainda gostos camponeses. Chegam vestidos por igual e os filhos dominam tanto o cantorio de auxílio da Folia, quanto o toque de instrumentos de couro. Dançam a catira admiravelmente. O pai não embaixa. Mais adiante os filhos abandonarão a Companhia; ficarão nela como foliões de apoio ou irão buscar a ciência da maestria com algum mestre de perto.

Nego Fortes guarda esperanças, hoje menos intensas do que ontem, de que alguns meninos descendentes não deixem a "tradição morrer depois de mim". Todo o trabalho ritual repousa agora em sua administração e no saber de mestre Ovídio. Quando um dia o ritual desaparecer das cercanias de Abadia de Goiás, que fique pelo menos a memória escrita. Nego Fortes quer escrever um grande livro "com toda a doutrina da Folia tirada da Bíblia". É um trabalho de muitos anos, mas ele garante que já fez boa parte dos escritos.

Entre Bentos e Nunes, Alves Fortes e Cristinos, equipes rituais do catolicismo popular são unidade de parentes, assuntos de família. Não é difícil preservar, ao longo dos anos, uma equipe devota de trabalho comunitário gratuito (ainda que o giro da Folia seja tradicionalmente farto de comida camponesa), pronta a se reunir e a trabalhar "para Santos Reis" todos os janeiros. O saber do rito não se aprende em pouco tempo, e substituições de "companheiros" são difíceis. Enquanto as condições do modo de vida camponês são preservadas, mesmo que alguns foliões da Companhia migrem para a cidade, como acontece com a equipe que estamos estudando, o trabalho ritual se preserva e, durante alguns anos, mantém sua plenitude: equipe completa, rigor no giro, casas de moradores preparadas para receber a Companhia.

Entre parentes e vizinhos aparentados divide-se todo o trabalho da jornada. Uns são foliões, e outros, moradores; uns "visitam", e outros "recebem". Todo o espaço da comunidade cotidiana de vida e trabalho sabe reordenar-se de forma a ser, durante seis ou treze dias, o cenário onde a Folia "na missão" reconta como rito o mito da história da viagem dos Três Reis Magos.

O saber migra de uma geração à outra entre parentes. Mesmo quando um pai não tem, como o lendário João Paulista, filhos que o substituam como embaixador, deixará "formados" sobrinhos, netos, cunhados ou seguidores vizinhos, "companheiros" com o dom. O aprendizado do repertório, da doutrina e do costume circula entre parentes consanguíneos ou afins. Circula entre "cumpadres" e entre padrinhos e afilhados. Sabemos todos que o sistema de compadrio reforça laços familiares e estabelece trocas simbólicas e sociais intensas entre vizinhos e companheiros de trabalho.

Perdidas as condições rurais de intercâmbio camponês, as equipes de trabalho ritual desaparecem ou reaprendem a conviver em um novo contexto. Viram os pequenos ternos que encontrei dentro de Goiânia e em Poços de Caldas. Incorporam não-parentes ou sobrevivem com dois ou três familiares. Filhos não demonstram mais qualquer interesse pelo ofício dos pais, e os velhos mestres, quando não encontram discípulos que aprendam com eles, silenciam com a morte ou a aposentadoria do ofício o saber que um dia trouxeram de longe, de outros tempos.

Aladares aprende com Mestre Messias

Como foi que Aladares, um embaixador de Folia há menos de cinco anos, aprendeu seu saber? De que maneira ele mesmo traça sua biografia de folião e desenha nela uma trajetória que vai de violeiro a mestre? O estudo de sua história pode ajudar a compreender relações do ensinar-e-aprender. Eis o caso de um mestre não-parente.

Eu venho de baixo, cantando, ajudando embaixar, pedindo esmola. Não. Eu comecei tocando. Eu era garoto, eu cantava na Folia no sistema goiano que tem quatro vozes, mais dois meninos respondendo: dois de um lado e dois do outro (um adulto e uma criança de cada lado). Então o mestre cantava e o grupo respondia; então (eu) estava junto fazendo a requinta. Eu comecei já aprendendo a tocar. Eu tinha um primo que embaixava e eu cantava muito com ele. Ele me punha para pedir esmola. Eu já sabia mais ou menos e eu fui aprendendo. Eu aprendi com nove anos. Quando eu comecei (foi com) uns caras de Santa Catarina que tinha violão, viola, e eu comecei a aprender.

Na família só tem eu. Nós somos dezoito irmãos que tocam viola e cantam. Nesses dezoito ninguém dedicou (tornou-se folião). Eles gostam, mas não praticam. (Isso tudo aí foi em Goiás Velho?) Foi. Aí eu resolvi aprender. Um dia eu tava na Folia e cheguei num pouso e o embaixador era um tal de João Ribeiro, lá no Urú (nas beiras do Rio Urú, perto de Goiás Velho). E pegou ele falou: "Você toma conta pra mim no arco e depois eu acabo de chegar". Eu pensei que ele saiu foi por necessidade. Assim, eu peguei, enfrentei. Foi a primeira vez e eu olhava pra trás, e o homem (o mestre) nada. Eu saudei o arco assim e fui entrando; eu não sabia não. Eu passei pelo arco e ele não chegava, e eu cantando, inventando verso. Eu não sabia no duro, direito. Então cantei saudando o arco, o tronco da casa e tudo. Aí eu pedi licença pra entrar dentro da porta. Quando cheguei no altar é que ele chegou.

Eu sabia mais ou menos o sistema da coisa, e depois desse tempo pra cá eu resolvi aprender. Mas o mestre que me ensinou doutrina errada.

Porque, geralmente, a doutrina você começa pelo Rei Gaspar, e ele me ensinou que era pelo Rei Belchior. Aí eu resolvi aprender com o mestre Messias. (Como foi que você aprendeu com mestre Messias?) Foi nessa Folia aqui da Praça Universitária. Eu cantava lá muito, mas noutro sistema e naquele outro ritmo que eu tinha aprendido com esse outro mestre. E eu vejo muitos mestres cantar errado. Saí com o Rei Belchior na frente, e eu explico tudo a eles. Porque geralmente a gente aprende errado para depois aprender o certo. Muita gente não gosta que a gente corrija.

Então eu aprendi os Três Reis, que ajuda a gente. Faz aquela força e dá para sair. Entrei na Folia do seo Tomás. Eu o ajudei uns dois anos e depois conheci o seo Messias. Seo Messias tira uma Folia pra ele, e eu fui ajudar o seo Messias. Falei pra ele que ia conhecer ele pra ele me ensinar, como de fato me ensinou. Eu fui lá, e a única pessoa que quis dedicar o fundamento assim profundo com ele fui eu só. Os colegas dele moram lá, que disse que tem mais de vinte anos que trabalho com ele (como folião de seu terno), e não interessa aprender. Canta, embaixa; às vezes embaixa numa casa, mas não sabe (a doutrina). Às vezes tem alguma dificuldade, vem atrás da gente ou vai atrás dele. (Nem o seo Tomás sabe esses fundamentos todos?) Não. Mas ele ajudava a cantar muito pouco. Tinha assim: sabia o Nascimento; ele era alferes de Folia. Ele sabia tudo. Ele passava a vara direitinho. Então, quando eu ia com ele não tinha problema. Ele ia à frente e eu deixava tudo por conta dele. Eu só tomava conta dos "folião". Agora, esses outros aí já não sabe. O dia que tem Encontro (entre duas Folias) dá o maior problema. Tem que fazer avena (vênia), tem que explicar um pro outro. Um sobrinho dele já tá sabendo como faz um Encontro. Eu ensinei pra ele.

Agora, seo Messias, eu tirei duas vezes pra ele (girei comandando a Companhia em seu nome). E ele era desses que você podia deixar e ele sabia sair de qualquer embaraço que tivesse, ele sempre desenrolava. (Você começou na Folia dele de contramestre?) Não, já embaixando. Às vezes ajudava. Ele já tava assim cansado, de idade, então ele descansava e eu cantava. E ele tinha um problema de bronquite... Ele tinha um fundamento profundo com os Reis Magos. Não sei qual deles; não sei se o Belchior... Baltazar. Mas pra mim é o Belchior. Ele, da casa dele, sabia o que acontecia com você, que quando chegava na casa dele ele já sabia. Eu não sei. Ele tinha um ponto com ele, igual eu expliquei pra você, às vezes é um Rei desses (quem o protege).

Ele não quis me dar. Não quis não. Eu não esperava de ele falecer tão rápido. Porque ele me ensinou tudo direitinho, mas essas partes ele não ensinou. Um dia eu cheguei até a casa dele e ele falou: "É, você está dando um pouco de trabalho pra mim". Eu lá no Setor Universitário, e ele tava lá (estando em sua casa)... Outro dia, numa cantoria que eu fiz numa casa pra pessoa falecida, uma pessoa baixou naquele local e acompanhou depois (a Companhia) numas cinco casas. E quando ele notou, ele viu que a pessoa tava encostada. Ele despachou de lá de onde ele tava. Aí, no outro dia cedo, eu cheguei lá. Ele me ensinou que quando você cantar, você saí da casa pra aquela pessoa não desencostar (encostar). Senão a pessoa vai junto. Se não rezar, às vezes pega uma pessoa lá na frente e atrapalha de fato. É verdade mesmo. Eu já cantei uma vez e esqueci, e a pessoa (falecida) foi junto. Seo Messias me deu uns versos que são muito profundos. Então é quando você vê a morte de uma pessoa (quando entoa os versos e alguém presente morrerá naquele ano); eu vi a morte de um folião no ano passado. Eu até falei pra Maria. Então ele (mestre Messias) tava cantando numa casa e ele falou: "Quando você vê que um folião vai embora de fato (vai morrer), quando cruzar a bandeira, pode saber". E seo Zé cruzou uma bandeira no ano passado, numa casa. Cruzar, se você for entrar por aqui e for pra cá, não pode. Entra aqui primeiro e depois entra ali. ...

Não, aquilo ia na mente dele (o repertório, os fundamentos e os poderes). Ele levou doze anos pra decorar tudo, aprender tudo na ideia. Mas ele tinha um negócio com ele que ele recordava por intermédio daquilo. Não sei o que é. Era um protetor dele que dava aquilo tudo na ideia dele. Então eu chegava, do jeito que nós tamos conversando aqui. Ele dava os versos tudo certinho. Às vezes esquecia algum, mas voltava e lembrava. Ele ia falando e eu copiando no gravador. Depois eu tirava. Tem poucas coisas lá que eu já tinha e passei pro caderno.

Tem um agradecimento lá que era dos Bento (aprendido de Nego Bento) que eu acho muito bonito. E ele não me deu aquele outro, assim (canta com a viola). Tem um verso mais selecionado, aparece que fala mais profundamente na doutrina. (Mestre Messias não tinha nada escrito, não? Ele não aprendeu de escrito, não?) Não. Tudo da cabeça dele. Ele tinha um livro. É tudo tirado da Bíblia e da Folia de Reis, aquele. Até eu tenho o livro lá que você me deu. Ele tirou uma parte lá do livro. Sendo aquele "Livro Gogota", que ele falou pra você. Disse que é muito bom esse livro. Mas eu não encontrei até hoje. Eu encontrei um livro em Goiás (Velho). Um livro de Reis. Mas parece que o fundamento já não é assim um doutrinal católico. Parece que tem um pouco de Espiritismo e os versos tudo desencontrado uns com os outros. Eu não achei fundamento. O cara disse que tinha o livro de Reis lá.

(Ele aprendeu o livro também, porque ele fala do livro nas Horas Marianas?) É, mas no livro Horas Marianas não tinha nada escrito. Ele tirava pelo livro e pelo livro ele tirava o termo. Os versos não eram geralmente escritos no livro não. Dali ele tirava somente as doutrinas e fazia os versos. Sobre acontecimentos como São Sebastião, Santos Reis, São João, tinha fundamentos ali. Ele lia e tirava os versos que acontecia (da narrativa dos acontecimentos na vida do santo). Então eu tirei todas as cópias que eu tenho (de estrofes e procuras) e dei pro filho dele. Só tem uma que eu não sei... pra achar, mas tem uns quatro versos que eu esqueci. É a cena do Cristo na montanha. Até um verso muito bonito.

Outra vez nóis ia lá e tirava uma Folia. Ele cantava um pedido de esmolas. Outra vez ele cantava pra mim. Então eu tirava no gravador, depois eu copiava. Então tem muita coisa tirada no gravador cantado por ele.[13] Eu tenho um caderno já quase completo. Só tá faltando pouca coisa. Uma coisa que eu queria aprender era o Rosário de Nossa Senhora, mas não deu tempo. Nunca deu

---

[13] Sobre mistérios do aprender sabendo ou não escrever, mestre Aladares esclarece diferenças: "É, para esses que mora na roça e que não tem leitura, eles aprende o verso com outras pessoas. Vai ditando pra ela e elas vão aprendendo. Outros então já têm um pouco de leitura. A mulher (a esposa) já sabe e ensina. Igual eu conheço um (mestre) que a mulher dele tem leitura. Ele não sabe ler também, então ela faz a leitura pra ele e ele guarda aquilo na ideia". Sobre o mesmo assunto, mestre Messias diz: "Bom, eu digo o seguinte: meu filho demonstra ter uma boa invocação e, para isso, só aqui copiado pra ele, tudo em verso, eu tenho mais ou menos duzentos e oitenta ou trezentos versos, não é não, seo Valadares? (ele pergunta a Aladares). Copiado para meu filho. E além dele eu tenho vários sobrinhos e alguns parentes que interessa e pode também dali ir se estendendo como uma rede de luz que os fios vêm até aqui e para frente; tenho dois ou três interessados que ele segue, não é?" A mesma coisa acontece no depoimento de Otávio Ramos e Arnaldo F. Drumond em *Função do Cururu* (SEC da Prefeitura Municipal de Cuiabá, "Cadernos Cuiabanos", abril, 1978). No "Pequeno Glossário do Cururu", que antecede o estudo, os autores escrevem o seguinte: "*Sabedoria* – diz-se do curureiro que canta versos e toadas de inspiração bíblica (*tem sabedoria, é de sabedoria*). Alguns cantadores estudam livros sobre santos e enversam os temas para brincadeiras de Cururu. Quanto mais Mistérios, Paixões e Padecimentos conhece o cantador, mais respeitado ele é. Desde, diz-se também *cantador de santidade, cantador de escritura*. Na escala de valores, o menos respeitado é o

pra tirar o Rosário de Nossa Senhora. São cento e quarenta versos. Ele me falou que o meu é trinta (ensinou uma forma abreviada de trinta quadras). Então tem uma parte que esse povo canta aí. Tem muitos desses versos de Folia de Reis, mas não cabe nesses versos do Nascimento. Que é aquele verso que fala: "Da rama nasceu a flor, da flor nasceu Maria e de Maria, o Redentor". O mestre fala que esses versos têm que ter. Eu falei: "Mas esses versos não é do Rosário de Maria". Aí o seo Messias explicou pra mim que esses versos eles cantam muito do Nascimento, mas não tem; eles são do Rosário.

Seo Messias muitas vezes viu os Três Reis do Oriente. De noite ele rezava e de manhã ele rezava. Agora eu esqueço (de rezar como ele sabia). Já rezei umas quatro vezes, aí aparece outra coisa pra atrapalhar. Mas ele falou: "Você não incomoda não, que depois você vai ver". Eu já vi os Três Reis do Oriente, mas a Lapinha mesmo eu não cheguei a ver. Tem um mestre lá em Itaberaí. Ele tirou uma Folia com a viola. Eu queria ter um encontro com ele pra bater um papo, porque tem muita coisa, e a gente queria aprender assim uns negócios mais. Igual tem esse mestre que o Marreco fala muito nele. É o Ovide (mestre Ovídio).

A morte prematura de mestre Messias obrigou Aladares a subir a seu posto antes do tempo. Ele mesmo, já então um mestre, não se reconhecia ainda sabedor do "fundamento profundo" que busca até hoje. Dona Ana, baiana, fez voto de seguir com a Folia de Messias, o marido, até quando pudesse. O filho folião do casal estava longe de poder assumir a chefia do grupo. É possível que nunca o faça. Entre outros desigualmente preparados para o ofício de embaixar, dona Ana escolheu Aladares. Ninguém foi

---

cantador de lari-lai-á: aquele ignorante em temas sacros, que não sabe saudar o santo. Ao invés de cantar o pé de verso de sua toada, ele preenche o espaço musical com o lari-lai-á" (p. 7). Assim também, de acordo com o depoimento da antropóloga Patrícia Montemor, entre os palhaços das Folias de Reis dos morros e favelas do Rio de Janeiro, a diferença de qualidade se dá pelo conhecimento de longos versos a respeito da "doutrina sagrada", que alguns ainda sabem declamar em seus momentos de atuação, e pelo simples exercício de danças jocosas e falas cômicas, com ou sem versos. O palhaço menos sábio é aquele que sequer sabe fala alguma do ritual e apenas repete passos de dança e brincadeiras.

contra, mesmo porque se diz entre os foliões do lugar que era este o desejo do próprio mestre Messias.

Ao contrário de Quesalid, o aprendiz e depois mestre-feiticeiro dos Kakliult, sobre quem Claude Levi-Strauss desenvolveu ideias a respeito da atribuição social de credibilidade e eficácia ao ofício do xamã, temos aqui um aprendiz e, depois, um mestre-folião, sincera e profundamente crente na verdade e no poder religioso de seu sistema de crenças e cultos.

Desde criança procura aprender. Acompanha foliões parentes e serve a mestres, parentes ou não. Rejeita um mestre cuja doutrina não lhe parece "profunda". Encontra na Folia urbana de um conhecido a ponte para, finalmente, travar conhecimento e fazer-se discípulo de um grande mestre, dono do "fundamento profundo" que aspira conhecer e um dia dominar. Procura-o, pede seu ensino, gira com ele. Ouve-o com um cuidado maior do que o dos outros viajeiros de Santos Reis, copia quadras e "procuras", grava, transcreve. Tira cópias que precariamente datilografa no Museu Antropológico; devolve por escrito ao mestre Messias o saber oral que aprendeu com ele. São folhas de seu próprio "ensino" que Messias acaba guardando para o filho.

Primeiro Aladares domina o saber instrumental. Jovem ainda é o começo do exímio violeiro de agora. Depois leva anos aprendendo o repertório. Não quer conhecer, como os outros do grupo, apenas o cantorio fácil dos momentos rotineiros. Quer conhecer todas as quase setecentas quadras que, de acordo com mestre Messias, são a fala do fundamento da doutrina. Ao mesmo tempo aprende também a doutrina. Ouve e copia as inúmeras procuras que guardam, mais codificadamente do que os versos do cantorio, como o comum dos mestres, as regras de conduta cerimonial, ele quer conhecer os mistérios e a defesa da fé contra os perigos da feitiçaria ritual. Depois de anos de aprendizado com mestre Messias, quer dominar finalmente seus poderes. Saber orações que, ditas, fazem o devoto ver o sagrado: Os Três Reis Santos, a cena do Nascimento de Jesus Cristo. Conhecido o saber do sagrado, ele quer conhecer o saber do mistério. Como raros agentes do catolicismo popular, vindo de ritos do Congo e do Moçambique, mestre Messias, acreditava-se, conhecia e exercia para o uso "do bem" alguns ritos mágicos. Possuía "o dom", alguma coisa que Aladares prefere reconhecer como "uma força", um poder miraculoso ofertado a ele por algum dos Três Reis de que Messias foi um devoto fervoroso. Mas partes disso é também possível aprender, porque há no mago um *saber do poder*, assim como há no mestre um *poder do saber*. A magia não é mais do que um conhecimento que torna ativo um dom natural ou concebido para seu exercício. Mais de uma vez Aladares lamentou muito haver virado um mestre sem conseguir ter aprendido com Messias os segredos que ele não teve tempo de ensinar ao discípulo.

Enquanto quase todos os outros discípulos dos mestres da Folga e da Folia que conheci em São Paulo, Minas Gerais e Goiás aprendiam no ato do ofício e apenas em raras ocasiões faziam horas extras de estudo, Aladares procurou tornar-se um estudioso. Buscava o saber junto ao mestre e estudava o ensino aprendido com o mestre. O saber é buscado, e é uma tarefa obtê-lo. Morto mestre Messias, Aladares ensina a outros foliões de seu grupo, ao mesmo tempo em que procura contato com outros mestres de quem deseja aprender ainda.

A história de Aladares revela o outro lado das trocas de saber entre agentes populares de trabalho simbólico. Se avós, pais e tios escolhem netos, filhos e sobrinhos a quem convocam para que os acompanhem e se tornem devotos-artistas também, meninos e adolescentes ativamente procuram convencer os que sabem a ensinarem o saber do ofício. Mais aqui do que na escola, é clara a verdade de que aprender é um lento trabalho de *fazer o saber*.

Mestre Antônio, folião do Divino Espírito Santo em São Luís do Paraitinga:

> Eu aprendi desde pequeno. Agora a gente tem dois meninos pra cantar, porque a gente gira muito. Tem vez de girar cento e cinquenta e um bairros (rurais). Eu cantava como contramestre; agora sou mestre há mais de quarenta anos. Geralmente quem tá na folia começa de garoto e, quando ele é bom, vai passando.

> Ele começa como *tipo* e vai passando até ficar mestre de Folia. A gente começa desde pequeno a tocar viola. Mas a gente tem que ter um pouco de interesse, inteligência. Aqui aprende muito de boa vontade, olhando o outro tocar e vai aprendendo sozinho. O que aprendi foi olhando outro tocar. Agora, Folia tem uma pessoa que corrige quando a gente sai fora. Então a gente guarda a voz na memória e depois canta. A primeira voz é a mais difícil. Agora, já é mais fácil. Eu fui aprendendo: primeiro contrato, depois, contramestre. Eu não peguei pra trabalhar, pra continuar, mas sei. Eu tinha onze anos e comecei com sete. Eu comecei ouvindo rádio, moda de viola, e também televisão (programas sertanejos), e fui aprendendo.

Na biografia de folião narrada por Aladares, convoquei o depoimento de mestre Antônio, porque entre os dois há semelhanças que fazem tão comuns as histórias de devotos nascidos na roça e migrados um dia para a cidade, onde reaprendem as condições de trabalho ritual num contexto que não é mais o de sua origem.

Eis em mestre Aladares um exemplo notável de estudioso popular. Multipliquemo-lo por muitos mil. De uma fazenda nas beiras do rio Uru para a cidade de Goiás, de lá para Goiânia; do trabalho rural para o urbano; das companhias de Reis "de roça" para outras "da cidade"; dos recursos populares costumeiros do aprender aos recursos letrados, eruditos: o gravador, os livros, os escritos datilografados. O mestre folião quer aprender e estabelece programas de formação nos intervalos de seu tempo de trabalho produtivo, programas que nem por não serem escolares deixam de ser ativa e intencionalmente educativos. A meio caminho entre "discípulo" e "mestre" – algo equivalente ao que acontece em nossas universidades a um mestrando, quando ele já é um professor –, aos poucos o folião divide-se entre começar a ensinar – o filho, os outros companheiros de equipe, aqueles que o procuram – e continuar a aprender.

As redes de trocas e reprodução do conhecimento popular são feitas de pequenas histórias como a de Aladares:

– relações duais simples entre um mestre e um discípulo;[14]

– a multiplicação de tais relações duais de contrato para ensinar-e-aprender, quando em uma só equipe de trabalho ritual um mesmo mestre "forma" vários discípulos;

– as relações coletivas de aprendizagem criadas pela própria maneira como a equipe ritual trabalha, facultando a aquisição do saber através da própria prática de "participar e fazer".

Deixemos que o mestre de mestre Aladares conte sua história.

Mestre Messias aprende e ensina

Um dia, em sua casa, mestre Messias cortou o fio de uma entrevista e fez um pedido inesperado:

> O senhor pode caçar na Bíblia, em todos os livros, que o senhor encontra direitinho, na passagem da vinda de Jesus, sobre os Três Reis. O senhor encontra direitinho e, melhormente, se o senhor, por exemplo, num museu em São Paulo, é capaz que o senhor encontre (o livro). E se o senhor encontrar e der um jeito de comprar o Livro das Horas Marianas, o senhor pode comprar nem que custe mil cruzeiros. O senhor pode comprar e mandar pra mim que o senhor recebe o dinheiro. Esse aí eu não quero que o senhor vai mandar gratuito pra mim não.

Em Goiânia, em São Paulo e no Rio de Janeiro encontrei alguns livros antigos de devoção católica que dei a mestre Messias. Mas nunca consegui encontrar três livros que ele citava sempre com frequência: o Li-

---

[14] Em seu estudo sobre a comunidade mexicana de Tzintzuntzan, George Foster descreve relações entre parentes, vizinhos e companheiros de trabalho caracterizadas por trocas entre membros de pares de sujeitos compromissados em um tipo de *contrato dual* de reciprocidade (Tzintzuntzan, *Fundo de Cultura*, 1965).

vro das Horas Marianas (ao qual atribuía poderes miraculosos), o Livro da Missão Brevial e o Livro de Bolgotas (que eu nunca consegui sequer decifrar o que seja). Messias conta uma história de muitas viagens pelo país e pelo saber.

> Eu iniciei esta vida de folião e ia completar doze anos de idade, em Itaguatinga, Norte de Goiás. O meu professor chamava-se Honorino Moreira. Então, depois de eu exercer lá grande tempo, exerci em segundo lugar no Estado da Bahia, em Barreiras e uma colônia que tem abaixo do Morro do Chapéu, por nome Pedra Preta. Depois eu voltei a Itaguatinga e de lá eu vim pra Arraias.
> Quando eu saí de Itaguatinga, eu estudei muito o Livro das Horas Marianas e o Livro de Missão Brevial, a Bíblia e também o livro: *De ti depende a tua sorte*, que explica a vida humana e a vida de Jesus e seus apóstolos. Aí exerci um giro do Divino. De Arraias eu exerci um giro do Divino e de São Sebastião num comercinho pequeno no município de Cavalcante, por nome Lapa. De lá fui pra Niquelândia, Goiás também. Ali eu fui folião dois anos, tanto do Divino quanto do Senhor Santos Reis. Bom, viajei pro Estado de Mato Grosso. Em Mato Grosso, fui folião de Folia de Reis, em Campo Grande, Três Lagoas e Cuiabá. Depois, quando voltei, eu fui pra Jacundá, divisa do Estado do Pará com Amazonas. Então vim de Jacundá e passei pelo Estado do Maranhão e fui folião de Reis em Pedreiras do Maranhão.
> Lá eu assisti (ajudei) um terno e exerci cinco dias só. Já cheguei do meio pro fim. Em 1944, fui folião de Reis em Carolina, no mesmo Estado do Maranhão, e também exerci um voto fora do tempo em Porto Nacional.[15]
> Depois fui pra o garimpo de São Luís, que naquele tempo eu tocava garimpo. De lá – em São Luís era um comerciozinho (um pequeno povoado) – eu fui folião de Reis. Depois, fiz uma viagem

---

[15] Folias de Santos Reis saem em seu tempo certo. No entanto, uma pessoa pode pedir a um embaixador que, para o pagamento de uma promessa, gire com sua Companhia por três dias em qualquer outra época do ano. São jornadas "temporãs", como é comum se dizer em Goiás e em Minas Gerais.

de Nova América pra Mato Grosso, mas não deu certo o que eu pensava. Lá então fui até o Estado de Paraná e ali fui folião de Reis em Maringá e Londrina. Bom, vim e desci pro Estado de Minas e fui folião em Monte Carmelo, em Dores de Indaiá, Patrocínio, Uberaba e Uberlândia. Esses foram os lugares onde eu exerci os meus giros de Reis...

Eu tinha catorze anos apenas, tava com dois anos que eu era folião; quando comecei a trabalhar nessa parte eu ia completar doze anos, quando saí a primeira vez no giro. Eu saí como auxiliar. Cantava junto com meu mestre, que era Honorino Moreira. Ele já era homem de noventa e dois anos, mas ainda cantava bem. Então ele sofreu um constipado e já tava com quinze dias de giro. E não podia cantar mais. Que era o dia do Encontro de Bandeiras, e aí ele foi e disse: "Como é que nós vamos fazer, Messias?" E eu disse: "O senhor fica perto de mim, porque se eu errar um verso o senhor me dá um sinal". E ele disse: "Certo". Aí eu fui (com ele) e um senhor Digardo Ferreira pra me ajudar, e eu meti o peito. Aonde os outros foliões: tinha o senhor Diambrósio Leite, e tinha um por nome de Gregório Ferreira, que era os tais da parte da Conceição (do Araguaia?), do Norte de Goiás, e nós de Itaguatinga. E tinha o senhor Diabílio Batata.

Então tinha o ponto certo de encontrar todo o ano, debaixo de um arvoredo muito grande, que era um pé de jatobá. Então fazia um sombrão muito grande. Então dali até na sede da fazenda, o homem tinha capricho mesmo de convidar todo o mundo, que todo ano ia de quinhentas a mil pessoas pra assistir a esse pouso, e era o Encontro (das bandeiras). E aquilo nós nunca tinha apanhado. E eu pensava: "Mas não é possível!"

Então fui e sustentei um baralhado de fé. Ele cantou uma parte, e eu cantei a outra. E vai, e vai, e ele pedindo cantorio, que o último verso num Encontro é o capitão pedindo um cantorio na frente. Mas é explicando qual é esse. E assim vai, quando o último cantorio que eu pedi, eu pedi justamente o Rosário da Virgem Maria, que são quinze mistérios, os quinze mistérios que encerra cento e cinquenta versos. Então ele não sabia o Mistério da Virgem Maria; não sabia e pediu desculpa. Aí eu entrei sozinho com a minha turma. Surrei o pau e cantei os cento e cinquenta versos pra eles, aí eles perdeu a ponta da meada. Não teve mais jeito, né? Quando terminei de fazer a minha obrigação era seis e quinze da tarde e eu nunca repeti um verso, e não falei um verso fora da base da doutrina.

(...) E eu, sendo um de catorze anos, tinha folião dos capitães deles que os mais novos tinha trinta e seis anos. Choravam pior que uma criança, que um homem de barba no rosto nunca ninguém tinha vencido eles, e aquele menino de catorze anos vencia. Então passamos a noite assim. Quando foi no outro dia eu fiz a Despedida deles e eles tiveram que dividir a esmola deles no meio, entregando uma parte pra nós. Aí eu despedi deles e viajamos pra um lado e eles pro outro.

Aí, graças a Deus, esse momento eu iniciei com catorze anos de idade, e hoje eu já tô completando cinquenta e oito anos, e ainda não achei um mestre pra me vencer. Mas não vou dizer que eu seja o maior. Eu digo o seguinte: "Quero ser o menor". (Quer dizer, mestre Messias, que tudo o que o senhor aprendeu foi lá em Itaguatinga?) Não senhor. Depois de lá, quando eu saí, peguei o Livro das Horas Marianas e fui estudar. Estudei as Horas Marianas, estudei o da Missão Brevial, o Livro de Bolgotas. Estudei muito a Bíblia.

Depois adquiri um livro daqueles que diz: *De ti depende a tua sorte*, que explica a vida humana e a de Jesus com seus apóstolos. Então estudei muito. Depois adquiri um livro da Vida de Jesus, que eu tenho ele até hoje. Aí estudei de uma ponta na outra. Só teve uma partezinha dele que eu acho que a cabeça não coube mais. Porque a minha cabeça não é muito grande, e ficou aquela partezinha dele que eu ainda não consegui decorar completamente. Quando eu vou cantar, sempre erro uns quatro ou cinco versos. Porque a doutrina dos Magos perante a Vida de Jesus são seiscentos e vinte versos, e eu tenho certeza que eu já sei, assim seguido, seiscentos e catorze versos; mas ainda tem esses cinco e seis versos que eu ainda erro.

(...) Eu vou dizer pro senhor. O livro das Horas Marianas, o livro da Missão Brevial é outro livro difícil demais (de encontrar). Quem tem, tem; quem não tem, não tem. Os dois pega pareia (são semelhantes). O livro das Horas Marianas é grande. É quase do tamanho daquela Bíblia que o senhor me deu. E o livro da Missão Brevial é pequeno assim. É como o Novo Testamento. Mas é um livro tão bom, tão forte o efeito dele, que se ele cair dentro de um mato, pode estar cheio de capim seco ali, se ele cair lá o senhor pode pôr fogo; o fogo vai queimando, mas onde o livro tá não queima.

Eu tenho o prazer, que tenho ouvido muitas festas, principalmente dentro da minha casa. Eu tenho o meu caçula que tá me dando prazer. Parece que as cópias que eu tô guardando pra ele vai ser bem aproveitada (as que Aladares datilografa e devolve ao mestre Messias). Assim, tenho fé em Deus que meu filho vai seguir tudo a mesma base, na mesma estrada. Isso eu tenho fé em Deus e nos Santos Reis que seja bem aproveitado os espaços que eu faço pra ele sobre o ato doutrinal. E assim, não é só ele, como eu tenho o prazer que todos aqueles que têm trabalhado comigo, junto, siga com fé e amor. Eu penso que não é perdido, que não é um passo perdido. Pouquinhas palavras eu conheço, mas essas pouquinhas palavras eu tenho o prazer de ensinar pra qualquer amigo que vem me procurar. Seja o meu próprio inimigo. Se, por exemplo, existir um inimigo e ele me procurar pra aprender a doutrina, eu explico. Eu tenho o prazer de explicar e orar a Deus por ele.

Até aqui, mestre Messias, goiano "do Norte"; lavrador, garimpeiro, servente de pedreiro, pedreiro; capitão de ternos de congo e moçambique,[16] mestre de companhias de Folia do Divino, de São Sebastião e de Santos Reis. Este é o momento em que poderíamos, leitor, começar a realizar o que foi sugerido nas primeiras páginas do estudo. Reunir à volta de mestre Messias o depoimento de outros mestres da Folga e da Folia e procurar aprender com suas confissões de aprendizes. Há uma sequência lógica que regula o trabalho social de transferência do conhecimento entre os agentes de cultura popular que temos acompanhado até aqui. Procuremos desdobrá-la.

---

[16] "O congo em grande parte é ato de uma doutrina original da Igreja, e tem parte do Espiritismo, e tem certas partes diabólicas. Eu conheço a fundo e digo para você que eu exerci como capitão de congo tanto em Dores do Indaiá, Patrocínio e Uberaba. Eu sei, por conta disso. Tem partes que eles usa que não pertence a Deus. Eu não pude seguir com eles porque eu não aceito essas coisas." Palavras de mestre Messias, de Goiânia.

Há um dom, ele é o começo

É sobre o dom que o saber se cumpre. Sem ele o aprendizado do artista é uma dura tarefa sem frutos. Todos os meninos camponeses aprendem com os adultos o trabalho da lavoura. Apenas alguns aprendem artes de ofícios rurais. Um menor número ainda, entre todos, chega a ser adulto artista: sanfoneiros, violeiros, cantadores, compositores de moda de viola. Entre o saber comum do trabalho produtivo e o saber de especialista do trabalho do artesão ou do artista, existe o dado do "dom", a "inclinação", a "invocação", o "jeito", aquilo com que a pessoa nasce não por razões de herança direta – entre dez filhos de um folião apenas um pode herdar seu "dom pra Folia" –, mas por mistérios que não são para serem explicados. Se dentre nove irmãos apenas três são foliões e só um chega a mestre, a diferença é entendida como uma distribuição desigual da natureza. É entendida também como uma diversidade pessoal de aproveitamento do dom.

Aquilo, desde oito anos eu tenho essa religião (a missão na Folia). Aquilo é gente que nasce com aquilo. É a mesma coisa: um é de uma raça e outro é de outra, de outra coisa. Já nasce com aquela ideia, né? Agora, aprende muita coisa (porque) desde pequeno tem aquela inclinação e encosta com quem sabe. É o mesmo que um professor. Então vai trabalhando e aí vai até que toma responsabilidade (Mestre Luizinho, de Santo Antônio dos Olhos D'Água, em Goiás).

Agora, a gente não nasce sabendo, mas nasce com o dom, porque quem não tem dom para aprender a viola, não aprende. Não tem jeito. Os filhos do meu irmão não sabem nem pegar a viola; já meu filho já tá aprendendo. Ele gosta (Mestre Antônio Teles, de Batatuba, em São Paulo).

Agora, pra aprender Folia tem que ter inclinação, porque cada pessoa tem um dom: uns pra estudar, outros pra trabalhar na roça. Cada um tem uma ideia (Mestre Antônio, de São Luís do Paraitinga, em São Paulo).

Quem tem o dom possui o "gosto". Dificilmente um atributo vem separado do outro. Na verdade, uma das maneiras de demonstrar o dom é gostar de exercer aquilo para o que ele aponta. Mas entre agentes católicos de rituais camponeses a evidência do dom não se dá como entre magos e feiticeiros. Como regra geral, não existe um momento de descoberta dramática da presença da qualidade do diferente. Não conheço casos em que ele tenha sido descoberto através de sinais divinos posteriores a períodos de sofrimento ou provação, como pode acontecer entre benzedeiras católicas e sacerdotes de umbanda ou do candomblé, por exemplo. A criança que descobre o dom começa a exercê-lo. "Pega a viola e toca, toma gosto, depois aprende", dizia mestre Ovídio, de Abadia de Goiás.

O dom é um dado natural do exercício do saber. Não é sobrenatural, e apenas raros mestres acreditam que ele seja ou possa ser devido à intervenção de um ser do sagrado, embora, veremos ainda, possa ser alimentado e mantido por um santo padroeiro em favor de um devoto-artista. O folgazão ou o folião não se sentem obrigados – a não ser pelo compromisso moral do voto, da promessa ou de uma devoção ativa – a desenvolver seu dom de artista sobre a fé do devoto, da mesma maneira como se entende que ao que possui o dom da bênção ou da mediunidade não sobra alternativa senão desenvolvê-lo ou sofrer. Repito, apenas um ato de vontade pessoal ou de obediência à vontade de um parente, por exemplo, obriga o *sujeito do dom* a exercê-lo como *agente do rito*; ator do ofício religioso que, através de seu próprio exercício, desenvolve o saber sobre a trilha aberta pelo dom.

O que é então o *poder* de alguns mestres? Um *poder* além do *dom*, porque enquanto um se aplica a qualquer tipo de trabalho de artista, o outro parece ser exclusivo do trabalho religioso e, por isso, supõe-se que o *poder* de alguns mestres, ele sim, é um dom da santidade. Recordemos fatos. Alguns mestres, alguns foliões, admitem que uma diferença entre um grande embaixador e outros artistas da equipe é que o primeiro pode ser assistido por forças sobrenaturais desde sua iniciação. Vimos Aladares atribuindo a mestre Messias poderes que ele próprio lamenta não possuir ainda, seja porque não recebeu como um poder *dado* pelo santo, seja porque não o desenvolveu como um saber de oração que *obrigue* o santo a ajudá-lo. O auxílio sobrenatural é um sinal da fé, e não do dom, mas ele atua sobre a esfera do saber, que desenvolve o dom do artista-devoto:

infundindo na memória a "ideia" dos versos do repertório; iluminando a "ideia" do mestre no momento do improviso; livrando-o dos malefícios "mandados" por outros – em geral outros mestres, "coisa de antigamente"; fazendo-o ter visões especiais do que acontece ou de seres e situações do imaginário sobrenatural do rito.

Mestre Luizinho, de Santo Antônio dos Olhos D'Água, o mestre que usava esfregar nas mãos ovos de beija-flor quando começou a aprender "a arte da viola", dá o seguinte depoimento:

> Não são todos não, mas acontece assim. Comigo aconteceu de eu cantar a primeira vez sem ter muita experiência do que estava fazendo. E o povo achava que o Luís era o guia: "É o guia, mestre, ele sabe!" Sem eu saber quase nada... Sabe o que é? É a divindade que manda pra gente. Depende de fé, é cantar firme e com fé que a divindade manda pra gente igual um pingo d'água, assim, ó (ele imita algo entrando pela cabeça adentro).
>
> Cantou o primeiro verso, o outro vem. Quando o contraguia responde o que a gente cantou, o outro verso vem pra gente feito um pingo d'água.
>
> Ali a divindade dá o recurso pra gente. A gente tá achando que não vai achar entrada ali, e tá cantando e tá pensando: "Eu não acho entrada, como é que eu faço aqui?" Pois a divindade manda o recurso. Manda o verso consoante direitinho pra gente cantar na hora, na hora necessária. Não são os guias que sabem, não, é a divindade que traz pra gente. Eu já vi diversas gentes falar isso mesmo...
>
> Tem que ter o dom; não é qualquer um não. Não é qualquer um que pega a viola e dá conta de ter o dom. Também o dom já vem do Espírito Santo. Já é o Espírito Santo, é Deus. É quem dá o dom "praquilo": o guia da Folia, o rezador do terço, tudo é o dom de Deus, que já deu "praquela" pessoa. Agora, brincar de viola qualquer um brinca. Isso é coisa comum. Mas a coisa da divindade vem no dom do Espírito Santo. É o dom de Deus.

Esse é o caminho pelo qual o dom revelado como uma qualidade natural do artista folião ou folgazão manifesta-se como o poder dado pela divindade sobre aqueles a quem ela escolhe para serem mestres de uma equipe ritual do catolicismo popular ou sobre aqueles que, por méritos de fé persistente, tornam-se capazes de atrair a ajuda do poder. Mestre Luizinho usa a palavra "dom" para falar do que Aladares e Messias chamam de "poder", mas tanto em um caso como em outro a diferença entre um atributo e outro é marcada. O próprio mestre Luizinho reconhece que uma coisa é o dom natural que faz o bom violeiro, enquanto outra coisa é o dom divino que o transforma no mestre de Folia. A "inclinação", o dom natural, é do próprio sujeito, não se explica e é otimizado através do aprendizado, do "ensino" de um mestre sobre um discípulo a quem guia para que ele desenvolva, como trabalho de artista camponês, aquilo que ele tem "de berço", de nascimento. O "poder", o dom sobrenatural, é a dádiva da divindade (Deus, o Espírito Santo, Santos Reis, São Gonçalo, o santo padroeiro pessoal), explica-se através da religião e é algo que se coloca sobre o "ensino", como um tipo de saber que não é preciso aprender.

Do mesmo modo como entre benzedeiras e pais-de-santo, o limite da atribuição do poder da divindade é reservar a ela própria uma escolha antecipada de pessoas eleitas para serem mestres da Folga ou da Folia. O mesmo mestre Luizinho diz:

> É por isso que não é qualquer um não. Tem que ter o dom do Espírito Santo. Tendo o dom a gente canta. É escolhido pelo Espírito Santo. As pessoas da Folia, os rezadores, vêm escolhidos pela Divindade.

O dono do dom aprende

Nada se consegue sem o dom; nada se consegue só com ele. Desde menino, ao longo da adolescência, adulto, quando ainda folião ou quando já "um mestre formado", todo guia faz por inteira uma viagem, e os outros devotos-artistas caminham até a metade. Ele atravessa uma trajetória de aprendizados e acessos a postos dentro da equipe, nos quais o exercício do saber vai sendo cada vez mais "completo" e "profundo".

Quase toda história pessoal de aprender e ensinar é realizada dentro da equipe de trabalho ritual, desde quando um menino pequeno é incorporado a um "terno" ou a uma "turma" como um requinteiro, por exemplo, e, a partir de então, aprende os ofícios de cantar, rezar e tocar um ou mais instrumentos. Esta é uma trilha do trabalho de aprender. Mestre Luizinho narra uma outra. Aquela em que um agente graduado ingressa na Folia depois de iniciado em artes e outros ofícios religiosos do campesinato.

> Esse dom, eu desenvolvi (primeiro) os outros, desde o terço, que é a reza, até a guiação de Folia. Eu era rezador de terço profissional, mas da Folia eu não sabia nada, só brincar catira. Mas na música (de Folia) eu não sabia nada. (Então primeiro o senhor aprendeu a rezação do terço?) Foi, né? E depois brincar catira. Não sabia afinar viola. Depois aprendi a afinar viola e fui aprendendo aos poucos. Aprendi a cantar feito "orela", pra tirar as esmolas. "Orela" quer dizer contraguia pra tirar esmola. Pra responder pra tirar as esmolas.

Meninos sob a força do dom, meninos filhos, netos ou sobrinhos de mestres e foliões, são empurrados ao dever de aprender (quando um pai inicialmente os força a isso) ou buscam realizar, por conta própria, o direito de aprender (quando um menino sem parentes foliões procura quem o ensine). Aprendem, repito, no ato do giro, "na jornada", "vendo os outros fazerem e fazendo igual", frase que mestres e contramestres repetem vezes sem conta. Entre unidades de trabalho ritual popular há aqui diferenças que é preciso estudar.

Equipes corporadas não *dentro de uma religião* (como a Folia de Reis), mas *como uma religião* (como o candomblé); equipes, portanto, mais complexamente hierarquizadas e cujo trabalho religioso é contínuo, e não esporádico (como a Folga de São Gonçalo) ou sazonal (como a Folia de Reis) criam espaços próprios, relações especiais e situações à parte para a reprodução do saber necessário. Iniciados frequentam camarinhas ou escolas dominicais. Antes de exercerem o ofício, aprendem seu exercício.

São especialmente iniciados *para*, após um ou mais ritos solenes de iniciação ou de passagem, tornarem-se aos olhos de todos os agentes religiosos legítimos: iaôs, pais-de-santo, diáconos, presbíteros. Este é o sistema de transferência do saber dentro de unidades populares constituídas como igreja ou como seita. Seus sacerdotes, assim como os agentes populares de cura, são sujeitos em seu lugar e realizam quase todo o seu trabalho religioso em um espaço fixo de culto – a roça de candomblé, o terreiro, o centro, o templo, a casa da benzedeira –, onde se dão, ao mesmo tempo, a prática ritual e a docente. Homens e mulheres em seu templo são especialistas de consultório e gabinete. Atendem em salas, casas de fundo de quintal, e aí ensinam. Não são raros os ritos populares que sacralizam lugares de culto coletivo como os da umbanda ou de uma pequena seita pentecostal. Ali as pessoas chegam para invocar seus deuses, relembrar sua memória e trocar seu saber.

Em casa, o mestre da Folga ou da Folia é um lavrador pobre como Nego Bento, um carapina rústico como Quim e Bastião Bento, um jardineiro e ex-pescador como Diorando, um pedreiro como Messias ou um funcionário público como Aladares em Goiânia, Luizinho em Corumbá de Goiás (professor leigo), ou Afonso em São Luís do Paraitinga. Apenas em casos muito raros um mestre de Folia será um funcionário religioso quase exclusivo, como mestre (Antônio) em São Luís do Paraitinga. Assim, não sendo sacerdotes e mestres populares todo o tempo, não o são também em um espaço próprio, reservado como lugar de puro trabalho religioso. A Dança de São Gonçalo é parte da função que a equipe de um mestre da Folga faz na casa de um devoto promesseiro, a seu convite. Sabemos de muitas estradas, leitor, que a Folia de qualquer santo e essencialmente a viagem de um grupo de artistas-devotos e a própria viagem – a "jornada" – são a alma do rito. Avessos ao templo e ao terreiro, foliões e folgazões são homens cujos *lugares* são as comunidades ou são as comunidades rurais e "de periferia" por onde passam e até onde vão. São equipes hierarquizadas, estáveis em existência, mas esporádicas ou sazonais no trabalho ritual e itinerantes.

Equipes de trabalho religioso semelhante, mas cujo cerimonial exige o conhecimento e a destreza de passos de dança, coreografia complicada e, não raro, longas e difíceis dramatizações populares, como as Pastorinhas, os Marujos, os Congos, os Reisados. Usam lugares próprios para o ensino coletivo, ainda que não possuam espaços simbólicos próprios de iniciação de noviços. Fora do alcance dos olhos de outros, quase sempre nos fundos da casa de um capitão-mestre, ternos de tiros do catolicismo popular geram momentos de ensaio. É neles que mestres ensinam, corrigem, observam desempenhos. Em Minas Gerais e em São Paulo, encontrei ternos de Congos em que havia um adulto chamado "cacique", escolhido entre outros para ensinar aos meninos e corrigi-los, seja no lugar do ensaio, seja no próprio momento do exercício do "folguedo".

Diferentes do Terno de Congos, tanto quanto da Roça do Candomblé, são nossas pequenas equipes de foliões e folgazões. Além de não possuírem um lugar seu para o culto e se deslocarem sempre para realizá-lo, são equipes cujo exercício repousa sobre o desempenho de um mestre dirigente e solista, cuja ação é completada pela atuação coadjuvante da turma de cantores-instrumentistas ou dançadores. Entre elas não há espaços próprios e situações de ensaio da equipe ou de iniciação de cada um de seus membros. Há, aqui, portanto, três alternativas de ensinar-e-aprender:

– durante o próprio "giro" ou "função", ou seja, como vimos, dentro do exercício direto do rito;

– na relação dual entre um aprendiz que pede e um sabedor (mestre ou não) que dá o ensino;

– no estudo pessoal do aprendiz, seja, por exemplo, no treino caseiro de toques de viola, seja na leitura dos "livros de doutrina católica".

Meninos iniciados no ritual e no aprendizado de toques, canto e dança aprendem durante as apresentações da Folga ou da Folia. Por isso, inevitavelmente, todos os foliões e folgazões dirão a quem pergunte que aprenderam *vendo e fazendo*. Muitas vezes assisti a pequenas cenas de aprendizado, tanto na periferia de cidades como em Poços de Caldas, São Luís do Paraitinga, Goiânia, Goiás Velho, Atibaia como também em cantos de sertão de Goiás e Minas Gerais. Meninos participantes da Folga ou da Folia, reunidos com os mais velhos, trabalhando com eles. Nas danças de São Gonçalo, qualquer menino ou menina pode ingressar em uma das "voltas" e dançar diante do altar. Meninos – nunca meninas – mais bem treinados poderão fazer parte da própria equipe estável de folgazões, cumprindo todos os passos do rito. Em Batatuba, encontrei um menino de 12 anos que dançava sem erros entre os adultos e tocava viola, formando dupla com um velho folgazão. Nas Folias de Reis de estilo paulista ou mineiro, meninos são incorporados cedo ao grupo por causa da necessidade das vozes "quinta" e "sexta", os finos gritos de requinteiros. Nas Folias do Divino que conheci pelo menos em Goiás e São Paulo, meninos são indispensáveis. Em alguns lugares, eles apenas cumprem sua parte dando infinitas vezes ao longo dos dias de jornada seus finos gritos de fim de versos. Em outros, como em São Luís do Paraitinga e litoral Norte de São Paulo, eles tocam também instrumentos. Com os olhos presos no fazer dos adultos, eles fazem também e aprendem. O saber flui sem o ensino e, às vezes, parece que quanto menos é evidente, tanto mais é efetivo. Na festa dos gestos de uma equipe, na qual o trabalho ritual de cada um é fração do ofício de todos, as perguntas da teoria do saber (a doutrina, o fundamento) emergem das questões que a prática direta do fazer no ritual levanta. Muitas vezes, vi meninos ocupados com um instrumento em um momento de descanso do grupo, procurando exercitar um toque, um som, ou procurando aprender uma habilidade ainda não desenvolvida. Outras vezes, mais raras, assisti a momentos de ternura em que um artista deixava de lado uma conversa de adultos roceiros e ensinava por instantes a um menino um toque de "caixa" ou de violão. Fora da escola, o saber tem alma, e o ensino é música.

Quando o devoto torna-se um folião, depois de já ser um artista popular, e não almeja "encargos" de comando, seu aprendizado é feito durante as apresentações do terno. Sanfoneiros, violeiros-cantores, palhaços atravessam muitos anos dentro de uma equipe sem preocupações maiores de aprender do que aqueles que os mantêm em um posto intermediário. Soldados a quem não tenta o oficialato. Tal como entre meninos, algumas vezes vi foliões e folgazões ocupados em aperfeiçoar um toque de viola ou em aprender com um "companheiro" uma nova moda de catira. Isso

acontecia nos intervalos do trabalho ritual, durante os dias do giro, ou nas noites de Folga. Assim, para adultos e crianças, os momentos em que o grupo descansa, durante o período do trabalho, são situações de ensinar-e-
-aprender também aproveitadas.

Tal como acontece com qualquer violeiro ou rabequista do lugar, é provável que devotos-artistas ensaiem sua arte em casa, na caída da noite. Mas todos aqueles com quem conversei negaram que fizeram esforços extras e programados para aprender tanto o cantorio quanto a doutrina. Todos, sabemos, menos aqueles para quem a maestria é o horizonte. Entre estes, solistas do rito e do saber, há uma ativa preocupação em buscar conhecimentos de artista e de devoto. Mestres se procuram e se sucedem. Dentro da ordem rígida de postos e ofícios de trabalho ritual, um menino requinteiro, destinado pelo pai a sucedê-lo, ou um adolescente com dom e vontade de vir a ser um mestre, desde cedo, ocupam-se em aprender mais do que os outros. São separados ou se separam dos outros para serem aprendizes de mestres. Serão motivados ou pressionados a aprenderem o repertório e o improviso, as regras do culto, os segredos dos mistérios e o fundamento do rito. Nas regiões rurais mais remotas, onde foi para os adultos de hoje difícil o acesso ao livro e à escola, as trocas de saber são orais. Discípulos aprendem também a doutrina no ato do giro, em seus intervalos, em conversas entre "companheiros", em conversas com mestres. São menos comuns as ocasiões em que um mestre chame a sós um aprendiz e o ensine fora dos dias de "jornada". Na verdade, uma boa parte desse ensino é coletiva. Durante o cantorio da equipe da Folia ou da dupla da Folga, todos podem ouvir e aprender. Aqui se dá a diferença. Menos atentos, esforçados ou dotados de dom, muitos aprenderão apenas para o "responso", para responder ao repertório que o mestre começa e o contramestre continua. Poucos estarão atentos para gravar do saber do mestre o fio completo do cantorio, da moda de catira. Durante o cantorio de que é parte, o futuro mestre aprende e grava. Em três ou quatro biografias de mestres, meninos ainda, um dia eles surpreenderam seus professores, substituindo-os em um momento e repetindo sem erros as quadras a que durante muito tempo apenas responderam.

É também em um momento em que um mestre se dispõe a falar sobre a doutrina ou quando dois ou três mestres – nas campanhas em que há vários – resolvem conversar sobre o assunto que meninos e jovens com sonhos de saber chegam perto e esforçam-se com a "ideia" de aprender. Vi meninos e adultos aproveitarem a própria situação de minhas entrevistas com um mestre para virem ouvir e aprender. Vários ouviram, alguns faziam comentários, perguntas, mas entre eles só um ou dois possuíam os sinais de quem gravava o fundamento e pensava sobre o "comentário".

Ao ascender com a idade e a demonstração do dom a postos graduados, o discípulo chega perto do mestre. Torna-se social e fisicamente um próximo dele. Aos poucos, toca e canta na linha de frente, a seu lado, atrás dele. Aos poucos confirma, se é um filho ou parente, ou conquista, se é um não-parente, o direito de ser candidato à maestria e a obter do mestre, portanto, favores especiais de ensino. Na Universidade, como na Folia, mestres gostam de continuadores e dedicam àqueles frente a quem se veem no espelho o melhor de sua memória. Mais adiante um mestre divide com um ou dois discípulos responsabilidades de arte e comando. O futuro mestre começa, então, a aprender, praticando já como um mestre.[17]

Mesmo que seja o filho mais velho de um mestre afamado, um discípulo que não comprove "inclinação" ou que não se aproxime do pai, mestre, em saber e carisma, não chegará à chefia do terno. Mais de uma vez encontrei filhos e netos de grandes mestres da Folia tocando e cantando em postos de baixo, na mesma equipe onde primos ou mesmo jovens não-parentes subiam a posições de solo e chefia. Possuindo uma estrutura hierárquica de estilo militar, equipes de rituais coletivos do catolicismo popular não são pequenas monarquias, embora nelas os símbolos de realeza sejam tão comuns. Sendo o lugar do poder e do trabalho coletivos de que o mestre é um emissário, eles criam regras de consenso que qualificam a

---

[17] Desde sociedades primitivas, alguns antropólogos insistem em que aprender é uma tarefa a que meninos entregam-se ativamente. Ver, por exemplo, em Margareth Mead: *Educación y Cultura* (Paidós, 1962), *Adolescencia y Cultura em Samoa* (Paidós, 1961).

diferença do desempenho de seus artistas-devotos e, ao avaliá-los na prática do rito, redistribuem postos e poderes.

Algumas biografias são exemplos notáveis de como mestres e discípulos estudam. Quando sabem ou podem, usam livros, escritos e rascunho. O saber letrado circula entre camponeses muito mais do que costumamos imaginar. Velhos livros de piedade católica são relidos e consultados por alguns mestres. Não são raros os que, além da Companhia da Folia de Santos Reis, pertencem a alguma outra confraria laica. Dali os letrados trazem o costume da leitura. Mestre Messias – da Liga de Jesus, Maria e José – lia regularmente a Bíblia, hábito adquirido na cidade após os tempos do Vaticano II. Lázaro, João, Donquinha e outros mestres de Folia em Caldas, Minas Gerais, são "vicentinos" e, dentro e fora de suas reuniões, fazem uso da leitura de escritos de piedade católica. Os foliões da região de Fernandópolis, em São Paulo, adeptos do "Movimento de Renovação das Folias de Santo Reis", iam além. Através do impulso do Padre José Jansen, liam com frequência livros antigos e atuais de doutrina católica. Durante algum tempo, fizeram mimeografar um jornal que era distribuído entre todos. Entre os velhos mestres tradicionais da Folga e da Folia, os antigos e hoje quase desaparecidos livros de devoção, como o Horas Marianas e o Manual do Devoto, são os mais procurados. Uma razão simples. Eles possuem menos lições doutrinais complicadas, adotam um estilo catequético simplificado e, sobretudo, estão cheios de orações do passado. É delas e da "vida de santos" que alguns mestres preferem aprender a "doutrina" e "tirar o repertório" dos cantorios que cantam e consagram.

Vimos que Aladares não só lia os livros que mestre Messias recomendava, como também gravava e tirava cópias de seu repertório e doutrina. Mestre Luizinho, de Santo Antônio dos Olhos D'Água, tinha cadernos com letras de cantorios de Folia, além de cordéis e romances nordestinos que decorava e gostava de declamar. Um comovente depoimento sobre os esforços de um discípulo para aprender com um parente é um exemplo notável do modo como o saber popular combina alternativas orais e escritas de docência. Fala mestre Ovídio, em Abadia de Goiás.

> De primeiro ele era menor. Aí ele falava: "Tio Ovide, dá as colunas pra mim aprender embaixar?" Daí eu falava: "Você é menor. Vai criar ideia primeiro. A gente tem que dar valor. Você é criança, não vai dar valor, pode às vezes abandonar essas coisas". Quando ele estava com 20 anos, chega um tio dele por parte de mãe, Tião Bento, e disse: "Seo Ovide, eu quero suas colunas", que quer dizer, a música, a letra. "Eu tenho um livro de Reis, o Nascimento, a Bíblia Sagrada em verso. Aí a gente faz letra e música também."
>
> Agora, isso é muito custoso, é com espaço de tempo, é um estudo (mestre Ovídio comenta a pretensão de Bastião Bento em favor do sobrinho). Ele disse: "Eu não vou ser embaixador, mas eu quero conhecer". Aí eu dei pra ele e ele entregou pro sobrinho. Com espaço de tempo, meu sobrinho passou as minhas colunas pra outro caderno. Quando dei fé, meu sobrinho estava embaixando. Isso é vocação. Já embaixou muitas folias. Ele também faz versos igual a mim. A gente canta um dando responso pro outro (alternando-se no cantorio das duas primeiras vozes). Agora, isso aí é com estudo, cada dia vai multiplicando-se e não tem fim. A Bíblia, por exemplo, é devagarinho, porque se querer resolver tudo de uma vez, aí acumula e não resolve nada.

Do mesmo modo, mestre Antônio Teles escreve o que cria e decora o que escreve e, assim, faz do improviso o repertório, e do repertório, a memória do que guarda para ensinar aos outros.

> Faz 25 anos que eu cantei esse Caruru (última e longa "volta" da Função de São Gonçalo, em geral cantada e dançada ao amanhecer) e nunca mais cantei. Cantei só nessa festa. Eu tenho um pouco da ciência da Bíblia e eu escrevi os versos. Depois decorei todos e cantei. Fui fazendo e escrevendo mais ou menos 50 versos para cantar. Quando vi que estava mais ou menos – porque o caipira não faz as coisas certas... o Português –, aí eu decorei e cantei. E foi surpresa que metade das pessoas que tava assistindo ao Caruru choraram durante aquela noite (de emoção, o que não é raro, dada a beleza e o envolvimento afetivo que cerca o final de uma noite inteira de dança devota).

Ao filho pequeno, em quem o mestre reconhece seu difícil sucessor, ele pensa ensinar com os atos do rito e também com os escritos que faz.

> Por exemplo, o meu menino, no pé e nas palmas ele já é bom. Até nas festas que ele ia – tinha uns oito anos – o povo ficava só de olhos nele. Ele era pequeno e já fazia certo. Mas pra dança de viola (formar dupla com outro cantador e comandar o cantorio da Folga), ele tá aprendendo a tocar viola. Mas a voz dele eu acho que não dá, não ajuda. Eu não tô nem "esforçando" pra ele cantar, porque a gente não pode "esforçar", né? Porque o que vem de dentro a gente não coloca; se o dom é pra isso, dele é que vem. Agora, a gente ajuda a ele tocar viola. Agora, os versos, se ele quiser cantar, até posso tirar num papel pra ele decorar. Mas eu acho que ele não tem vocação pra cantar, porque tem que ter dom, vocação, voz.

Finalmente, a parentes, companheiros e outros, mestre Antônio Teles oferece ensinos também por escrito. Reconhece que, mais do que apenas um artista que cria e canta, ele é uma memória. Afinal, quem é o mestre senão aquele que sabe fazer ou sabe lembrar aquilo que os outros da equipe apenas conseguem repetir? Mais evidente na Folia do que na Folga, na qual em uma mesma noite várias duplas de violeiros-folgazões podem substituir-se no cantorio de cada "volta", o ensino fundamental de um mestre é a memória da fala do rito – os versos, as quadras, as colunas – de que o fundamento, a doutrina, são um "comentário". Aladares diria: "Um saber profundo".

> Agora, na turma de São Gonçalo, não gira dinheiro (não recebem pelo trabalho que fazem). As pessoas entram de espontânea vontade e a gente explica pra eles: "Faça assim, faça assim". Quando eles querem aprender, a gente pode ir até a casa deles cantar com eles, porque tem muitos deles que cantam pra São Gonçalo e eles não têm facilidade de fazer os versos. Então ele aprende de outro; os versos que ele canta não é dele. Por exemplo, se tem um que quer cantar, um que sabe dançar, mas não tem facilidade de fazer os versos, então ele aprende de outro. Se ele tem facilidade de cantar,

pode vir aqui. Eu faço. Eu canto quantos (versos) canta no altar e escrevo tudo e entrego pra ele. Eu falo: "Decora e canta que dá a volta certa". Ele decora o canto que dá certinho e volta. Agora, eu faço de improviso na Dança de São Gonçalo.

Mais de uma vez surpreendi mestre Aladares em sua casa lendo e relendo os escritos de Mestre Messias. Escritos que antes gravara, transcrevera à mão e, finalmente, datilografara. As quadras desconhecidas eram repetidamente cantadas até serem aprendidas. Mas as sequências de trocas de saber não param aí. Depois de haver usado para o presente estudo o outro anterior, os quatro cadernos em que transcrevi várias entrevistas com mestre Messias, com Aladares e com mais alguns mestres foliões, dei-os a Aladares, nos dias do "giro da Folia de Dona Ana", em 1983. Aladares guardou os cadernos junto com os escritos que coleciona há muitos anos. Morto o mestre, poderá reler a memória de sua vida e doutrina.

Quem aprende como mestre é reconhecido como aquele que sabe

Não quero que nossa viagem entre mestres da Folga e da Folia termine, leitor, sem que convoquemos para que fale sem pressa mestre Antônio Teles, de quem até aqui ouvimos fragmentos do saber. Ele, que entre todos é conhecido entre Atibaia e Piracaia como "O Folgazão", e a respeito de quem dizem os outros: "O mestre dos mestres", poderia ajudar-nos, aprendizes também, a concluir. Sua longa fala encerra este capítulo. Pensar sobre ela inicia o outro, o que conclui o estudo.

> Eu aprendi a dançar Caruru com meu pai. Quando tinha oito anos de idade, eu já dei uma "volta" dançando, como a gente fala por aqui; eu de mestre cantando e o outro ajudando. Mas eu sempre ajudava meu pai. Depois ele ficou meio doente e já tava cansado, devido à doença, porque ele morreu moço, morreu com 52 anos. Aprendi porque vem da raça, não vem? Depois dançava com meu irmão, mas como ele pegou serviço de viajante, numa festa ele ia, na outra não podia ir. Então (eu assumi) pra não dar mau exem-

plo pros outros companheiros. Porque a dança de São Gonçalo cada um tem um sistema, cada turma, cada batalhão de São Gonçalo, e tudo corresponde a uma coisa só.

E outra, o mestre, o guia, é o que canta de guia. Agora, o mestre que canta de guia (e ensina aos outros) é mestre dos mestres, no caso meu. Ele é mestre de dança e dança de viola. Agora, eu danço, sou compositor dos versos, de música e de toque de viola e sou mestre dos mestres.

Quer dizer que todos os mestres da minha turma – ou batalhão, como queira – obedecem a mim. Eu sou mestre porque cada batalhão tem um mestre de todos. Por exemplo, eu tenho de 26 a 30 companheiros. Tenho companheiro que canta de viola, faz volta com outra pessoa, tem os que tiram e tem os palmeiros. Então eu sou mestre dos mestres, de todos.

Quando aparece um pra marcar festa, então eles vêm aqui em casa e quem marca sou eu. Sou eu que aviso todos os companheiros. Eu que controlo tudo. Por exemplo, no Congo tem o capitão; agora, no São Gonçalo é mestre, o chefe da turma. Agora, os companheiros têm disciplina. Se é um dia de muita chuva, só por força maior que pode deixar de ir à reza, porque se é uma promessa (de quem veio pedir a Folga de São Gonçalo) e os companheiros não vão, eu não posso fazer sozinho. Quando ele entra na turma, ele assume o compromisso. Só por força maior pra ele não comparecer nas festas.

Agora, eu tenho o meu batalhão, porque aqui tem diversos, mas cada um tem o seu. Agora, a festa sou eu que marco. No ano passado eu dancei 46 folgas. Agora que a idade está mais, eu marco no máximo três danças por mês...

Eu, da Dança de São Gonçalo, gosto muito. Eu tenho como religião a devoção a São Gonçalo e, desde pequeno, eu gostava, e meu pai gostava muito também. Então ele ia à festa e me convidava, e eu ia. E, como eu gostava, aprendi com ele e depois continuei. Ele faleceu, e então eu fiquei no lugar dele como mestre dos mestres. Meu pai, ele parou. Um pouco mais ou menos uns seis meses antes de ele morrer, ele me chamou e perguntou: "Você quer ficar, fica; fica você mestre dos mestres". Ele falou uma coisa e em alguma festa eu faço o contrário do que ele falou. Porque ele disse pra mim: "A primeira volta e o Caruru você faz". Mas como tenho muitos companheiros e como todos eles fazem (sabem tocar viola), em algumas festas eu faço a primeira e a derradeira volta. Em outra eu faço a primeira e mando que eles façam a derradeira. Outra, um faz a primeira e eu a derradeira, porque tenho muitos companheiros. Porque a Dança de São Gonçalo é pra quem tem devoção com São Gonçalo.

Porque, pra mim, o que eu peço pra São Gonçalo ele dá, (se) não pedir uma coisa absurda. Por exemplo, essa (Folga) que vou fazer no dia 12, foi uma graça que alcancei quando comprei essa casa. E se Deus quiser dia 12 vou pagar essa promessa...

Tipeiro é (assim): uns cantam, e outros são uma voz comprida, só aquele é tipeiro. É o tipeiro e o ajudante do tipeiro; normalmente tem duas pessoas que cantam aqui (mostra com as mãos a posição dos dois últimos na fila dos que cantam e dançam). E além de ele ser tipeiro, ele é palmeiro e bate com o pé também. Agora, tem muitos que sabem bater o pé, bater a mão, mas não sabem cantar de viola e nem de tipe. Mas, como se diz, "eles são bons de pé e palma". Eles são companheiros do mesmo jeito, só que eles não cantam.

Agora, mestre dos mestres é que toma conta da turma, do batalhão. Ele normalmente sabe mais. Por exemplo, se uma pessoa aprende comigo, ele é discípulo meu, se ele aprende com outro, é discípulo do outro. Mestre dos mestres é o que toma conta da turma, ele é o encarregado de tudo. Quando meu pai me ensinou, eu era discípulo dele. Agora eu tenho muitos e muitos discípulos, que são discípulos até virar mestres. Na turma a gente vê os que têm mais dom e sabe mais lidar com os companheiros. Não é porque sou mestre que vou ser rígido com os companheiros, não. Então, nas festas, às vezes, vejo que os companheiros estão cansados. Primeiro eu entro, pra depois chamar eles, não é? Pra eles virem também. Por exemplo, uma dança com cinco pares (já) está bem. O violeiro mais cinco pares atrás, já está bom, já dá uma dança bem boa. Agora, quando eu vejo que tem uns que tão muito cansado, eu não vou chamar esse companheiro pra dar mais uma volta. Então o deixo descansando, e o outro dança, outro entra pra dançar.

Porque a noite geralmente eu faço seis voltas: 1ª, 2ª, 3ª, 4ª, 5ª e 6ª volta: é o Caruru, Cururu, é o encerramento da Função e chama Cururu. Agora, na minha festa eu não vou dançar, porque eu, sendo festeiro, os folgazões agradece (ao santo padroeiro em nome do festeiro), e o festeiro pede a dança de São Gonçalo pros folgazões. Agora, eu, como dono da festa, acho que não ficaria bem eu mesmo cantar pra mim, porque na minha opinião, não fica certo eu mesmo agradecer a eu (porque o festeiro, de certo modo, fica sendo um devedor à equipe de dançadores que o ajudam a pagar a promessa ao santo). Agora, dia 26 tem uma aqui em Batatuba e dia 10 tem outra.

(...) Agora, eu tenho nas danças de São Gonçalo (um costume). Algumas vezes eu faço o Catira de São Gonçalo, que é a mesma dança de São Gonçalo, mas só que é diferente o modo de dançar Catira de São Gonçalo. É da mesma Dança de São Gonçalo, só que o jeito de bater o pé, bater a mão e cantar é diferente. É uma dança antiga do São Gonçalo e é religiosa também. A gente faz na frente do altar com beijamento e tudo. Os versos são religiosos. É Catira de São Gonçalo, porque o jeito de bater o pé e a mão é diferente.

Isso eu inventei. Fiz uma vez e o povo gostou, eles acharam bonito. E é da mesma religião de São Gonçalo, da mesma dança. Em algum lugar que vou, eu danço. Só não faço sempre porque tenho muitos companheiros. Então, pra mim dançar duas, três voltas, e deixar o outro companheiro meu que sabe dançar também sem dançar, eu não acho justo.

Isso não é por ser mestre que só eu canto, só eu danço. Por que só o mestre? Ele sozinho não é nada. O mestre sozinho nada pode fazer, porque ele depende dos companheiros, dos ajudantes dele, dos tipeiros, dos palmeiros, dos batedores de pé, dos capelões. Depende de tudo. É uma festa, uma dança que ocupa bastante de gente pra fazer o compromisso e fazer a dança. Como é que chega um mestre no altar sozinho? Ele não faz nada! É como em alguns versos (que) eu canto: "Se não fosse meus companheiros / Eu não sou ninguém". Eu sozinho não sou nada na Folga, porque não posso fazer nada. Tem que ter os companheiros, no mínimo oito companheiros. É coisa que não tem outro jeito de fazer.

4.5. "Aprendi assim: Foi"

Há um momento em que o devoto torna-se um artista-devoto. Seguindo a trilha da descendência da família ou então "encostando" em uma equipe de trabalho ritual do catolicismo popular, o camponês acrescenta à vida rotineira da lavoura e de outros cuidados das estratégias de sobrevivência o exercício, o conhecimento e a identidade que um tipo de trabalho simbólico ao mesmo tempo exige e atribui no interior das estruturas sociais de trocas comunitárias do campesinato.

Os depoimentos transcritos até aqui apontam para duas alternativas de acesso do folião ou do folgazão a postos de comando e sabedoria dentro de equipes como as da Folia e da Folga. Primeira: ele sucede simplesmente ao mestre que o formou, quando este morre ou se aposenta do ofício. Sucede-o primeiro, alternando com ele o solo do cantorio e a direção do grupo e, depois, assumindo por inteiro o "encargo" de chefe. Segunda: ele passa por uma prova exemplar, em geral quando ainda menino ou adolescente, através da qual demonstra aos olhos de todos o saber que tem e as qualidades que conquistou para ser um mestre.

Parece haver aqui uma regra que estabelece a diferença. Entre discípulos "com inclinação", aqueles que trabalham em equipes de pais ou de outros ascendentes familiares que os reservam para a maestria, simplesmente sucedem seus mestres em um momento determinado por eles para que isto aconteça. Mestre Antônio Teles, mestre Ovídio, mestre Lázaro de Jardinópolis são bons exemplos. Há direitos de herança de bens simbólicos que, a não ser em casos de incompetência comprovada, o discípulo descendente reclama e recebe da equipe, na comunidade. Aqueles que aprendem fora da família – mestre Messias, mestre Aladares – precisam passar por algum momento de prova pública. Sem direitos de herança familiar, precisam ser notáveis para chegarem a ser mestres reconhecidos. É necessário que perante os outros demonstrem que são únicos, de modo a que, diante de todos, seus mestres comprovem, no exercício exemplar do ofício, as qualidades indiscutíveis de um futuro embaixador de Folia ou de um futuro chefe de batalhão da Folga.[18]

---

[18] Em seu estudo a respeito do sistema de benzedura na periferia de Campinas, a antropóloga Elda Maria Rizzo acentua a importância da situação e do momento da prova que torna legítimo o trabalho do agente de cura popular. Ver: *A Produção do Saber Popular e a Reprodução do Benzedor em Campinas*, um dos estudos de *Estrutura e Processos Sociais de Reprodução do Saber Popular – Como o Povo Aprende* (UNICAMP, mimeo., 1982).

Através da garantia da sucessão de mestres e outros "oficiais", pequenos, mas muito difundidos, rituais do catolicismo popular garantem sua reprodução. Um aspecto importante em toda a trama de relações entre mestres e discípulos, entre chefes e chefiados na Folga e na Folia não foi tocado até aqui. Mais do que um artista notável, como um exímio sanfoneiro, ou mais do que um sabedor excelente, como um velho sábio camponês contador de histórias, o mestre acreditado é, daí para a frente, um empresário do saber e do ofício. Quando mestre Antônio Teles canta para dizer que não é nada sem os companheiros, ele não afirma a modéstia; ele diz a verdade. Líder de uma equipe de seguidores voluntários – porque mesmo quando tenham um voto perpétuo com o santo padroeiro, podem ser de sua equipe ou de outra –, o mestre depende de gerar, ter e manter pessoas que ocupem os cargos do grupo. Tendo aprendido, ele precisa ensinar, e se o primeiro ato foi voluntário – mesmo quando inicialmente imposto pelos pais –, o segundo é obrigatório – mesmo quando não há mais ninguém para impô-lo –, a não ser que o mestre queira que seu terno de trabalho morra com sua morte ou deserção do ofício. Artista de solo, chefe de grupo, embaixador de uma "companhia" ou de um "batalhão", ele é também e essencialmente um professor. Ter a sua volta quem queira aprender com ele é um atestado de seu valor, tanto quanto aquele que produz quando realiza com perfeição sua parte na cerimônia devota. Não há discípulos sem o dom, assim como não pode haver mestres sem discípulos. Dentro da equipe, mas estabelecendo entre si relações de trocas de saber e de favores mútuos que se realizam à parte, professores e aprendizes do mundo rural fazem e são, eles próprios, as redes vivas de trabalho docente, através dos quais o saber necessário de uma fração da cultura camponesa flui e se torna uma tradição atual e acreditada.

Folias de Santos Reis são unidades autônomas de ofício religioso do catolicismo popular. São, vimos, frações da ordem social e da cultura de comunidades camponesas ou de grupos de camponeses migrados para a periferia das cidades. Ao contrário de outras unidades sociais de trabalho produtivo ou simbólico, não existem como parte de instituições inclusivas, internas ou não à comunidade camponesa. Sabemos que cada mestre comanda sua equipe de foliões e não obedece a outra autoridade que não seja o consenso coletivo da tradição consagrada da cultura de que é parte. No interior dos sistemas locais de reprodução do saber, algumas agências separam a prática pedagógica de todas as outras, submetem-se a instâncias de decisão mais amplas do que a de cada unidade de trabalho direto e estabelecem uma divisão interna entre uma esfera de trabalho docente e uma esfera de administração do trabalho. Um grupo escolar da rede estadual de ensino, uma paróquia da Igreja Católica ou um "campus avançado" de uma universidade são bons exemplos.

Outras agências são autônomas com relação a instâncias externas de poder. Ainda que boa parte do trabalho pedagógico seja realizado submerso em outras práticas sociais, há espaços e situações próprios para o aprendizado e, não raro, rituais de iniciação. Algumas vezes há uma divisão entre o trabalho docente ou sacerdotal, no caso de um grupo religioso, e o trabalho administrativo. Na sede de municípios agrários como São Luís do Paraitinga ou Caldas, uma pequena igreja pentecostal ou uma escola de samba são exemplos visíveis.

Algumas páginas atrás, falei em grupos rituais do catolicismo popular como os ternos de congos e moçambiques, comuns ainda em algumas cidades de Minas Gerais, Goiás e São Paulo, não muito longe de onde fiz o trabalho de campo do presente estudo. Autônomos frente a poderes externos à comunidade de inclusão, muitas vezes tais ternos congregam-se em irmandades e confrarias que, mesmo sem possuir controle sobre a decisão de seus capitães, são instâncias de consenso. Entre eles há ensaios e locais de ensaios. Chefes de ternos não só se ocupam, como os mestres foliões, da formação de seus discípulos, como também cuidam para que a equipe atualize a qualidade de sua atuação mediante treinos periódicos. Quando o terno é grande ou faz parte, como em Machado, em Minas Gerais, ou Catalão, em Goiás, de ordens corporadas mais amplas (a Irmandade de São Benedito, o Reinado), pode haver a divisão entre uma esfera de trabalho ritual e uma outra de trabalho burocrático. Há carreiras de postos mais hierarquizados do que no caso de uma Companhia de Santos Reis, e há situações de ensino mais estruturadas.

Sabemos que equipes de Folia de Reis são grupos de trabalho religioso cujo domínio de inclusão é o de sua comunidade rural ou "de periferia". Fora casos absolutamente excepcionais, como o do "Movimento de Renovação das Folias de Santos Reis", do interior de São Paulo, essas equipes não estão incluídas em nenhum outro grupo religioso mais amplo de controle. Do mesmo modo, não observam separações internas entre uma esfera ritual e outra burocrática ou docente. O mestre é, ao mesmo tempo, o agenciador responsável pela Companhia, o especialista docente e o artista principal. Nele se ocupam as funções do sacerdote, do professor e do chefe. Sem outro poder a não ser o que lhe é dado pela credibilidade que a equipe e a comunidade atribuem a seu saber de artista e devoto e a seu carisma de dirigente, a ele cabe dirigir o grupo que canta e guiar o canto do grupo.

A despeito de Antônio Teles ser conhecido como "o mestre dos mestres" em seu Batalhão de São Gonçalo, dirigentes de três ou quatro outras equipes de Folga não aceitam dele qualquer tipo de autoridade jurídica ou mesmo docente. Ao contrário, há mestres em Atibaia que criticam a sua liberdade em fazer improvisos sobre a tradição do canto e da doutrina. Tanto na Folga quanto na Folia, a ordem social e docente do rito existe completa na ordem e na prática de cada equipe. Não é por acaso que, enquanto nas festas de congos e moçambiques o festejo de louvor ao santo padroeiro se cumpra através do trabalho coletivo e articulado de vários ternos, onde isto ainda é possível, na Dança de São Gonçalo, mesmo quando duas, três ou cinco equipes trabalhem em um mesmo espaço – um mesmo fundo de quintal roceiro, por exemplo –, cada uma faz, isolada e plenamente, a totalidade de seu rito. Isto acontece quando algum promesseiro fervoroso faz voto a São Gonçalo de patrocinar em sua casa e por sua conta uma Função com dois, três ou cinco altares. Mais isoladas são as Folias, que jornadeiam cada qual "pro seu lado" e durante o percurso do giro evitam encontrar-se. Isso ocorre apenas em alguns casos, como no das Folias do Divino de Mossâmedes, em Goiás, quatro Companhias reúnem-se na praça da cidade para, dentro da igreja, fazerem a "entrega", o rito do final da jornada.

Ternos de folgazões e foliões são o lugar suficiente do aprendizado, e em cada um deles se dá por inteiro o processo de reprodução do saber do rito.

Pouca coisa causa e cria mais embaraços para um aprendiz do que a ambição de aprender com mais de um mestre ao mesmo tempo e, portanto, ao mesmo tempo dentro e fora de sua Companhia.

Se nos fosse possível olhar e compreender a comunidade camponesa como procuramos decifrar as pequenas equipes da Folga e da Folia, veríamos que em boa medida ela é isto: uma complexa estrutura de tipos diferentes de redes, situações e espaços sociais onde, entre si, as pessoas trocam serviços e significados. Submetidas aos padrões de cultura que tornam possível compartilhar a vida social, diferentes categorias de atores da comunidade distribuem e perpetuam formas de trabalho, esferas de ação, posições e compromissos. Para que esses mesmos padrões de cultura circulem e orientem tanto a conduta quanto a identidade social de seus participantes, cada um dos domínios de vida e trabalho – a família, a parentela, a vizinhança, as equipes corporadas, os grupos transitórios, a comunidade – incorpora a suas práticas diferentes estratégias e situações de transmissão do conhecimento. Das relações duais simples – dentro das quais encontra-se a relação na qual pelo fio dos anos a menina camponesa aprende com a mãe – até as relações complexas de uma equipe estável de trabalho ritual, por toda parte, onde quer que sujeitos sociais troquem bens e serviços, há também trocas de símbolos através da quais entre si eles ensinam e aprendem.

O folião de Santos Reis pode não ter clara a ideia de que realiza um trabalho que, mais do que torná-lo um devoto ativo de um sistema de crenças, torna-o um emissário de símbolos e significados indispensáveis à reprodução da ordem da vida de que é parte. Ele pode não ter clara a ideia de que é um elo de uma das inúmeras cadeias de trabalho coletivo que, recriando a *devoção*, faz e refaz através dela a *cultura*. No entanto, para ser parte dessa cultura e do mundo que ela realiza, tanto ele quanto qualquer outra pessoa "do lugar" existem no interior de grupos sociais que, ao mesmo tempo em que organizam formas internas próprias de vida e trabalho, estabelecem as regras e os processos de reprodução de valores e conhecimentos que dizem o que são, entre quem se repartem, a quem servem e como devem ser realizados a vida e seus trabalhos.

5
A QUEM PROCURAIS?

A Semana Santa em Pirenópolis, Goiás

*Para Rubem Alves,
mestre nisto:
saber e sentir.*

Programa da Semana Santa na Paróquia de Nossa Senhora do Rosário, em Pirenópolis, em 1988

- Sexta-feira
– Dia 25 de março
– Às 18h30min
Procissão de Nossa Senhora das Dores
Trajeto pela Rua Coronel Luiz Augusto – Rua Mestre Propício – Praça da Matriz – Emanoel Jaime Lopes

- Sábado – Passos
– Dia 26 de março
– Às 19h
Missa na Igreja do Bonfim
– Às 20h
Procissão de Passos
Trajeto pela Avenida Dr. Olavo Batista – Rua Felix Jaime – Destino *Igreja da Matriz*
– Às 21h
(Ó Miserere – Motetos) Senhor Deus, Perdão

• Domingo de Ramos
– Dia 27 de março
Bênção das Palmas
– Às 8h30min
Procissão das Palmas
Trajeto pela Avenida Aurora – R. Félix Jaime
– Às 9h
Missa de Ramos na Matriz de Nossa Senhora do Rosário
Participação da Irmandade do Santíssimo Sacramento
– Às 18h
Procissão de Nossa Senhora das Dores
Trajeto saindo da Matriz, pela Praça Emanoel Jaime Lopes
– Às 18h30min
Procissão de Nossa Senhora dos Passos
Participação da Irmandade do Santíssimo Sacramento
Trajeto pela Rua Cel. Luiz Augusto
– Às 20h
Missa na Igreja da Matriz

• Segunda-feira
– Dia 28 de março
– Às 19h
Missa na Matriz
– Às 20h
Procissão de retorno
(confissões)

• Terça e Quarta-feira
– Dias 29 e 30 de março

• Quinta-feira
– Dia 31 de março
– Às 19h

Missa Solene Cantada (de calaora) (*Dirigator Domine*)
Lava-Pés *Domitumini*
Procissão dentro da Igreja
Início da Adoração
Desnudamento dos altares
(Moteto dos Passos)
(Adoração do Santíssimo)
Durante toda a noite até as 3 horas da tarde de Sexta-feira com a Participação da Irmandade do Santíssimo

• Sexta-feira
– Dia 1º de abril
Paixão de Cristo
– Às 14h30min
Via-Sacra na Matriz
– Às 15h
Cerimonial litúrgico
Adoração da Cruz
Comunhão dos fiéis
Participação da Irmandade do Santíssimo
– Às 19h
Descida da Cruz
– às 20h
Procissão do enterro
Trajeto: Rua Cel. Luiz Augusto-Mestre Propício – Largo da Matriz
(Irmandade do Santíssimo)

• Sábado Santo
– Dia 2 de abril
– Às 18h
Reunião da Irmandade do Santíssimo Sacramento
Eleição da nova Mesa Diretora

– Às 21h
Cerimônia Litúrgica
Bênção do Fogo
Leituras
Aleluia
Bênção da água
Renovação do batismo
Ladainha de Todos os Santos
Segue ofertório e comunhão
Cânticos entoados pelo coral
– Às 24h
Procissão de Aleluia (Trajeto: Rua Cel. Luiz Augusto – Mestre Propício – Largo da Matriz)
(Cântico Ressurreição)
(Banda de Música)
(Participação da Irmandade das Almas de Nossa Senhora do Rosário)

• Domingo da Ressurreição
– Dia 3 de abril
– Às 9h e 19h
Missas na Matriz
Pirenópolis, 22 de março de 1988
Frei Primo Carrara – vigário
Pompeu Cristovam de Pina – tesoureiro

(escrito à mão no final do programa)

• Domingo de Aleluia
– Às 9h
Missa Comum
– Às 12h
Saída da Folia (Matriz)
– Às 13h
Queima de Judas

– Às 18h
Chegada da Folia
Casa do Imperador
Reunião na casa do Festeiro – Imperador

5.1. Uma breve semiologia do sentimento

Não é difícil tornar ideias convertidas em crenças pouco divergentes e menos inocentemente perigosas. Pensar é sempre muito limitado, e crer, mais ainda.

Na e através da religião, crenças e ideias tendem a conciliar, a pôr em comum, para explicar a desigualdade, os símbolos e significados divergentes. Tudo o que se pensa tende a ser ecumênico um dia, e lidar com o jogo fácil da diferença consentida e da uniformidade imposta sempre foi o espírito e a força da religião.

Difícil é lidar com algo mais sutil, menos nominável, mais coreográfico e ritual. Menos controlável, portanto: o sentimento humano vivido dentro e fora, como e contra a religião. É sobre ele que falo aqui e numa situação rotineiramente inesperada: como as pessoas de uma antiga cidade colonial do Estado de Goiás vivem sentimentos próximos, vizinhos e opostos durante os dias da Semana Santa. A que sentir as pessoas são conduzidas? Em nome de quê? Como se dá o jogo tão humano de conciliar gestos e afetos que vão da piedade por um homem-Deus que morre ao júbilo inevitável de Narciso, já que o espetáculo de arte com que a comunidade de devotos de Pirenópolis festeja a "Paixão e Morte de Nosso Senhor Jesus Cristo" é, creio, quase único e às vezes perfeito? Como lidar culturalmente com o sentir? Como criar na cidade os estados que o comportem?

Este capítulo foi escrito como parte do projeto de pesquisa coordenado por Rubem César Fernandes: "A paixão brasileira". Ele e eu somos membros do mesmo Instituto de Estudos da Religião, um dia fundado, entre outros, por um comum querido amigo: Rubem Alves, a quem eu quis dedicar este conteúdo.

Estive em Pirenópolis durante a Semana Santa e também em algumas outras semanas nos anos de 1987 e 1988, enquanto fui professor visitante da Universidade Federal de Goiás. Com alguns alunos, realizei uma experiência chamada "Oficina de Pesquisa". Vários deles me acompanharam trabalhando nessa pesquisa, da qual alguns participaram como auxiliares. Quero agradecer à Isabel (Bel), à Mônica e à Simone, à Cleide e ao Walter. O mesmo vale para Carlos Fernando, do Núcleo de Apoio às Iniciativas Culturais da Universidade Federal de Goiás, e também para a Marise. A Oficina de Pesquisa e este estudo estiveram vinculados ao "núcleo", e a ajuda deles foi sempre oportuna e importante. Não sei o que pensarão as pessoas de Pirenópolis quando um dia lerem este relato. Antes que tenhamos sobre o que discutir, quero também agradecer a todos e, especialmente, a Pompeu Cristovam de Pina.

5.2. Quaresma (*coresma*): Jejuar, submeter-se

A Quaresma – *coresma*, como às vezes nos sertões do lugar se pronuncia – serve para a espera: quarenta dias para o que há de vir, todos os anos. Provação que atesta a fé, ela é a medida do devoto. A Quaresma torna visível uma qualidade de ser fiel que aos antigos era a regra – os mais velhos lembram com pesar – e que agora é a rara exceção, cada vez mais. Serve para dizer no corpo, na contenção pública dos gestos, na ostentação mansa e persistente do que não se faz "nela", a vontade de submeter o desejo de tudo à norma de preceito. Por isso serve para atestar aos próprios olhos da alma, aos da família, aos dos vizinhos, quem ainda é cristão católico, quem não o é "muito" e quem já não o é. Serve para mostrar quem "cumpre".

São quarenta dias antes da "Semana Santa". As festas de santos padroeiros são suspensas. Todas as outras devem ser também. Passou o tempo do ciclo do Natal, mais festejado no antes e depois das Folias de Santos Reis do que em seu próprio dia. Passaram outras festas religiosas do começo do ano, das quais a mais notável é a de São Sebastião, do meio "pro" fim de janeiro, em Goiás mais "do povo da roça" que do "da cidade". Passou o Carnaval, tempo de excessos em que os santos começam a purificar os pecadores com as "cinzas" da Quarta-feira e continuam pelos dias de Quaresma, especialmente todas as sextas-feiras, quando então tudo o que fica proibido deve sê-lo mais ainda: o prazer ligeiro do sexo, a carne, a comida farta, o mal qualquer aos animais, a música profana, os prazeres da vida, enfim. "Lembra-te que és pó."

Em Pirenópolis, na beira das águas limpas do Rio das Almas, cercada das alturas dos Montes Pireneus, os mais altos de um círculo sem fim no Planalto Central, há de algum tempo para cá duas festas opostas e conjugadas: a do "povo do lugar" e a "dos turistas". O Carnaval, a festa do "Aniversário de Pirenópolis" e outras pequenas festividades profanas aproximam os que moram nas casas antigas das ruas de pedra dos que acampam em barracas na beira do Almas. Mas as outras festas os separam e, entre alguns, elas criam uma relação imposta quase insuportável. Pois, enquanto os "do lugar" comemoram com ritos e provações a memória da Páscoa, eis que os "de fora" acampam por toda parte, bebem, "ferreiam" e, dizem os mais severos, pecam como se esse tempo santo fosse como qualquer um.

Dentre os 365 dias do ano, a Quaresma representa quarenta dias de penitência coletiva. Há outros no correr dele, mas são curtos e não existe outra sequência igual de momentos de privação do prazer. O Advento, tempo eclesial de espera do Natal, é quase alegre. Mas a Quaresma deve ser vivida com intenções e sinais de uma pesarosa espera: um Deus que nasceu homem faz muitos anos vai morrer daqui a alguns dias. A Quaresma é uma restrição dos sentidos para que a memória não deixe de lembrar *isso*. Os mais rigorosos, os dos sítios e das fazendas muito mais do que os da cidade, procuram abster-se dos pequenos prazeres permitidos em outros tempos: o que não é pecado fora da Quaresma é seu desrespeito nela. Os que se amam não se casam e não devem sequer "ficar noivos". Um jejum pelo menos moderado recomenda-se a todos os dias e, mais ainda, nas sextas-feiras, quando também é preceito não comer carne alguma, a não ser peixe. Quem é devoto o bastante come a comida do "sustento" e evita a do prazer: a carne e os doces. Mesmo alguns trabalhos rurais comuns em outras épocas são evitados na Quaresma, e a sequência dos tempos da natureza ajuda a que assim seja: o arroz, o feijão e o milho foram colhidos, e a terra espera por algum tempo em repouso o trato de uma nova safra. É melhor que se evite castrar animais. Assusta aos mais velhos que os jovens cada vez mais queiram fazer desse "tempo santo" um igual aos outros e prolongar em bailes e forrós os vícios do carnaval. É difícil fazer qualquer coisa contra, porque tal como a guitarra elétrica abafa a viola caipira, os sons e a razão do *mal* ensurdecem as palavras do *bem*. Eis porque o fim do mundo está próximo, e este é um dos raros pontos em que os velhos católicos "de tradição" concordam ainda com os parentes e vizinhos convertidos "a crente", a "pentecoste".

5.3. Os dois primeiros dias: Prenúncios do sofrer

Em Pirenópolis, a Semana Santa começa na segunda-feira ou, antes ainda, na sexta-feira, oito dias antes da outra sexta, a "santa" ou "maior", quando tudo deve ser silêncio, memória do morto e arrependimento. Na primeira sexta, festeja-se em Pirenópolis a antecipação da dor que Maria, mãe de Jesus Cristo, irá sentir; irá sofrer como se tivesse um punhal enterrado no peito. Por isso, entre o final da tarde e o começo da noite, a antiga imagem particularmente bela de uma "Nossa Senhora das Dores" é conduzida dentro de uma pequena procissão da igreja do Bonfim à velha igreja da antiga Minas de Nossa Senhora do Rosário de meia Ponte. Até pouco tempo atrás, a procissão era acompanhada de meia orquestra e meio coro, e eles ao longo do trajeto entoavam os *motetos das dores*, hoje silenciados – razão para que alguns músicos do lugar temam que os *dos passos*, da procissão do dia seguinte, sigam o mesmo destino.

Como em outras cidades goianas e mineiras de antigas minas de ouro e pedras, onde até hoje se festeja a Semana Santa de acordo com "a tradição dos antigos", o que importa é multiplicar ritos que misturem imagens, gestos, símbolos e sentidos, revestidos de um duplo significado: que sejam representados visivelmente próximos dos seres sagrados e acontecimentos notáveis de todos os católicos em princípio; que criem situações cerimoniais peculiares, que o tempo da história na exclusividade preservada do lugar tornou duplamente consagradas. Há festejos de "Semana Santa" por toda parte, mas nunca como em Ouro Preto, em Diamantina, em Vila Boa de Goiás e em Pirenópolis. Pois se trata de chamar à cena de uma semana a cada ano imagens únicas, velhas roupas de "irmãos do Santíssimo Sacramento", velas enormes, óleos, palmas verdes, motetos, gestos de contrição e tempos de silêncio dados à contemplação, mas que os mais velhos ainda a querem fervorosa. Eis que em suas imagens de dor absoluta, de sofrimento e morte, os seres mais sagrados dos mitos do lugar, Jesus Cristo e Maria, serão mostrados para serem vistos outra vez, para serem adorados.

Mas por alguns momentos eles estão escondidos, e um Cristo oculto é conduzido em procissão: vai, mas é para não ser visto. Pois como o "sábado dos Passos" não é ainda o dia em que Jesus condenado carrega pelas ruas da cidade a sua cruz, a imagem em que ele faz imóvel é deslocada de uma igreja para a outra, entre panos e oculta do olhar devoto ou curioso. Como se fosse um grande cubo de madeira escura e panos roxos, um estranho andor esconde um dia antes a imagem da mãe e, no sábado, a do filho. Sempre que há procissões separadas, a de Jesus Cristo é muito mais solene e mais acompanhada que a de Maria. Na noite de sábado, a descida da imagem oculta sucede a missa, que nesse ano o vigário resolveu rezar na porta da igreja do Bonfim.

Antes da saída, o coro e a pequena meia orquestra nos acompanharão todo o tempo entoando um primeiro moteto, conhecido entre os artistas-devotos do lugar como "Pater Mi. Tal", como os outros oito entoados ao longo do trajeto que de uma igreja desce à outra. Ele é triste e pesaroso, um quase pranto que se canta a várias vozes, enquanto de um lado e de outro dos artistas, do andor e de irmãos do Santíssimo com mastros e cruzes, duas fileiras de fiéis – contritos alguns, divertidos outros – descem ladeira abaixo, ora silenciosos à escuta do coro, ora entretidos com a reza solitária de um terço ou com a conversa que, mesmo na procissão de antevéspera do drama, reconta os casos profanos do dia e da semana.

A cidade se enfeita e se enfeitará – não tanto quanto alguns dias mais tarde para a solene e "Grandiosa Festa do Divino Espírito Santo".

Ao longo das ruas por onde passarão cortejos e procissões, o costume manda que se coloquem arranjos de velas e flores na sacada de velhas janelas. Veremos que a cidade preserva o costume antigo de edificar pequenos locais de "passos" onde a procissão para, e por um momento um moteto é tristemente entoado.

O cenário na noite quente e iluminada das estrelas de março em Goiás é belo, e é difícil fazê-lo servir ao pesar, à preparação do fiel ao drama que o vigário insiste não ser apenas *representado*, como os escolares fazem em 21 de abril ou em 13 de maio, mas *revivido* como um ato em que os gestos da memória servem ao que lhe dá sentido: a fé. Quando a procissão chega ao adro da igreja matriz, a imagem escondida por um momento é retida no início da nave. Dispostas agora em dois grupos opostos de cantores, as pessoas do coro se alternam, cantando partes de duas músicas tradicionais, reservadas apenas para este momento da Semana Santa: *Ó Misere* (ainda em moteto) e "Senhor Deus, Perdão".

Algo que se repetirá por toda a semana começa a acontecer aqui: os artistas estão atentos a seu ofício, alguns fiéis fazem em silêncio o coro ao pesar contrito que se imagina haver sido no passado o de todos. Os outros, entre curiosos assistentes "do lugar", dos patrimônios e das fazendas ou entre os primeiros visitantes chegados de mais longe, assistem sem contrição ao que se faz. Essa assistência de não-conhecedores ou de sabedores precários do sentido dos gestos do rito estará presente em todos os outros momentos solenes dos festejos e aumentará bastante do sábado ao outro domingo. A ela em parte se dirige o que é feito, ainda que do padre aos artistas do coro se saiba que sua cumplicidade devota é cada vez mais suspeita. Quantos deles, por exemplo, adentram a igreja em busca do ritual solitário do "beijamento" das imagens que, a seguir, por um momento são deixadas a dormir na escuridão secular da sacristia?

Falei antes de um desejo de preservação de uma dupla "tradição" (a palavra tem um peso solene em Pirenópolis e é muito usada para estabelecer inúmeras diferenças entre uma solene maneira adequada de ser e todas as outras) que as pessoas que fazem a Semana Santa católica em Pirenópolis insistem em acentuar. E colocam em evidência ostensiva. Temos a partir daí um contraste muito visível, mesmo em Goiás, para ser esquecido nessa semana de ritos de memória. Nas várias vilas da periferia da cidade de Goiânia, assim como nas cidades-sedes de municípios de dioceses e paróquias renovadoras – ditas também "pós-conciliares", "populares", "comprometidas com o povo", "avançadas", "do evangelho" em toda uma ampla área do Centro-oeste, cujo foco mais forte está entre a de Goiânia e a da cidade de Goiás e que adentra boa parte do território do novo Estado do Tocantins (Porto nacional) e amplas regiões do Mato Grosso (São Félix do Araguaia) e do Pará (Conceição do Araguaia e Marabá) –, o cerimonial do "Drama da Paixão e Morte de Nosso Senhor Jesus Cristo" é de tal sorte relido que alguns sentidos dados ao que se comemora parecem de fato invertidos aos olhos de uma igreja mais "conservadora". Todo um feixe sequente de acontecimentos de um passado da história humana profana e religiosa (em Roma e na Bíblia) é rememorado pelo que significa na história presente e entre os homens de agora. Homens tidos como outrora e hoje situados em campos opostos: os pobres e oprimidos a quem o Deus morto deixou prometida a terra, a Terra e a salvação, e os ricos e opressores, inimigos tanto no passado de um Pilatos quanto no presente da UDR; os inimigos de Deus e do "povo da caminhada". Aqueles que, diz-se então com mais ênfase nos ritos re-atualizados da Semana Santa, mataram um dia e seguem assassinando o Cristo no povo que o segue e que em um mesmo "Povo de Deus" se confunde com ele no sofrimento de Cristo no Horto das Oliveiras, sua prisão e julgamento, o "calvário" e a morte na cruz. A dor inigualável de Maria, o retorno glorioso de entre os mortos, a "última ceia" não revivem um mito fundador com uma morte seguida de uma ressurreição, mas sim a certeza de sua atualidade transfigurada em um enfrentamento entre forças do bem e do mal, tão divididas e opostas hoje quanto "nos tempos de Cristo". Cristo é qualquer injustiçado, e a "Paixão" é qualquer ato presente de injustiça e opressão.

Por isso mesmo e para horror dos de Pirenópolis, os gestos e lugares das cerimônias religiosas se despojam. As palavras ditas agora em um português popular permitem novas leituras: a história dos conflitos bíblicos não está concluída com os feitos antigos que a comunidade de fiéis rememora; não basta agora a cada um viver a virtude plena de sua vida individual e esperar a redenção *post mortem* prometida pelo que "morreu e voltou de entre os mortos". A mesma história não cessa de acontecer, e se revive a "Paixão de Cristo" na Semana Santa como a "Paixão do Povo de Deus", que não apenas "segue", mas prefigura o próprio "Salvador" em seu sofrimento, em sua fé e em sua esperança.

Os objetos usados nas celebrações são os do trabalho, tornados símbolos religiosos "da caminhada". Gestos antigos revisitados: mãos erguidas para o alto na hora do Pai-Nosso; abraços e falas de uma terna solidariedade entre vestes do dia-a-dia e cruzes feitas de qualquer madeira próxima; cânticos de clamor pela justiça presente acompanham procissões sem qualquer solenidade. O município de Pirenópolis faz parte da diocese de Anápolis, desde muito tempo oposta às ações e às ideias da Igreja progressista. Os valores da "tradição do lugar" são bastante mais fortes do que qualquer desejo individual ou organizado de "renovação". Por motivos diversos, mas de algum modo cúmplices, a Igreja e a cidade preservam aquilo que com razões desiguais consideram seu bem mais sagrado: a *tradição*. E é isso o que se coloca nas ruas, nos adros e nas igrejas do lugar.

Tudo apela para manter estável o passado das imagens que homens e mulheres carregam aos motetos, cantados com solene pesar, e ao cálice do vinho na missa. Eis que os objetos, os gestos e as fórmulas – em latim, de preferência – do culto católico são eles mesmos santificados. Esta é, sabemos todos, uma velha polêmica entre católicos e protestantes, e uma polêmica nova entre aqueles e os católicos progressistas. Mas tais objetos *que* se veneram e *com que* se venera valem também porque são a melhor e mais visível materialização de um valor antigo, supostamente *colonial* e colonialmente peculiar, numa região de serrados e sertões, onde sobrou muito pouco dos velhos arraiais do ouro para deixar nos olhos dos visitantes e no coração dos moradores o saber e o sabor da vida e dos símbolos de dois séculos atrás. Tudo o que é a "tradição do lugar" dá a tudo o mais, inclusive a Deus, seu valor, pois é sagrado o que se reveste de uma matéria inacabável e de uma memória inesquecível.

As duas imagens na sexta e no sábado escondidas e nos outros dias postas diante de todos valem na cidade como um signo visível de um duplo passado digno de veneração: o de uma Igreja imemorial que atesta frente a outras a virtude da veracidade única de sua excelência, por causa do que preserva, regida pelo poder consagrado da tradição de si mesma. Tradição religiosa que torna o que a origem e a história tornaram sagrado um bem igualmente solene e venerável, por ser único e milagrosamente fixado no tempo, enquanto tudo à volta "muda".

A sua volta, entre Brasília e Goiânia, em qualquer lugar, todos podem pôr nas ruas imagens de santos, velas acesas, cantos e rezas. Mas não como *aqui*, onde há imagens únicas de Mestre Athaíde, roupagens guardadas há 150 anos para este único momento; mastros e bandeiras que os avós conduziram e que agora são conduzidos pelos netos; motetos dos músicos da região acompanhados de flauta e violino; expressões e gestos do olhar e das mãos que todos gostariam fossem os mesmos dos primeiros supostos fervorosos descendentes goianos, dos pioneiros paulistas e portugueses, povoadores dos sertões, do Arraial das Minas de Nossa Senhora do Rosário de Meia Ponte desde 1734. Em Pirenópolis, a Semana Santa exige roupas de uma cor diversa, cânticos próprios e objetos de museu. Por uma semana, eles tomam os corpos e as vozes individuais e coletivas das pessoas para subir à cena. Mais do que apenas dados à mostra, como em uma parada escolar do 7 de Setembro, ei-los que são para serem venerados, visitados com respeito e arrependimento – algumas pessoas irão chorar à passagem do "Cristo Morto" –, tocados com remorso e temor: beijo que se dá no madeiro da cruz, nos pés de um Deus jacente. Mas, depois dos 40 dias da Quaresma, a partir de ontem, Sexta-Feira "Dasdores", que é que festejam as pessoas de Pirenópolis? Eles costumam dizer que é aquilo que a Igreja católica sugere aos homens ter sido o maior e mais injusto sofrimento por que um homem já passou. Sofrimento e morte indispensáveis a um projeto divino de salvação da humanidade, numa história miticamente conhecida de todos. Supõe-se que ela seja vivida entre tradições, surpresas, assombros, avanços e recuos (o de Pedro, o de Pilatos), gestos imensos e gestos mesquinhos (ninguém mais desgraçado do que Judas, que será "malhado" no domingo). Situações em tudo previstas pelo próprio Deus-Homem "que vai morrer" e repetidas aqui como uma sequência de pequenos e longos ritos católicos, que os mais velhos, devotos, conhecem de cor e que devem ser repetidos a cada ano com um mesmo e novo estatuto de emoção, sofrimento e júbilo ao final.

Uma Semana Santa "completa" como a de Pirenópolis, de uma sexta-feira a um domingo, rememora cada um dos dias por suposto equivalentes aos da história acontecida. Em Pirenópolis, as pessoas que vivem e realizam mais definitivamente a Semana Santa dizem que não *representam*, como a réplica do acontecimento evangélico, mas o *celebram* através de uma sequência diária de ritos litúrgicos de templo, praça e rua. Elas pretendem rememorar esses acontecimentos, substituindo o "drama" (como ele é praticado teatralmente em "Nova Jerusalém" e imitado em menor escala em uma infinidade de cidades do País) pela celebração que enuncia o sentido dos fatos acontecidos e é, passo a passo, a leitura (mas não o drama) de sua memória. Não é um mero jogo de palavras dizer que a Semana Santa em Pirenópolis, ao contrário do que acontece onde ela é literalmente uma *representação*, não é feita para emocionar as pessoas devotas, mas para sugerir emoções. Aqui não se "crucifica" um ator-Cristo entre outros atores e diante de uma plateia cúmplice. Aqui se rememoram, entre imagens sequentes de Jesus Cristo (humilhado, crucificado, morto e triunfante), os ritos litúrgicos e não teatrais de sua "paixão", morte e ressurreição.

Desde suas primeiras procissões de sexta e sábado, o cordão de velas acesas, os cantos muito tristes, as palavras do padre, o envolvimento misterioso das imagens carregadas a custo em andores, o ritmo do andar lento do cortejo, todo esse conjunto de gestos, objetos e situações solenes tendem a instituir não tanto uma dor crescente até a explosão de euforia da meia-idade do outro sábado para o domingo, mas uma espécie coletiva de reverente devoção contrita. Algo mais coletivamente "pesado" do que individualmente "triste", regido por um insistente convite ao reconhecimento ("Foi por você, também").

Não é muito fácil descrever o arranjo dos sentimentos partilhados pelas pessoas que vêm para viver os ritos mais do que apenas para assisti-los: aqueles que são considerados, entre o padre vigário, seus auxiliares de igreja e sacristia, os artistas do coro e da orquestra e outros devotos costumeiros, a pequena comunidade cada vez mais reduzida dos que sabem fazer e sabem sentir *o que e como* é devido, a cada momento.

Um pequeno contraste poderia ajudar. Ele seria a oposição entre o sentir o sofrimento de um outro para não ser vivido como a "minha dor" e a glória de seu desdobramento em uma "terceira pessoa" – o "Divino Espírito Santo" – a ser partilhada por todos do lugar como uma coletiva imensa euforia sagrada.

Já no domingo da Ressurreição, as duas folias do Divino saem às ruas, com fogos e festas, da casa do imperador do Divino, o "festeiro do ano". Vários dias mais tarde, seu retorno é muito solenizado, quando chegam à porta de entrada da casa e ao altar "do Divino" na sala da casa do imperador. Essa cerimônia de "chegada das folias" costuma demorar horas, muitas horas mais do que as cerimônias da Semana Santa. Ora, tudo o que acontece nessa Semana é regido pelo saber, controle e presença central do sacerdote, enquanto quase tudo o que acontecerá da "saída das folias" em diante, na "festa do Divino", é partilhado entre leigos católicos da cidade e "da roça", e o padre é um ator menos importante. Tive a oportunidade de estar presente na "chegada" das folias em 1988. A festa do Divino é regida pela alegria, pelo júbilo, pelo excesso de gastos, de festejos de rua (as conhecidíssimas "Cavalhadas de Pirenópolis") e de disposições profanas ao prazer (que o padre condenará com inútil veemência, atacando sempre mais os "de fora", que estarão longe e não o escutam). Mas alguns de seus momentos são muito tocantes. São para emocionar fundo, e há mesmo uma regra cultural que sugere aos principais envolvidos, homens todos, algumas lágrimas, quando não muitas. Na porta de fora da casa, o imperador recebe a "Folia" ao lado da esposa. Ouve em silêncio seu demoradíssimo "cantorio", recebe das mãos do alferes a "Bandeira do Divino" e, após ordens cantadas pelo "mestre da folia", entra pela casa adentro em direção ao "altar do Divino", seguido de todos os outros. É ali, sob a emoção de um novo cantorio "na frente do altar", que ele chora, e na manhã do dia em que estive presente chorava também o "mestre", e choravam dois ou três foliões mais velhos. Nada havia na música cantada ou nos gestos obrigatórios que sugerisse isso. Ao contrário, o canto pede do Espírito Santo as bênçãos sobre "o senhor e sua família"; as pessoas relatam a viagem e "saúdam" o "dono da casa". Logo depois, terminada a cerimônia central da "chegada", todos estarão cantando e dançando no "terreiro da casa" um alegre "chá". Nele os homens em coro pedirão ao "dono" nada menos do que fartura de "pinga", para que o resto da cerimônia se celebre como as regras da festa mandam que seja.

Sem a presença do sacerdote e sem ritos que sugiram uma devoção exagerada, o que a "chegada" faz é solenizar ao extremo o feixe de afetos que liga as pessoas uma às outras, através do que está acontecendo. Pois é deles que se trata: de suas vidas, de suas casas e da "família" e, oposto ao Cristo da Semana Santa, o Divino Espírito Santo não está ali "pregado na bandeira" para ser exaltado com o fervor – deixemos isso para os momentos de igreja, sob o comando do padre, em outros instantes da festa –, mas para tolerantemente solenizar a euforia reinante e "abençoar" seus atores. Não haverá em toda a Festa do Divino, assim como nos longos dias e noites da Semana Santa, as cenas de emoção não contida que vi acontecer nas romarias a Aparecida-SP ou a Trindade, na grande romaria anual goiana ao Divino Pai Eterno: o gesto eloquente da devoção visível, derramado, traduzido como alguma coisa pessoal, mas ritualmente regida pelos preceitos da cultura do catolicismo popular, entre a fé desesperada e um esperançoso desespero pessoal. O olhar "revirado", os lábios trêmulos, contritos entre as falas da reza, as mãos mais trêmulas ainda, apertando uma vela ou desfiando as contas do terço: fração de uma promessa feita por um "voto válido", o esforço de esticar as mãos e o braço para alcançar com a ponta dos dedos, que seja, o madeiro de uma cruz, uma fita pendente, a veste de um santo. O gesto de fé *suplicante*, eis tudo. Diverso tanto quanto possível dos cantos com viola e pandeiro, do esvoaçar alegre de bandeiras vermelhas, dos abraços que sucedem as rezas das mulheres ante o "altar do Divino" e antecedem os passos de dança macha da catira, regada a pinga no terreiro da casa, onde, depois da *moda* triste, os versos safados do *recortado* da catira insidiosamente farão penetrar na casa do imperador, a menos de seis metros do altar na sala, as sugestões e os símbolos de uma eterna luta de poderes do sexo entre o homem e a mulher.

Diverso também de como as pessoas vivem o sentimento dos dias de dor da Semana Santa em Pirenópolis. Pois, se a regra sugere a *súplica* ou a *gratidão piedosa* em qualquer romaria, assim como o excesso devoto do júbilo na festa do Divino, ela sugere um vago *arrependimento*, pelo menos até meia-noite do sábado de "Aleluia".

Não deve haver aqui, neste cortejo que oculta e carrega sexta e sábado "dasdores" e "dos passos" as imagens de mãe e filho, sinal de rosto e corpo de que os devotos vivem com uma similitude equivalente àquilo que se diz haver acontecido entre filho e mãe na "paixão e morte". Não se precisa estar triste e, em absoluto, ninguém deve representar-se desesperado, muito embora no cortejo se solenize o começo de um drama de dor inigualável. Representa-se a dor do *outro* como reverência, e é exatamente essa espécie simples de transfiguração de sentimentos pessoais sugeridos pelo *drama* vivido como *rito* que torna a Semana Santa especial, entre outros tempos festivos da vida religiosa do catolicismo. Reverenciar com "respeito e devoção" (o padre repetirá muitas vezes essa fórmula de orientação do sentir o sofrimento redentor de Jesus Cristo e a dor exemplar de Maria Santíssima) é o que o cristão devoto deve viver como uma obrigação de culto que atesta a fé.

É bem possível que uma expressão tornada coletiva de dor e de empatia pelo sofrimento de "Cristo e Maria" tenha tido a norma no passado, e há relatos em Pirenópolis que autorizam a pensar assim. Digamos que, então, a contrição devota dominava a reverência, e a expressão pessoal e comunitária do arrependimento era mais exigida e mais demonstrada. Mas hoje seria ridículo e chamaria desagradavelmente a atenção de todos, a começar pelo padre vigário, se alguma seguidora do cortejo "dasdores" ou "dos passos" descesse a ladeira entre uma igreja e outra aos prantos e com gestos de dor ou de arrependimento cúmplice. Ela feriria a própria lógica que torna possível e desejável justamente o sentir da devoção como reverência participante, a meio caminho entre a contrição e o gesto religioso tornado rotina da cultura. Feriria essa norma do afeto através do excesso daquilo mesmo que, contido, cantado ou silenciado, deve ser o sentimento de todos. Seu exagero expressivo de fé e de arrependimento seria por certo mais respeitado do que a atitude debochada de um par de turistas que, ignorante do sentido do cortejo e curioso de sua estranheza, o invadisse com risos e falas altas. Mas seria igualmente liminar, indesejado.

Eis que tudo deve ser feito e vivido *com* e *como* uma demonstração regida pelas regras de uma piedosa reverência, devida mais à memória coletiva do que ao que teriam vivido e sentido seus atores reais. Mas tudo isso é possível porque em Pirenópolis a *tradição* preserva tudo o que se vive nas ruas e igrejas como arte. É com ela e com suas pequenas alianças e conflitos locais com os preceitos da religião (há sempre uma tensão entre o desejo de arte dos devotos-artistas do coro e da orquestra e os do padre) que tudo é para ser lembrado, celebrado, e não para ser vivido, revivido. Pois aquilo que se diz e canta o é com um rigor ensaiado: é solene. Nem rusticamente espontâneo como nos ritos de "roça" dos camponeses do lugar, nem aos jorros, como em certos instantes dos cultos dos "crentes" pentescostais ou dos figurantes – bichos e pessoas – das brigas de galo em Bali. Solene e respeitosamente, que nada jorre, nem sentimento, nem gesto, a não ser, lento e quase sensual, o vinho, do vidro ao cálice do padre.

Como lidar com contrários tão próximos? É para festejar "a maior dor do mundo" que as pessoas estão aqui, juntas, mas elas outra vez se reuniram, e o sentimento do re-encontro é alegria. Tal como profanamente no carnaval ou, dubiamente, na Festa do Divino, na Semana Santa os de fora vêm a Pirenópolis, e os que saíram do lugar voltam. Estão juntos e estarão mais ainda entre a quinta e o domingo. Nativos do lugar, parentes migrantes para Anápolis, Goiânia ou Brasília voltam e voltarão a Pirenópolis e, como sempre, isto é "o melhor da festa". Pois mesmo uma mãe devota ao extremo, dividida entre a cumplicidade pela dor do "Filho de Maria" e a alegria de ter outra vez à volta da mesa seus filhos, reparte sentimentos opostos: os da devoção obrigatória da "Semana Santa" e os da festa profana do "feriadão". Então, ainda que cada momento deva ser vivido a seu tempo, há em todos uma pressa pela "hora da aleluia", quando o júbilo se soma ao júbilo, e as pessoas podem unificar na alegria um sentimento só, afinal consentido pela própria Igreja, mais humano do que o arrependimento e a dor e vivido como alívio e alegria.

Do lado de fora da Igreja do Bonfim, os integrantes do coral e da banda de música conversam entre eles e brincam, enquanto esperam a hora do cortejo do Senhor dos Passos. Durante todo o trajeto do cortejo, eles podem ser discretamente "profanos", desde que na hora do desempenho cumpram com rigor as regras do culto e de sua arte. Podem fazer pequenas brincadeiras entre eles, desde que não quebrem com exageros de falas e risos o "respeito" devido ao momento. Muitas cantoras não conhecem a letra do que cantam em latim, e todos sabem que o que dizem no canto é para ser entoado e ouvido, é para "criar um clima", não para ser sentido e entendido. Como entre artistas e outros devotos, não se sabe o que se diz no canto, as pessoas ouvem um som conhecido sem se preocupar em decifrar a fala. Exatamente o oposto dos "cantorios" populares das Folias do Divino, nos quais cada palavra é dita em português do lugar, cada frase enuncia algo conhecido de todos e várias quadras contêm ordenações de conduta que devem calar-se para ouvir "aquilo" não decifrado, a não ser como um código de fé que fala por si mesmo e é reconhecido como a música que as tradições de Pirenópolis reservam àqueles e a outros próximos momentos únicos.

Ora, o que os artistas devotos parecem sentir enquanto tocam e fazem o canto dos motores é a euforia ou o pesar que mede entre eles a qualidade do desempenho. O jovem maestro rege a orquestra voltado de costas para ela enquanto caminha. Faz lentos movimentos com as mãos e numa delas carrega uma vela acessa que o vento aqui e ali apaga. Cantando o terceiro moteto, ele reclama da afinação do coro. Os tenores respondem de imediato que eles estão "perfeitos" e olham com suspeitas para o lado dos contraltos, que se defendem antes que alguém levante qualquer suspeita contra eles. Durante vários passos entre o terceiro e o quarto moteto, para o qual o maestro conclama uma trégua provisória, os grupos de vozes murmuram acusações e empurram a culpa, reconhecendo que de fato o conjunto não está afinado. Eis o que importa corrigir de imediato, porque essa é a preocupação das duas equipes de artistas a quem a "Semana Santa em Pirenópolis" deve quase todo o seu cerimonial. É a perfeição do desempenho artístico, e não a evidência da devoção, o que se espera de músicos e cantores, assim como do próprio padre os fiéis esperam mais o acerto no fazer as coisas e, se possível, homilias breves e interessantes do que qualquer figuração pessoalmente convincente de que ele, sacerdote em nome "do crucificado", revive o sofrimento de Cristo como algo mais do que uma piedosa e eficiente reverência profissional.

5.4. O Domingo de Ramos: Júbilo efêmero – Enverdecer

Há gestos antecipados. Dias antes ou na véspera do Domingo de Ramos as mulheres colhem flores no jardim – elas já adornam antes as janelas na passagem dos cortejos de sexta e sábado –, e os homens arrancam ramos de palmeiras nas ruas da cidade e nos campos perto. Na falta de palmeiras trazem folhas de coqueiros e até mesmo de bananeira. Alguns enfeitam as ruas nesse dia único de júbilo efêmero, entre o pesar da espera e a representação do sofrimento nos dias seguintes até o outro domingo. Outros ramos, menores e mais cuidadosamente escolhidos, serão enfeitados com flores e fitas, serão levados para serem "benzidos" pelo padre ao fim das missas e serão conduzidos festivamente na "Procissão de Ramos", tal como se crê que foi feito quando o "Rei dos Judeus" apareceu em Jerusalém montado em um jumento.

Os dois domingos da "semana" são a face invertida de todos os outros dias: são dados à glória oposta ao sofrimento e à humilhação, assim como à alegria oposta ao pesar e à dor. São dias de júbilo, um, enunciado como efêmero, porque apenas precede, histórica e simbolicamente, o sofrimento e a crucificação de Jesus Cristo; o outro, como duradouro, porque anuncia o triunfo definitivo do bem sobre o mal e da vida que nos é prometida sobre a morte que a morte do deus humano destrói. Mas apenas o dia do domingo é de festa e júbilo; a noite devolve todos ao escuro e à sugestão do sofrimento. Por agora as cerimônias substituem ritos noturnos de sexta-feira e sábado e seu roxo pelo verde e o dia claro da manhã de domingo. Pela primeira e última vez até o fim da noite do outro sábado, a banda de música, livre de cantores e de motetos pesarosos, toca dobrados.

Eles são alegres, e as pessoas podem ser divertidas ou "jubilosas", que é o nome religioso da mesma coisa. A procissão quer ser a metáfora dos acontecimentos do dia da "entrada triunfal de Cristo em Jerusalém". Mas ninguém o representa, e as pessoas que descem as mesmas ladeiras e portam ramos nas mãos não gritam "hosanas" e "aleluias". Os próprios dobrados, alegres na manhã de sol, são mais profanos do que religiosos.

No sermão da missa dentro da igreja do Bonfim (que, antes da procissão, por meia hora, mais parece um bosque de folhas e flores do que um templo), o padre não deixará de lembrar que, tal como "o de Jerusalém", todo o júbilo terreno é ilusório. O mesmo povo que proclama "Cristo Rei" o abandonará, como Pedro, ou o trairá com desejos de morte, como Judas. Por isso mesmo, dos homens não há o que esperar senão o efêmero e o pecado, e apenas o que pode haver neles de eterno e virtude vem da Graça do Deus que se dá à morte ou vem do desejo de arrependimento e reconvertido sob o poder do mesmo Espírito Santo.

Três são os elementos da natureza incorporados às cerimônias da Semana Santa: os ramos de palmeiras ou semelhantes, o vinho-sangue da eucaristia e o "fogo-novo" do outro sábado. Poderiam ser acrescidos o pão da hóstia, que se festeja na "instituição da Eucaristia", e a água, com que o sacerdote lava os pés dos devotos convocados a ser por um momento a réplica dos apóstolos. Seus destinos simbólicos são desiguais. Os ramos são "bentos", "benzidos", e são levados para casa. Guardados, eles valem como objetos de proteção da casa e de seus moradores, e é a esse uso que os fiéis dão a máxima importância. O vinho e o pão são consagrados na "Quinta-feira Santa", e ali, mais do que nas missas "comuns", celebra-se duplamente o rito da "instituição da eucaristia". Finalmente, o "fogo novo" acende uma vela, que queimará junto ao altar até os festejos do Domingo de Pentecostes e vale como símbolo do "homem novo" redimido pelo Cristo e reunificado na Igreja.

A maneira como o sacerdote define esses objetos sacralizados ajuda a compreender diferenças de sentidos e de sentimentos católicos para o próprio sagrado. O padre se apresenta como senhor dos sacramentos: ele consagra "corpo e sangue de Cristo" e, com a ajuda de auxiliares, distribui-os nas missas; ele ouve os pecados e os perdoa; celebra os matrimônios e faz os batizados. Ainda que sobre alguns sacramentos a doutrina da Igreja considere sacerdotes os leigos envolvidos (como no próprio matrimônio), no correr da prática é o padre o ator principal, e os ritos da Semana Santa servem para colocar a evidência dessa posição excelente em seus momentos de maior esplendor. Mas ele concede aos fiéis o "sacramental". Longe de ser respeitosamente solene como no momento da "consagração", ele é benévolo quando, após as missas do domingo de Ramos, joga a água benta sobre as pessoas e ramos de palmeiras. Depois avisa a todos que aqueles ramos e tudo mais a que a Igreja concede um equivalente valor não são como os sacramentos, um elo ao mesmo tempo simbólico e material do veio, através do qual a Igreja une o homem à divindade e realiza naquele os desígnios benfazejos de Deus. Os ramos "valem" como objeto de devoção e devem ser tratados como tal: não *venerados* como a hóstia santa, mas cuidados com "respeito", porque sem serem sagrados são sacralizados, e sem o poder de salvarem o fiel da perdição protegem-no no correr da vida. Por isso, depois de "bentos", o vigário pede que sejam guardados em um lugar digno da casa de um ano para o outro, quando então o velho deve ser queimado acompanhado de uma prece dita de momento, quando na hora do perigo, quando no começo de uma tempestade, por exemplo.

Eis-nos pelas mãos do sacerdote entre a religião e a magia, o que ele próprio não reconhece, mas os "crentes" denunciam com horror. Todos sabem que, para inúmeros fiéis presentes, o valor de estar "ali", quando "isto" ou "aquilo" acontece, assim como o valor de fazer gestos como "beijar os pés da cruz" ou os do "senhor morto", está justamente na acumulação de semelhantes e diversos sinais mágicos dos símbolos religiosos dos quais o devoto espera na verdade mais a proteção divina contra os perigos do dia-a-dia do que a "salvação eterna", essa coisa abstrata e longínqua.

Esse talvez seja um fio de diferença entre a maneira como o vigário espera que as pessoas participantes sintam e vivam a sequência de celebrações da Semana Santa e o modo como elas próprias se incorporam a tudo o que acontece. Uma classificação provisória das alternativas de frequência à liturgia da Semana Santa ajuda a compreender como cada um participa dos ritos. Uma primeira modalidade é a que o próprio padre vigário, seus auxiliares imediatos e os devotos das confrarias mais chegadas aos preceitos da Igreja proclamam e procuram viver: o eixo de todo o sistema de crenças e cultos litúrgicos está centrado na Igreja institucional e submetido em tudo à produção e à oferta de sacramentos como bens exclusivos ou preferenciais de salvação do fiel. Uma segunda é a do fiel devoto praticante de uma sucessão ordenada de momentos cerimoniais da "vida da Igreja", mas não participante ativo dela, sendo mais submisso a crenças e situações cotidianas de culto do catolicismo popular do que às da própria Igreja local. Entre tais devotos, uma lógica devocional faz um outro recorte nas cerimônias da Semana Santa. Não importa tanto a leitura completa da sequência de cerimônias e o significado que, uma a uma, todas dão ao sentido exemplarmente redentor que a Igreja atribui ao que festeja. Importa o envolvimento pessoal em alguns momentos devotamente marcantes e, por isso mesmo, tidos como fontes de bens e poderes de proteção. Por isso, um momento de "adoração" à imagem do "Senhor Morto" pode valer mais do que o instante da consagração da missa do domingo. Uma procissão serve para saldar a dívida de uma promessa feita, quando se vai por ela sem sapatos com uma vela acesa e rezando um terço. Esse fragmento individual de presença carregada de emoção torna-se o eixo significante da experiência de participação, pelo menos "naquele ano".

Um terceiro modo de participação já foi sugerido aqui quando eu falei das equipes de devotos artistas e os acompanhei por alguns passos e músicas. Sem que neles deixe de haver o interesse propriamente religioso e um desejo devoto semelhante ao dos "irmãos do Santíssimo Sacramento", são eles os que investem a presença nos ritos motivada mais pela realização da arte e a preservação das "tradições de Pirenópolis", através de seu exercício, do que propriamente na participação devota nas cerimônias, "como qualquer um". É para eles e é através de seu trabalho musical que a Semana Santa vale por ser "em Pirenópolis". Mesmo que o próprio vigário não seja um agente ativo nisso e às vezes do altar pareça dar sinais de cansaço pela demora a que obrigam os ritos longos e ditos em latim, é dos artistas devotos que se cobra a guarda de uma religiosidade em que não tanto a fé, mas a reprodução de seus gestos cerimoniais solenemente antigos é o que importa. Porque o que vale "ali" não é tanto a experiência individual da *fé* quanto a encenação coletiva dela como *tradição*, mesmo que dentre todos poucos entendam o que se faz e diz, e certo ranço do antigo sacrifique a atualidade do fervor – como entre as comunidades eclesiais de base, como entre os pentecostais – em nome da autenticidade do rigor cerimonial.

Uma última maneira de viver os acontecimentos de rua e Igreja na Semana Santa tem, no limite mais próximo, o católico de vida religiosa esporádica, que durante a Semana Santa cumpre aos fragmentos os "preceitos da Igreja" e depois se deixa "acompanhando" os momentos de liturgia mais expressiva. Tem limite mais distanciado o visitante que acrescenta aos interesses do "feriadão" alguns instantes de observação curiosa da "festa".

A alegria efêmera do Domingo de Ramos dá à noite lugar à volta das cores escuras e da exaltação pública do arrependimento. Sem os panos que as recobriam, as imagens de Cristo e de Nossa Senhora "Dasdores" são levados em duas procissões que se fundem adiante a um *encontro* nas ruas da cidade. Celebra-se a última vez em que o salvador e sua mãe teriam se visto, antes que ela ajudasse outros a descerem seu corpo morto na cruz. Por uma primeira vez, uma divisão de gênero separa homens e mulheres. Saem estas antes e em procissão menor com a figura de Maria. Saem os homens com a de Cristo, momentos após; saem com a banda o coro e o corpo uniformizado dos "irmãos do Santíssimo". Tal como antes, oito motetos devem ser cantados, mas agora mais solenes, em pontos demarcados e decorados para isso: os "passos do encontro". Reunidas as duas procissões em uma só, ela desfila pelas ruas de volta à igreja matriz. Em uma das "paradas" e após o canto de um moteto, o padre vigário faz na rua uma homilia. Veremos um pouco à frente como a mulher é eleita o ser da confissão dos pecados. Mas no sermão dessa noite o padre faz sua defesa. No drama da morte de Jesus Cristo houve homens bons e maus, a seu favor e contra ele. Mas de Maria a Madalena, todas as mulheres foram boas e favoráveis.

5.5. Segunda-feira: Arrependimento – Ser mulher

Aqui, onde até o deus dos homens é um macho, tudo o que é mais sagrado, mais solene e mais decisivo exige o padre, os irmãos do Santíssimo Sacramento, os outros homens da linha laica de frente da Igreja e um acompanhamento coadjuvante de mulheres.

Na noite de ontem, no começo da Procissão do Encontro, elas saíram pela porta lateral da matriz com a imagem da "Dasdores" sem roupas especiais, sem banda nem coro: um pequeno séquito de acompanhantes da imagem de uma mulher. Minutos mais tarde, pela porta da frente, os homens saíram com a imagem de Jesus Cristo, os engalanados "irmãos do Santíssimo", a banda de música e o coral.

Na noite de uma segunda-feira, vazia de efeitos rituais, saiu da matriz rumo à igreja do Bonfim, de volta, a menor procissão, um quase invisível cortejo furtivo e silencioso. Ele devolveu "ao Bonfim" a imagem do Senhor dos Passos, uma vez mais oculta entre seus panos roxos. Os homens carregam o andor, pesado demais para os braços e a piedade das mulheres, mas elas são quase todas acompanhantes. Sem o coro de artistas, as mulheres cantam do meio para o fim do caminho os cantos comuns da Igreja, nem tão solenes e latinizados como os do coral, nem tão atualizados quanto os que outras mulheres cantam nas procissões "renovadas" da periferia de Goiânia, na "Romaria da Terra" ou em Vila Boa de Goiás.

Devolvida a imagem, as mulheres vivem um desses raros momentos menores em que elas por um instante reinam na Igreja. Aí são raros os homens, em maioria os acompanhantes. O que se canta é um longo rogatório piedoso, cuja música somente se entoa nesse dia: "Santo Deus". É uma longa litania de arrependimentos, em que a mulher que "puxa" o "cantorio" de todas as outras enumera cada um dos instrumentos de tortura do "condenado", enquanto vinte e poucas respondentes dizem entre cada quadra: "Perdão, Senhor piedoso, clemente e cheio de amor". É pela coroa de espinho, pelos cravos de ferro ruim, pela cruz abjeta, pelos impropérios, pela flagelação, pelos escárnios, pela morte infamante e por tudo o mais que, humilhante e torturador, foi imposto a um Deus-homem redentor que o canto das mulheres suplica o perdão, depois de reconhecer sua parte e culpa em tudo o que foi feito.

E é justamente aqui, sem a pompa de coro e orquestra, sem o latim e o incenso, que o canto arrastado das mulheres cria um clima efetivo bastante mais contrito. Seria um exagero injusto pensar que o coro dos artistas faz com tons e palavras de sofrimento e súplica um espetáculo para ser visto e admirado pelos homens presentes, enquanto, sem plateia, o coral devoto das mulheres aspira de fato a ser ouvido por um Deus-homem distante, mas presente no sentimento delas por ele?

Após a breve euforia verde do Domingo de Ramos e passando pela longa e solene Procissão do Encontro, Pirenópolis é devolvida do júbilo e da grandeza dada ao prenúncio da dor ao sentimento da *contrição*. "Arrependei-vos" é tudo o que se lembra. Culpa, arrependimento e confissão é o que conta agora. Antes do novo *júbilo* que no próximo domingo devolverá homens e mulheres ao limiar profano da vida cotidiana, entre grandes "almoços da Páscoa", "malhações" debochadas do Judas e a saída alegríssima da Folia do Divino, é com *perdão* celestial que todos contam, é sobre ele que o padre falará com gravidade durante os dois dias antes da quarta-feira, é por causa dele que as mulheres – especialistas culturais e religiosas nas artes difíceis do arrependimento e do perdão – dominarão a cena durante o tempo dos atos menores da festa.

Lembro-me de haver dito em algum escrito mais antigo que a ética do catolicismo camponês aproxima e opõe preceitos de virtude e honra aos de pecado e desonra. É essa relação de princípios e regras demarcatórias de identificação e conduta, provindas de códigos diferentes ou de regiões opostas de um mesmo código, aquilo que faculta a um pai de família exemplar punir com a violência e até mesmo com a morte o autor (parente, conhecido ou estranho), de um ato de suposta ou real desonra contra ele e, especialmente, contra alguém da parte feminina de sua família. Pois eis que o pecado se apaga; é confessado em silêncio e, confessado, é esquecido. É "lavado da alma", pois, sendo cometido por entre homens contra um Deus "justo e misericordioso" (mais "justo" entre os pentecostais da região, mais "misericordioso" entre os católicos), é para ser perdoado. Pois a principal função humanizadora de um Deus criador na pessoa do Pai, redentor na do filho e protetor na do Espírito Santo é reproduzir pelos séculos até o "final dos tempos" as condições da vida fecunda sobre a Terra, é pacientemente repetir até o final da vida terrena de cada "homem pecador" a sequência infinita dos perdões que garantem no coração dos vivos a esperança inapagável da salvação.

Mas, ao contrário, questão entre homens, não raro por causa e através das mulheres, a desonra não se apaga, a não ser com a intenção pública do gesto de justa reparação que obriga o ofensor à encenação do arrependimento frente ao ofendido. Ou, mais grave e imperdoável, obriga ao ato parcial ou absoluto da vingança pessoal ou familiar. Oposta ao perdão, a vingança apenas repõe o equilíbrio da relação entre pessoas quando uma falta cometida como justa e necessária responde à outra, ofensora, ainda que realizá-la signifique um pecado, a desobediência assumida ao "não matarás", ao "amai ao próximo" ou ao "perdoai aos que vos ofenderem".

A mulher deve ser honrada em si mesma e pelos homens, e estes têm na guarda de tal honra um dos preceitos básicos de seu corpo de virtudes *machas*. A ela cabe ser virtuosa e honrada, e os qualificadores disso entre os homens do sertão são: *pureza* e *recato*. O homem é fiador e guardião delas em boa medida, porque é também o usuário mais interessado. Mas, sendo a mulher em princípio o sujeito do gênero menos visivelmente pecador (mulheres podem "ter parte com o diabo", mas nunca as "de minha família"), é justamente ela a mais culturalmente obrigada aos ritos públicos do arrependimento. Eis que na própria missa de hoje o padre vigário insistia junto às mulheres para que convocassem seus maridos e filhos para as filas das confissões. Ordem pelo visto quase inútil, pois as mulheres eram sete entre cada dez pessoas na igreja, e quase todas as pacientes, pessoas pesarosas das filas de confissão. Na noite da quarta-feira após a missa, discretamente contei os presentes na longa fila do confessionário. Eram 42 "pecadores": 35 mulheres de todas as idades, classes e tipos e 7 homens, nenhum deles visivelmente das famílias "de bem"; quatro meninos e três adultos com roupas e gestos mansos de "gente do povo".

O que deveria ser vivido como a norma dos dias do cotidiano, segundo a lógica da ética da Igreja católica, é intensamente proclamado para ser realizado com rara intensidade nestes dias de Semana Santa. Vimos que após a missa de segunda-feira, vazia de homens e de importância, cabe a um coro não-profissional de mulheres devotas cantar uma longa litania de absoluto arrependimento. Em um dos passos da Procissão do Encontro, vimos também como o vigário enumerou os homens do passado culpados da "morte de Cristo" e, ato seguinte, disse que todas as mulheres de então – inclusive a de Pilatos – nada tiveram de ver com o "crime horrendo", e várias viveram aqueles tempos inigualáveis de maldade e injustiça divididas entre o bem e o perdão. Mas às mulheres de agora compete cantar a litania de reconhecimento da culpa pelo que houve entre os homens do passado e pedir, em nome mais delas hoje do que deles antes, o perdão divino. Ritos de confissão individuais e coletivos, enunciados pela teologia católica como universais, divididos pela cultura de tal sorte que se tornem próprios às mulheres e estranhos aos homens.

As mulheres lembram, os homens repetem. É bom para a ordem dos preceitos que as mulheres em geral, as casadas mais, e mais ainda as velhas e viúvas, passem boa parte da vida de joelhos, contritas, batam no peito, revirem os olhos voltados para o céu e chorem de uma sentida emoção. Que saibam de cor e cantem quando preciso e digam os cânticos e as falas de arrependimento, de pedido de perdão. Aos homens compete o júbilo, por isso, embora dominem como atores quase todas as cenas de cerimônias de todas as festividades, deles é muito mais a Folia dos Santos Reis, viajeira e alegre, do que a Novena de Natal, caseira e quieta, muito mais a Festa do Divino do que a Semana Santa – e nela é deles muito mais o Domingo de Ramos e o da Ressurreição, a Quinta-feira Santa e a Sexta-feira "Maior". Eles são os que ficam de pé, os que se vestem de festa sempre e em conjunto. Na Semana Santa são os irmãos do Santíssimo, vestidos com roupas vermelhas e cobertos de uma imponente santidade; são os apóstolos e o vigário. Este alterna cores e vestes e reina como o grande ator de tudo. Das mulheres, apenas a "Verônica" se cobre com vestes "do tempo de Cristo", na procissão em que canta.

Dias depois, nos festejos do Divino, os homens fazem toda a festa à qual as mulheres assistem ou na qual trabalham nos fundos de quintais. Os homens são os foliões do Divino, são os cavaleiros de cristãos e mouros. E são quase todos os cerca de 400 "mascarados", arruaceiros a cavalos, dois dias pelas ruas da cidade (já que eles saem disfarçados, algumas moças da cidade arrumam cavalos, mascaram-se e saem também: os que são mais tradicionais não aceitam em absoluto, dizendo que "mulher aqui estraga tudo e arrasa a tradição"). Nas cerimônias da própria Semana Santa, ei-los em massa fora das "filas de confissão", os corpos de pé, entre velas e incensos, uma disfarçada altivez, mas invisível o bastante para não ser ainda um pecado.

Não pense que a sequência da Semana Santa obriga as mulheres aos ritos contritos da Quinta-feira da Paixão e dá de lambuja aos homens o "Sábado de Aleluia" e o Domingo da Páscoa. O que quero lembrar é que, entre sugestões e/ou exigência de sentimentos e gestos iguais e diferentes, aos homens se permite submeter quase todos os sinais cristãos da piedade e da contrição ao solene e ao altivo, enquanto na mulher é justamente isso o que em tudo deve submeter-se às curvaturas silenciosas da contrição. Por isso, humildes, as mulheres devem ser sempre *apolíneas* – a moça camponesa ainda pode dançar, a "mulher", nunca –, enquanto os homens podem ser francamente *dionisíacos*, sem que o modo não raro grosseira e ostensivamente "macho" de fazer sua parte da festa católica em nada seja condenado, desde que realizado no momento certo e com o repertório adequado de gestos coletivos e falas.

Convocadas a serem confessantes muito mais do que festivas, as mulheres devem, por norma da cultura, enunciada como preceito de religião, ser identificadas com os sentimentos que traduzem suas virtudes, a começar pelo recato e pela humildade. Aos homens corresponde na festa o desejo do excesso. A festa torna a cultura metáfora no gesto da dança, na bebedeira ritual de cerveja ou pinga, no leilão e nos jogos, o que a eles a cultura faculta viver fora dela, como intenção: é virtude cristã ser bom e fazer o bem, mas é necessário mostrar-se sempre "um homem".

Seja-me permitida uma breve digressão. Em Nietzsche tanto o apolíneo quanto o dionisíaco da arte grega são dimensões do estado de embriaguez. Mas, enquanto o primeiro intensifica o desejo do olhar, o outro intensifica o sistema inteiro dos afetos. A lembrança não é fortuita: enquanto dentro dos limites toleráveis e codificados de tal maneira que valham como condutas cerimoniais religiosas, aos homens é permitido jogar-se com todo o corpo nos ritos da festa, às mulheres se obriga que virtuosamente contenham o corpo e falem apenas através da fala e do olhar. Elas são rezadeiras imobilizadas, as cantoras e as olhadeiras de tudo. São, depois, seu comentário. As mulheres devem ser sérias, precisam carregar o lado de penitência de tudo e solenizam pelos homens, entre eles, o momento do pesar. E mesmo entre os homens a presença de uma mulher, sobretudo quando uma "senhora" ou uma "velha", repõe depressa o *respeito*. As falas de sexo e deboche mudam, os gestos livres e não raro grosseiros também: há um modo masculino de ser diante das mulheres que aproxima os homens delas, e a transgressão desse modo pode ser muito ofensiva, pois a mulher é um ser de recato, que exige do homem sua contraparte: a evidência entre eles e, para ela, o *respeito*.

Confessantes toda segunda e terça-feira – algumas retardatárias deixarão isso para os dias seguintes –, elas com certeza dizem aos padres seus próprios pequenos pecados de cozinha, quarto e fundo de quintal. Mas há de ser por toda a cidade que se confessam. E na absolvição que dois homens lhes dão – o vigário e Deus – tenho razões para acreditar que toda Pirenópolis se reconhece perdoada e pronta para os grandes dias de memória do sofrimento. Na manhã de quarta-feira, o vigário lamentava que cada vez menos os homens acorrem às filas do confessionário, o que lhe parece absurdo, pois é evidente que nunca se pecou tanto quanto agora. Terá um Deus-homem morrido em vão?

5.6. A terça e a quarta-feira: Silêncio e ensaio

Há apenas missas comuns na terça e na quarta-feira; há confissões e ensaios. Mais do que a própria segunda-feira, esses dois dias preparam os quatro grandes e verdadeiros dias da Semana Santa; da Quinta-feira ao

Domingo da Páscoa. A cidade está vazia de "visitantes" e até mesmo de "pirenopolinos ausentes". Alguns começarão a chegar quarta-feira à noite; muitos, entre quinta e sexta-feira. Vindos para reviver a *festa* da Semana Santa ou para seu "feriadão", essas pessoas aumentarão muito o "movimento" de Pirenópolis até a tarde do Domingo, quando os festejos do final da Semana Santa se confundem com os do começo da Festa do Divino.

As missas desses dois dias servem para um breve olhar sobre uma geografia do sentimento. Do ponto de vista dos agentes da Igreja, todos os que estão presentes na "matriz" em momentos de novena, de missa ou de outras formas de devoção coletiva deveriam ser, de uma maneira ou de outra, participantes. Como esta e outras igrejas de Pirenópolis são o que resta de um passado colonial que deixou poucos vestígios em Goiás e como a igreja de Nossa Senhora do Rosário é muito bonita por dentro (com pinturas notáveis de Mestre Athaíde), são muito frequentes as visitas de turistas. Nada impede que venham e que tirem fotos, desde que estejam vestidos (principalmente as mulheres, é claro) com recato e demonstrem respeito.

Durante os ritos oficiais do "Programa da Semana Santa", entende-se que a conduta de todos deva ser regida por algo mais do que o respeito: a devoção. Isso o vigário repete várias vezes, em um crescendo que sobe da segunda ao sábado e se mistura com concessões religiosas ao júbilo a partir da meia-noite, domingo adentro. A igreja é muito grande, e dizem as pessoas do lugar que ela e as outras atestam "a grandeza dos tempos do ouro na capitania" e a "fé de nossos antepassados". Uma rivalidade antiga com Vila Boa de Goiás é o melhor parâmetro para tais avaliações. A Semana Santa em Pirenópolis não é oficialmente inscrita no "Calendário Turístico" da Goiastur e da Embratur, como a de Vila Boa de Goiás, para onde a cada ano acorrem mais e mais turistas, alguns do Rio de Janeiro e de São Paulo. Não há em Pirenópolis o complicado jogo de oposições de usos e significados *da* e *sobre* a Semana Santa que em Goiás velha divide a "linha da diocese" da "linha da OVAT".

A igreja não é como o teatro, como o cinema ou mesmo como o bar: ela é aberta, e sua regra é "entrada franca" pelo menos nos horários de usos e cultos. Fora os locais reservados à vida interna do templo, como a *sacristia*, reino do sacerdote, do sacristão, de algumas beatas e de outros católicos, auxiliares e membros de confrarias, entende-se que, entre cachorros e humanos, todos podem vir à igreja e ocupar o lugar que bem queiram. Esse direito do devoto ou "de qualquer um" vale tanto, em teoria, para os dias "comuns" (a própria Igreja católica usa esse termo para vários domingos entre as grandes festas) quanto para os dias de comemorações mais motivadas.

Enquanto os fiéis e outros assistentes chegam e ocupam lugares, nos locais ocultos ou reservados, as alquimias dos cultos são realizadas. O sacerdote e os irmãos do Santíssimo vestem suas roupas especiais. Durante todas as celebrações internas da Semana Santa, eles, os homens vestidos de apóstolos para o "lava-pés", alguns anjinhos e a "Verônica" – a cantora solitária – serão os únicos vestidos a rigor, isto é, com roupas que indicam uma posição, que imitam personagens da época, que se prestam à encenação oficial do rito e de seu drama. Algumas mulheres, sempre muito mais obrigadas à discrição, usam a antiga mantilha que cobre a cabeça e descobre a beata assídua ou as fitas pendentes pelo pescoço com a medalha de um santo, o que revela a adesão voluntária a alguma irmandade ou associação pia da igreja. Aos lados do núcleo da nave, à volta do altar, os que fazem os trabalhos ativos da missa e das outras cerimônias se preparam. Outros que adentram a esses recantos de reserva vêm para ajudar por um momento. Chegam para falar com algum dos iniciados e auxiliares ou para "bisbilhotar" (crianças e turistas em maioria), sendo não raro convidados a sair pelos que se vestem de cores, acendem incensos ou fiscalizam os últimos preparativos para a missa. O sacerdote ocupa o lugar de todos os olhares, é rodeado pela guarda dos irmãos do Santíssimo e demarca o distanciamento devido a todas as outras categorias de presentes. No extremo oposto ao altar e no alto ficam o coro e a pequena orquestra. Fisicamente acima do altar e do vigário, o grupo de músicos dialoga com ele o tempo todo.

As aproximações e os afastamentos do altar e da pessoa do sacerdote revelam o jogo duplo das intenções manifestas do desejo de familiaridade com os sinais do sagrado – Deus está por toda parte, todos sabem, mas ali ele está *mais* – e de tornar isso visível como uma discreta forma de poder. O direito de "estar perto", às margens do lugar para onde devem convergir todos os olhares e atenções. Estar "ali", à volta do padre e do altar, de onde partem as falas que consagram e ensinam as lições religiosas da vida devota e decente. De onde parte, com toques de campainha ou gestos solenes, como na consagração, os sinais que ordenam as posições de todos os outros ou pelo menos dos que sabem como se deve estar a cada momento: sentados, de pé ou de joelhos. Essas três posições são sempre seguidas pelos mais próximos do altar, menos pelo sacerdote, de pé diante deles quase todo o tempo. Fora os irmãos do Santíssimo, com opas, ternos escuros e grandes velas acesas em grandes castiçais, estão em volta do altar outros membros de irmandades e associações de menor valor ritual durante a Semana Santa. Ficam também casais ou fiéis solitários reconhecidos do público como os de "boas famílias" do lugar, antigos clãs de devotos mais consagrados aos serviços e às ajudas à Igreja. Ficam, finalmente, as pessoas que, mesmo quando "simples", são fiéis exemplares a meio caminho entre o vigário e o devoto comum.

Um ar de solene sacralidade rodeia esse primeiro círculo de iniciados. As pessoas mais próximas, dadas a uma visibilidade obrigatória ao olhar de todos os outros (ao contrário dos artistas do coro e da orquestra, que se fazem ouvir sem poderem ser vistos pelos fiéis comuns), necessitam ser a imagem cúmplice de uma fidelidade mais solene: estão ali porque devem estar, como os irmãos do Santíssimo, ou porque por direito foram alçadas ao redor do "Santíssimo". Mas estão ali também porque sabem, presumivelmente mais do que os outros, os comportamentos dos rituais. São os que devem saber cantar melhor os cânticos antigos e novos de cada passagem dos cultos: mais do que os outros, são os que se comportam com os sinais mais adequados do *respeito* e da *devoção*, tudo o que se espera de quem pode estar "ali".

Uma suposta mulher religiosa que, no cumprimento de uma promessa, tenha viajado descalça o percurso de uma procissão ou tenha carregado o andor de um santo por um momento, não deveria obrigatoriamente estar em volta do altar, a não ser que sua promessa inclua isso, o que não é comum. Ela se deixará ficar em um dos bancos coletivos da nave central, poderá "assistir à missa" com uma vela acesa nas mãos, e é provável que viva a cerimônia com uma emoção maior do que os outros, a começar pelo próprio sacerdote e os "irmãos". Afinal, tal como o imperador do Divino que deixamos entre lágrimas algumas páginas atrás, ela associa aos ritos católicos coletivos da crença religiosa em Pirenópolis uma razão sua, um investimento individual que qualifica o próprio significado do rito vivido e o sobrecarrega de um outro sentido. Algo que no caso específico do "promesseiro", em geral, traduz-se como uma demonstração pública de maior "sentimento" durante a procissão, a novena ou a missa, e como um visível alívio, cumprido o voto. Não nos esqueçamos de que "fazer promessa" é um costume católico ainda muito comum em regiões do país como Pirenópolis, e que muitas pessoas passam boa parte de seus dias a cada ano envolvidas com promessas feitas à espera de que o "pedido" se cumpra, com promessas devidas por pagar e com promessas pagas.

É dessa demonstração de maior respeito para com as "coisas de Deus" e de melhor saber das condutas rituais que os outros presentes estão diferencialmente dispensados. Pois os que escolheram estar à volta do olhar de Deus e do vigário são os que devem mostrar mais ao padre e a todos a norma de como deve ser o respeito devido. Estar ali obriga ao gesto social da devoção canônica, mas não ao gesto pessoal de seu exagero. A distância do altar cria a individualidade, isto é, torna possível o viver a missa, por exemplo, como uma realização de uma maneira pessoal de devoção. São comuns as mulheres com terços que desfiam entre as mãos durante a missa ou durante uma cerimônia como o "lava-pés" e o erguimento solene da cruz na Quinta-feira Santa. Espalhadas pela nave ou pelos corredores ao lado, muitas pessoas apenas "assistem à missa". Testemunham com suas presenças o que está acontecendo sem se envolverem, a não ser em momentos em que a conduta de todos é mais do que conhecida, como: "fazer o Nome do Pai" no começo da missa, pôr-se de joelhos na consagração, rezar o Pai-Nosso em seu momento, fazer de novo o "Nome do Pai" ao final, na "bênção do padre". É impensável uma conduta distanciada à volta do altar, e o padre chamará com energia a atenção das raras crianças que falem por perto. Mas algumas conversas entre boca e ouvido são toleradas nos corredores laterais ou nos bancos do fundo, do mesmo modo como no alto do "coro" os artistas conversam entre eles sobre o desempenho da última música, a não ser nos momentos mais "sagrados" da cerimônia. Há namoros na igreja; sempre houve.

Há sem dúvida uma obrigação geral de *deferência*, pelo menos de *respeito* e, se possível, de *participação* motivada e devota. Mas não de uma atuação contrita, a não ser quando razões ou estilos excepcionalmente individuais o exijam. O próprio vigário, quando nas homilias "clama" por mais devoção, fé, respeito e arrependimento, não faz de si mesmo a figura de tais orientações da conduta fiel. Fora dos momentos de ritos de igreja ou rua, mesmo na quinta e na sexta-feira, ele estará normalmente afável e alegre: não carrega nos ombros e não desenha no rosto os sinais do que *se* diz e *ele* diz naqueles dias. Se ele "carrega sua cruz" não dá para ver. Tais sentimentos pessoais traduzidos como semiologia religiosa significam: mais presença nos cultos "de preceito" durante a Semana Santa; a confissão e a comunhão pascal (ele insistirá nisso como "um dever do cristão), uma maior obediência aos "mandamentos de Deus e da igreja" e (por que não?) uma maior disposição para com o "dízimo". Que todos os outros sigam seu exemplo e sejam como ele: pontual nos cultos, sabedor da sequência dos ritos, participante e reverente, sem ser em momento algum extremado.

Há um paralelo oportuno aqui. Tudo o que descrevi nesta breve geografia social da experiência religiosa durante solenidades ao mesmo tempo excepcionais e de rotina é completamente diverso de como as pessoas devem ser e devem representar devocionalmente a "força da fé" entre os membros dos pequenos grupos católicos de *Renovação Carismática*.

Entre os "carismáticos", dos quais todas as frentes e linhas da Igreja progressista desconfiam, o que se reverte é a própria lógica e a encenação individual e coletiva do *sentir*, como evidência pessoal e pública de uma fé duplamente assumida: antes como um cristão católico, agora também como um católico-carismático. Em primeiro lugar, todos devem participar, principalmente das pequenas reuniões de culto restritas ao grupo. Uma disposição diferencial de presença, como a missa da terça-feira, é impossível, pois o mais difícil é estar "ali" no culto carismático, apresentar-se como um de seus integrantes assumidos – novatos ou veteranos – e deixar-se excluir do calor do clima e das regras de envolvimento pessoal rigidamente efetivo. O código carismático não obriga o fiel à deferência respeitosa e não autoriza a contrição ou o júbilo exagerado como uma apenas tolerada exceção. Ao contrário, estar presente significa, tal como entre os vários grupos de pentecostais evangélicos de Pirenópolis, *comover-se* e dar a Deus e aos homens a dramaticidade pessoal de tal comoção sagrada: orar em altas vozes, abraçar-se com os outros irmãos de fé, falar "em línguas", chorar abundantemente, dar gritos eufóricos de "aleluia"! Isso figura o estar individualmente possuído pelo próprio Espírito Santo, aquele que os católicos não-carismáticos (a começar pelo vigário e pelo imperador do Divino) festejarão 40 dias depois com grandes pompas e gastos, mas sem o mesmo fervor dramatizado, isto é, sem o reconhecimento individual, como um dom e carismático, de que a própria divindade festejada os possui. Pois estar "invadido pelo poder do Espírito Santo" significa justamente exagerar o que nos outros são os sinais "comuns" da devoção católica tradicional. E é essa falta de fé traduzida como ausência dos sinais de seus efeitos o que traça a fronteira entre possuir ou não na própria pessoa o *carisma*, realizado interior e dramaticamente como a evidência da posse cognitiva e sentimental de um ou de alguns dos "nove dons do Espírito Santo".

Um código de excessos justapõe à quietude cerimonial da vida religiosa não carismática os sinais de uma fórmula de devoção individual tornada costume na comunidade sectária. Fórmula de fé e ato em que a rotina de preceitos conhecidos como os da "Igreja de Pirenópolis" ou sua leitura como gestos pessoais e comunitários de "compromisso com o povo", como na Igreja da diocese de Goiás, devem ser revividos carregados justamente de gestos exagerados de afeição sagrada. A individualidade que na Igreja comum permite afastamento das regras da devoção e mesmo do respeito, na medida em que o corpo do sujeito presente está intencionalmente menos próximo dos locais mais sagrados, tem entre os carismáticos um sentido oposto. Mesmo que existam regras revisitadas de coletivização dos cultos religiosos pelo afeto e seu drama visível, é dado a cada um, em momentos devidos, o poder de externar a fé e a esperança, o sentimento de devoção e da caridade divina, de acordo com intensidades muito individuais e teatralização disso tudo na pessoa do fiel e em sua equipe de fé. Mais do que tudo, ter fé é não ser costumeiramente respeitoso, mas fervorosamente exagerado: dar-se justo ao exagero, demonstrar "fé e poder", ser dramaticamente eloquente, "dar o testemunho".

Retornemos a nossa terça-feira, mas não aqui na Igreja matriz. Nada se faz hoje e nada se fará mesmo nos dias mais "quentes" dos ritos de espera, morte e ressurreição que traduza como gestualidade coletiva o vagar do fiel, desde a dor e o sofrimento empático até o júbilo festivo, que ateste, na alegria do corpo e do rosto, o sentimento de que a pessoa do fiel crê que um Deus-homem-morto voltou da morte e trouxe a "todos os justos" a certeza da "salvação eterna" da alma individual "junto a Deus" e mais a realização plena disso como "ressurreição da carne", dogma da fé católica que o vigário acrescentará a seus sermões de sábado em diante.

Não há uma variação visível de sentimentos de/entre todos, a não ser nos limites quase sutis em que isso possa ser culturalmente vivido durante algumas cerimônias. As pessoas estarão mais contidas até a meia-noite de sábado; serão devolvidas dos ritos de dor e amargura para os de glória e euforia daí em diante, quando os que observaram com mais rigor os preceitos da Quaresma voltarem à mesa farta, seu imediato prêmio terreno, e a uma soltura maior dos corpos. Veremos adiante que a meia-noite da "ressurreição" marca mais uma desejada volta legítima aos prazeres do profano do que uma passagem religiosa de um estado de emoções a outro. Será então quando o brado ritual de "Aleluia!" estabelecerá de novo a ruptura simbólica entre a dor e a euforia, entre a morte e a vida, entre o silêncio e a palavra, o desespero e a esperança, a religião vivida à volta do sacerdote e reverente, solene e contida, e seu limite deliciosamente profano entre a "malhação de Judas" e o começo dos "festejos do Divino". Saídos da solenidade que não obriga o fiel e as outras "pessoas de respeito" a mais do que uma deferência gestual, todos serão – devotos ou não – festivamente transportados da sequência de *solenidades*, no dizer de Roberto da Matta, à *mascarada* sagrada (o Judas, a folia do Divino) ou profana (os bailes e derivados "depois da aleluia"). O melhor nome dessa passagem é *alívio*, e é por ele que todos esperam desde essa terça e da quarta-feira que antecipam de imediato os dois dias da grande dor.

5.7. Quinta-feira Santa: O sofrimento – Narciso

Solenidade significa em Pirenópolis a cerimônia com que se celebra algo, em geral uma memória. Hoje significa a lembrança da "Santa Ceia", da "última ceia", com o "lava-pés" e, depois, com a "instituição da Eucaristia". O preceito-e-sentimento lembrados agora são a *humildade* e seu equivalente: o *despojamento*. Em Goiás Velha, D. Tomás Baldoino estará sem dúvida associando isso e o que mais lembre ao *compromisso*: "compromisso com o outro", "compromisso com o povo". Mas em Pirenópolis, em uma festiva Igreja pré-conciliar cujos leigos da linha de frente estão apegados à guarda das tradições locais, solenidade significa também e essencialmente *ser solene*, fazer *solenemente*. Isto é igual a proceder de modo cerimonialmente demorado, lento e, dentro do possível, regido por princípios do tipo: "Era assim que faziam os nossos antepassados". Quase tudo o que agora já não se faz mais "como antes" é avaliado como uma perigosa desqualificação que empobrece tanto a cultura regida por uma fração da pequena elite local quanto o sentimento de que *assim* deve proceder o "bom católico". Fazer tudo com o requinte adequado e cumprir a sequência exata da tradição, ainda que, à falta de folhetos de uma cerimônia mais apropriada ao momento, coral e orquestra entoem uma "Missa de Natal" em plena Quinta-feira Santa. Levar a tudo o toque de um esplendor possível, mesmo que com roupas, alfaias e objetos de culto desbotados e envelhecidos. Sem cair no exercício fácil de "representação dramática", como já se faz "em qualquer periferia" da cidade grande, solenizar dramaticamente todos os gestos da procissão e das cerimônias de dentro da Igreja faladas em português, cantadas em latim, impregnadas do odor do incenso e da luz de muitas velas, quando elas voltam a ser acesas.

A notável violinista da pequena orquestra, também soprano do coral, chama-me a um canto no alto do lugar do coro da igreja de Nossa Senhora do Rosário logo após a meia missa de hoje e antes do início do ritual da "adoração". Ela me pede para que apague da fita que acabei de gravar o que foi cantado, enquanto os artistas devotos entoavam e tocavam, acompanhando a procissão interna que faz a volta pelos corredores ao redor da nave.

Foi horrível! Meu Deus, um horror! Em todos esses anos eu nunca vi isso acontecer aqui em Pirenópolis. "Você apague, por favor, não leve esse horror com você não, viu? Os tenores (homens e mulheres) perderam o tom. Eles saíram do tom e foram assim até o fim. Um horror! Eu parei de cantar de vergonha. Uma vergonha!"

Eu era testemunha de uma muda tensão entre os tenores e os outros grupos de cantores, algo que explodiu em protestos do maestro em uma procissão anterior e que chegou ao limite do suportável na cerimônia solene da Quinta-feira Santa. Horas antes, o "fabriqueiro" da matriz, um advogado querido e conhecido e que também é reconhecido como o grande mestre de cerimônias de tudo o que se faz nas ruas e dentro das igrejas, conhecendo como ninguém em Pirenópolis todos os detalhes da sequência de rituais, reclamava comigo da queda de qualidade do trabalho artístico da pequena orquestra, da Banda Phoenix e do coral. "Porque aqui, como em outras cidades, os mais velhos e mais qualificados morreram, outros foram de Pirenópolis para cidades maiores e voltam por ocasião das festas, mas sem tempo para ensaios; outros, os mais jovens, 'perderam o interesse por essas coisas antigas'. A própria banda tem cada vez mais jovens aprendizes e cada vez menos especialistas em seu instrumento."

Mas entre as observações entristecidas do fabriqueiro e o desabafo da violinista-soprano, o padre usara quase todo o tempo da prédica principal do dia para falar sobre "o significado da cerimônia do lava-pés". Não apenas como um "símbolo de humildade", mas também como "uma mensagem de serviço" para a "vida de todo cristão". Ele acabara de lavar e beijar os pés de doze meninos vestidos de apóstolos, com o nome de cada um escrito no manto branco. Esta é uma das cenas representadas, a partir do texto dos evangelhos, em Pirenópolis sem ser dramatizada. Mas onde está a diferença? Na redução a um simplificador de uma acreditada história real, cujos detalhes ficaram escritos. Assim, o padre se envolve de toalha branca, toma nas mãos um jarro, lava e beija os pés, "com Cristo" não é repetido, ele faz parte do drama que se lê no Evangelho do dia, não do rito que o reveste de um sentido cerimonial: "Tu não me lavarás os pés, senhor./ Se eu não lavar os pés não terás parte comigo". "Então, lava-me não apenas os pés, mas as mãos e a cabeça" etc.

A disposição de alguns locais e objetos delineia bem essa linha tênue entre a cerimônia ritual e o drama representado. O altar dos outros dias é substituído por uma mesa redonda (Rei Artur ou Jesus Cristo?) onde se arma uma cena de ceia judaica. Esta ceia não é representada por atores, mas serve à missa que naquele momento é a memória da "instituição da Eucaristia". A missa soleníssima – que se entremeia com o "lava-pés" e é interrompida com a consagração do pão e do vinho – começara com o cortejo interno cujos "desafinos" levaram a soprano-violinista a seu horror sagrado. O cortejo conduz sob um pálio o sacerdote precedido e seguido do corpo de irmãos do Santíssimo e dos "doze apóstolos". A mesa-altar é demoradamente incensada no momento em que coro e orquestra entoam *Kirie*, cuja grandeza em nada acentua os símbolos de humildade que se representaram e as palavras ditas sobre tal sentimento cristão e seus vizinhos.

Ora, isso pode parecer uma banalidade, mas não é. Lembrei-me alhures dessas cerimônias e a não-refreada pompa com que os centros de tradições da Igreja católica querem significar um modo cerimonialmente honroso e tradicional de se viver com solenidade a experiência religiosa da fé. Segundo seus guardiões, tudo deve ser assim, por ser isso uma reserva cultural primorosa de ricas tradições antigas, que apenas por atos de profanação dos ritos sagrados são modernizadas. Por ser também, vimos, a repetição anual de pormenores e de toda uma "mostra" peculiar e terrivelmente ameaçada de desaparecimento de "nossa cultura", no que se crê em Pirenópolis que ela tem mais autêntico (a palavra possui conotações muito enfáticas na cidade). Por isso mesmo, revesti-la ano após ano da mesma antiga pompa cerimonial recupera o verdadeiro sentido da experiência coletiva da dramaticidade da fé católica, ainda que como "mensagem" – no sentido mais progressista da palavra – tudo *aquilo* possa estar sendo cada vez menos compreendido pela própria assistência local mais jovem e menos afeita aos significados e aos cultos do passado revestido de sentido religioso.

De uma maneira diferente de como temos visto acontecer em Goiás com os que seguem "a linha da Igreja popular", em Pirenópolis, ali onde a ideia de despojamento induz a uma releitura comprometida da "História Sagrada" e ao consequente abandono pastoral e litúrgico dos símbolos e sinais da matéria social do poder, a humildade e o despojamento não contradizem a pompa e a solenidade enfática com que tudo é feito e vivido. E regido mais pelo envolvimento com a arte do que com uma piedade despojada. Isso porque eles valem como intenções do sujeito, e não como a ritualização de si mesmo na cultura. São virtudes "do coração" que importa buscar e possuir, sem que isso induza a transformações sociais e políticas na vida entre as pessoas, e mesmo nas disposições de "testemunho" (palavra-chave na diocese de Goiás) da comunidade religiosa e de seus fracionamentos.

Desnudados os altares durante a adoração da pessoa de Cristo, tem início a adoração do Santíssimo Sacramento, exposto pelo padre e velado durante toda a tarde e durante a noite de quinta para sexta-feira até as três horas da tarde do dia em que se festeja a "Paixão de Cristo".

Não acredito que os desejos de culto a uma pompa tradicional que para ser vista e ouvida transforma quase tudo o que é celebrado na Semana Santa em Pirenópolis em solenidade, tal como eles são vividos e muito defendidos pelos responsáveis imediatos dos "festejos" e também pelos artistas locais do coro e da banda, sejam iguais aos dos outros católicos do lugar. Adianto-me por um momento ao dia da "Paixão", para aproximar a fúria da violinista-soprano para com o desafino inesperado dos tenores na procissão interna da igreja matriz ao sofrimento da moça que fará amanhã na Procissão do Enterro o papel de "Verônica". Uma vez a cada ano uma moça da cidade é escolhida para ser a "Verônica". Ela deve ser reconhecidamente uma "moça virgem", e um costume antigo maldosamente insinua que, se por acaso chover durante a procissão do Enterro e, pior, enquanto ela estiver entoando uma das vezes o "Canto da Verônica", sua virgindade poderá ser posta em questão. A "Verônica" é uma das personagens principais de toda a Semana Santa, e mais do que outros seu desempenho é realizado debaixo de muita tensão. Não foi diferente em 1988. A moça segue o cortejo com o "Senhor Morto" ao longo das ruas da cidade. Auxilio com um banquinho. Ela conduz nas mãos um pano enrolado com a figura do morto. Tal como nos motetos de procissões anteriores, de tempo em tempos todos param. A "Verônica" sobe então ao palco do banquinho e entoa seu canto, à medida que lentamente desenrola o pano, de tal sorte que as notas finais coincidam com o pano todo aberto. Desde a primeira vez na noite a moça estava visivelmente preocupada. A voz lhe tremia e havia instantes em que parecia que ela ia interromper o canto solitário. "Eu não vou poder continuar", eu a ouvi segredando ao amigo acompanhante de todo o percurso. "Não está saindo direito, e eu sei que não vou aguentar." Mas aguentou.

Porque, se não é preciso que tudo seja religiosamente contrito, santo se possível, é indispensável que tudo seja solenemente perfeito. Os olhos de Deus são humanos o bastante para perdoar qualquer falha que nesta antiga boca de sertão se cometa em seu louvor. O vigário está mais preocupado com seu próprio desempenho e com o respeito dos circunstantes do que com a qualidade artística do trabalho dos especialistas de canto e de instrumentos. Mas entre as pessoas "que entendem" há uma atenção rigorosamente concentrada no avaliar o rigor do acerto e a qualidade da atuação de todos e de cada um a cada momento. Porque se sabe que qualquer que seja o sentido do momento cerimonial do que se vive – dor, arrependimento, abandono, despojamento, júbilo, glória – é indispensável que se faça como um espetáculo perfeito. Isto é a evidência da qualidade do que se chama em Pirenópolis tradição. Pois é com um incontido desejo de Narciso que se festeja a "Paixão e Morte de Nosso Senhor Jesus Cristo", e o que descrevo a seguir, ao falar da sexta-feira, é o melhor exemplo.

5.8. Sexta-feira Maior: Cortejar a morte – Desalento e pompa

Muita coisa pensada e feita pelos católicos de Pirenópolis serve à crítica de seus rivais, os irmãos evangélicos. Mas uma os horroriza ao extremo: eles colocam em um caixão com sedas e flores a imagem de um Jesus Cristo morto e passeiam com ela pelas ruas da cidade.

Entre católicos e protestantes a questão do "culto das imagens" ainda não morreu. Mas se há divergências a respeito do uso de imagens de santos, seres humanos que sequer são reconhecidos pelos evangélicos da cidade, elas aumentam muito quando o sujeito representado é o próprio "Deus Encarnado". De acordo com as tradições católicas de toda a região, nada mais natural do que tornar visíveis, palpáveis, dadas ao olhar e ao tato, as representações das pessoas imóveis de Deus e seus santos, assim como o drama de frações de suas vidas. Se o vigário insiste em que a pessoa venerável de Jesus Cristo *está* na Hóstia Santa, no Santíssimo Sacramento ao qual se dedicaram longas horas de "adoração", ele pode *ser* também *lembrado* em suas imagens. Lidar cerimonialmente com elas é uma maneira de trazê-lo visível ao coração dos humanos. É uma maneira também de fazê-lo sentir que é amado ali de uma maneira efusivamente particular.

Ninguém espera milagre algum nesses dias, é preciso insistir. Eles não são para isso, como são os de julho, na Romaria do Divino Pai Eterno em Trindade. Mesmo o pagamento de promessas não é frequente durante procissões, cortejos e cerimônias internas da Semana Santa. Quando perguntei a algumas pessoas por que elas beijavam o "madeiro da cruz" ou então "os pés do Senhor Morto", as respostas variavam muito pouco: para pedir proteção, para adorar a Jesus Cristo, para cumprir um preceito do devoto. A pessoa de Cristo que vimos escondida entre panos na descida de uma igreja a outra no sábado, depois viajando ao encontro de Maria Santíssima e ainda ausente como imagem, sendo honrado com ramos dobrados, erguido na cruz dentro da matriz e dado, no caixão, morto à "adoração dos fiéis", reveste-se de uma sequência de situações que refazem momentos da história de seu "drama" ("Drama da Paixão" é o nome usado com frequência) ao mesmo tempo que também facultam ao fiel o vir estar nestes dias mais próximos "de Jesus Cristo" do que em outros: incorporando-se ao drama, revivendo-o como um também personagem. Escolhendo publicamente o lado do bem, como se simbólica e teatralmente estivesse *ali*; louvando-o com ramos, apoiando-o na agonia da espera da traição e da entrega, partilhando com ele o suplício da cruz, levando-o pelas ruas ao lugar do enterro, explodindo de alegria diante de sua volta "triunfal" do "entre os mortos". Tudo isso, vimos, apenas é vivido aqui como uma cerimônia grandiosa, que sublinha o sentimento cristão com a arte que em tudo o envolve e que convoca os fiéis católicos, como assistentes ou participantes laterais, não só a virem ver, como poderia ser o caso do turista, mas a se verem a si próprios fazendo sua parte na celebração litúrgica do drama.

Algumas pequenas crenças persistentes no limite entre a história sagrada e a brincadeira profana dão bem a mostra dessa maneira quase mágica de lidar com os acontecimentos representados durante a Semana Santa. Entre camponeses de Goiás, o dia da Sexta-feira da Paixão de Cristo é único entre todos os dias do ano. Nada se faz que lembre o trabalho, algumas pessoas jejuam ao extremo, é um dia de orações e de uma lembrança supostamente coberta de dor. É *o* dia – e não os três dias dos Evangelhos – em que Jesus Cristo está morto (horror para os protestantes, para quem ele esteve e está sempre vivo e misericordiosamente ativo e glorioso, devendo ser lembrado assim e somente assim). Logo, se Deus morreu, na Sexta-feira não há "juiz no mundo", e por isso alguns meninos e rapazes do interior aproveitam para fazer estripulias, mais e com menor culpa do que em outros dias.

A cruz com a imagem em tamanho natural é erguida dentro da igreja. Há um local no chão há pouco mais de duzentos anos reservado para isso. Antes o vigário comanda uma Via-Sacra dentro da igreja matriz. Um pequeno cortejo viaja de um a outro dos 14 quadros que refazem geograficamente a história cuja memória se reconta nesses dias. Em Pirenópolis, não é tanto a Via-Sacra o que se soleniza, como acontece em outras cidades antigas, como Congonhas, em Minas Gerais, onde o rito da síntese do Drama da Paixão é demoradamente feito nas ruas. Aqui é mais o momento do erguimento e da adoração da cruz. É ele quem atesta a todos o ato da morte: Jesus Cristo "traído", "julgado", "condenado", "ultrajado", "torturado" está agora morto, e essa longa passagem do Evangelho é lida de maneira teatralizada, a várias vozes de atores do lugar.

Cumprindo os ritos da evidência da morte, o "Senhor Morto" (uma das várias figuras santificadas de Jesus Cristo, não esqueçamos, como tal, um tipo peculiar de veneração) é dado a uma forma estranha de adoração. Estranha porquanto naquele momento é mais a própria cruz e o que ela representa como instrumento terreno de suplício, revestida de ser símbolo divino de salvação do homem, aquilo que se adora. O próprio programa convida a uma "adoração da Cruz", do mesmo modo como ontem convocava pessoas e confrarias à "Adoração do Santíssimo". Os fiéis fazem uma longa fila dupla e chegam para beijar o "madeiro da cruz", disponível à visitação devota até o começo da noite, quando, após a oferta de comunhão aos fiéis, a cruz é descida de seu lugar. É então que o corpo de madeira móvel de Cristo é retirado dela e colocado no caixão.

Um curioso jogo de relações e inversões de papéis simbólicos pode ser descrito aqui. No "drama" representando "A Paixão e Morte de Nosso Senhor Jesus Cristo", a figura histórica dos maus é afastada. Como em Pirenópolis não se faz o teatro da história, mas o drama de sua memória; como, portanto, não se representa a própria cena da Santa Ceia como o jogo completo nas personagens e a traição de Judas; como não se teatralizam a prisão de Cristo (momento simbolicamente central na Semana Santa da Cidade de Goiás, com a "Procissão dos Farricocos", ponto alto do programa turístico) e seu julgamento; como também sua "morte infame" não é dada como "espetáculo vivo", mas apenas relida no rito da Via-Sacra e no erguimento da cruz dentro da igreja matriz; não há atores de fato, mas sim personagens que se alternam entre reproduzir instantes abreviados dos acontecimentos, como no lava-pés, e metaforizar outras passagens, como a leitura evangélica dos grandes momentos e sua representação com símbolos e situações rituais. Assim, não havendo o jogo de todos os atores e o papel em que se envolveram bons (Cristo, Maria, Madalena, João Evangelista), liminares (Pedro, o "Bom Ladrão") e maus (os sacerdotes judeus, Judas, Pilatos, o "Mau Ladrão", os guardas), os segundos e os últimos são referidos em leituras, mas retirados de cena como personagens. Aparecem como imagens os principais, Jesus Cristo e Maria, sob a forma de objetos santificados (a "Hóstia Santa" e a "Santa Cruz"); ou como atores que por um momento os representam (o vigário como Cristo; e os rapazes como apóstolos, no lava-pés; a "Verônica").

É exatamente a Procissão do Enterro o momento que marca o desaparecimento simbólico dos maus. Consumado o drama, a memória deles se retira de cena, à exceção de um: Judas, que será profana e festivamente "malhado" no domingo. Ficam os bons, e é deles a procissão inteira do Enterro. A morte sai a passear pelas ruas de Pirenópolis. Agora, sim, representa-se um enterro não como se supõe que teria sido no dia da morte de Jesus Cristo, mas como em parte se faz segundo as normas funerárias da cultura goiana. Houve na igreja o velório do morto, dado de novo à adoração. Para muitas pessoas, adorar o Senhor Morto e beijar com contrição seus pés de madeira é o momento supremo de confissão pública de fé católica. Agora Jesus transita dentro de um caixão com flores, sedas e arminhos cuidadosamente adornado, tão cheio de sinais de luxo e riqueza quanto seria certo esperar o oposto – a crer nos evangelhos – quando da morte real de Jesus Cristo. Conduzido do alto de seu caixão como em um andor por quatro irmãos do Santíssimo Sacramento, Jesus faz um último desfile pelas mesmas ruas por onde antes passou a Procissão do Encontro. Estranho que, tão exposto, nas ruas e dentro da igreja matriz, como sujeito e símbolo paradigmático do sofrimento, a figura humana de Cristo interrompa aqui sua presença em cortejos. A partir de sábado cessam as procissões, e não se dá ao "Rei da Glória", retornado da morte, lugar algum em qualquer cortejo. Eles retornarão durante a Festa do Divino Espírito Santo, quando alegre e triunfalmente a figura prateada da "Pombinha do Divino" tomará o lugar do Nazareno.

Uma única outra imagem acompanha a Procissão do Enterro: a de Nossa Senhora das Dores. A procissão é muito maior do que as outras e, mais do que todas, divide os presentes em um núcleo de personagens-atores, dos quais a mais importante é a moça "Verônica", que deixamos entre cantos e desesperos algumas páginas atrás, um acompanhamento aumentado de fiéis participantes e a pequena multidão de visitantes e outros curiosos, estes mais postados ao longo das calçadas do que dentro do cortejo do enterro. Mesmo entre esses últimos, há agora uma espécie de clima de maior respeito. Tudo atinge nesta noite um ponto de máxima solenização. Trata-se da morte agora. E na pessoa de um Deus deitado em um caixão é ela quem se dá a ver aos olhos temerosos dos humanos.

Já que os sinais da morte não podem ser escondidos, nem a dos homens, nem a de um deus, eles devem ser revestidos de bastante beleza. Esta é a noite das melhores roupas, das vestes de gala, dos envolvimentos do corpo com o que há de melhor. Alguns "anjinhos" com vestidos de seda e longas asas brancas estão presentes hoje, e estariam na procissão gloriosa de amanhã, não houvesse chovido tanto logo depois do "Aleluia". Uma vez mais os cantores e os instrumentos se esmeram. É fácil notar que cantam com muito mais apuro do que nos outros dias. O momento é mais solene, e a assistência ao espetáculo muito maior. Bem compreensível o desespero de "Verônica". Ela ameaça falhar no momento culminante e, diferentemente de todos, canta envolvida em uma desoladora solidão.

Tudo convergiu para esse momento de consumação da fatalidade, para que ele de supremo desalento culmine na "glória única da ressurreição". Eis porque de certa maneira a morte e seu culto humano são aqui um engodo: sabe-se que neste caso único ela vale só por três dias, sintetizados em menos de dois: parte da Sexta-feira da Paixão e todo o Sábado. As cerimônias de hoje em tudo lembram com horror o crime dos homens contra eles mesmos na morte abjeta de um Deus humanizado. Mas tudo se dá de tal maneira que o horror dos fatos transubstancia-se, como o vinho no sangue de Cristo, em uma sequência solene de ritos regidos pela grandiosidade. A morte já veio vencida.

A leitura de longa passagem profética de Isaías diante da cruz sugere, antes da morte, que seria pouco, no caso, o nível mais degradado da objeção. Por um momento, o vigário lê a passagem em que o "dado para sofrer" se apresenta como um ser rejeitado, abjeto, infra-humano, humilhado até a morte, "e morte de cruz". Reitera-se a morte, sua lenta espera. É preciso que seu instante supremo seja solenemente antecedido pela memória solenizada das despedidas (a Santa Ceia, o Encontro), a prisão e o julgamento, o cerimonial das torturas (um Deus despido, escarrado, esbofeteado) da caminhada humilhante ao Calvário, da crucificação e, então, da lenta morte que os atores do texto releem no Evangelho.

Uma vez mais, e mais ainda agora, tudo o que acontece toca diferencialmente as pessoas, e às vezes, tal como na própria vida, uma simples pequena diferença de presença ou distanciamento modifica o teor do direito ou do dever de sentir isto ou aquilo. Durante a longa leitura da Paixão e Morte de Nosso Senhor Jesus Cristo, os irmãos do Santíssimo, à volta da cena – da cruz plantada, portanto –, precisam ser graves e recobrem a tristeza de uma imóvel solenidade nos gestos do corpo. Mas sete metros à direita, nos bancos da sacristia, onde esperam sua hora de sair na procissão, outros irmãos do Santíssimo conversam e riem. Do mesmo modo, as pessoas mais próximas parecem viver com bastante intensidade o sentido da leitura, mais do que aquelas que, distanciadas, vieram para ver os que vêm e contemplar o espetáculo que representam. Quando a pequena "Verônica" completar seu último canto, abraçará com alívio o amigo acompanhante: Deus está morto, mas ela conseguiu "chegar até o fim" e, mesmo decepcionada com a qualidade de seu desempenho ("Eu sei que eu podia fazer muito melhor, eu sei"), está alegre, exultante mesmo.

Aos fiéis devotos que estão ali movidos pelo desejo da fé, as cerimônias parecem tocar fundo. É a eles que o vigário não precisa pedir *respeito* porque ei-los além da deferência: são uma fração pequena, mas intensamente contrita de tudo o que acontece. Sem serem em nada atores importantes e sendo vários deles pessoas pobres, vindas dos patrimônios, "da roça", pode-se dizer que são os que *vivem* o drama. Sem serem, portanto, atores oficiais, sugerem ser as personagens mais reais do que de fato se pretende celebrar ali.

Aos organizadores dos eventos, guardas locais das "tradições de Pirenópolis" e mais os atores e artistas devotos, o que importa é sabermos a qualidade do desempenho. Mais do que no júbilo solitário de "Verônica", a Procissão do Enterro será festejada com alegria se tudo sair bem, isto é, se o espetáculo da morte, posto com grandeza nas ruas, houver sido perfeito. Entre eles, aqueles que com o poder litúrgico de que são investidos *fazem* da festa do drama uma inocultável vocação de Narciso submetem todos os sentimentos que a Paixão sugere. "Isto fizemos", eles parecem dizer aos que os vieram ver, pois no fundo é disso que se trata. "Somos assim!" Eis o que conta, afinal: a preocupação do maestro com o coro e a banda, a das mães dos anjinhos com o desempenho dos filhos e dos pais da moça "Verônica" com o canto da filha, a do fabriqueiro com a ordem de todos e a solene pompa de tudo. Um homem-Deus foi escarnecido, morto e sepultado, mas o milagre é que isso é lembrado com a enorme euforia da beleza.

5.9. Sábado Santo: A linguagem do limiar

Na tarde de Sexta-feira e na manhã do Sábado, um maestro nascido em Pirenópolis, professor de música na Universidade Federal de Goiás, reuniu em sua casa, ao redor do piano, a maior parte dos componentes do coro e mais alguns dos melhores cantores desta cidade goiana de devotos, músicos e boêmios. Acontece que oficialmente não se havia previsto nada de especial para a missa solene da Ressurreição, e ela seria acompanhada apenas pelas músicas costumeiras de qualquer domingo, em português, suprema profanação às regras do lugar. Por isso, chefiados por ele, alguns familiares e amigos ensaiaram uma missa em latim. Na noite da grande missa em que o vigário jura que um Deus morto voltou da morte com a promessa de vida a todos, o coro acrescido dos convidados de improviso entoou a missa ensaiada. Sem a orquestra, apenas com o pequeno órgão tocado pelo maestro, sem todos os integrantes oficiais do coro, o grupo de artistas fez o que pôde. Mas logo no começo da missa uma tempestade inesperada distanciou ainda mais a voz dos cantores dos ouvidos dos fiéis, e apenas os que estavam no lugar do coro ou nas partes baixas próximas da igreja puderam ouvir o resultado artisticamente excelente do trabalho. A tempestade impediu também a saída da Procissão de Aleluia, e os ritos do júbilo ficaram pela metade neste ano da Graça de 1988.

A Quinta-feira Santa e a Sexta-feira da Paixão são dois dias bastante definidos. Assim também o Domingo da Ressurreição, vivido mais como o "Domingo da Páscoa"; o retorno de todos à família, à comilança e ao profano sem pecados. Mas o "Sábado de Aleluia", hoje o "Sábado Santo", acabou gerando uma ambiguidade difícil de lidar entre as determinações da Igreja Católica e os costumes da cultura local. Até algum tempo atrás, vencida a viagem penitencial da Quaresma e vividos os dias de dor e luto da "paixão e morte", já a manhã de Sábado devolvia todos à alegria "do Aleluia!". A própria expressão antiga: "romper o Aleluia", como um grito de jubilosa volta aos excessos permitidos, contidos da Quaresma à Sexta-feira, traduzia bem essa volta à euforia generosa da vida e de sua celebração. Jesus Cristo estava outra vez tão vivo quanto qualquer um, e os ritos da Igreja substituíam finalmente as madeiras da matraca pelo toque festivo dos sinos e pela fúria roceira dos rojões que a Festa do Divino irá multiplicar muitas vezes. O Sábado de Aleluia antecedia já, na alegria de todos, o Domingo da Páscoa. E, assim, dois dias de glória, família e euforia sucediam três dias de luto e pesar.

Depois das mudanças pós-conciliares, o sábado agora é "Santo", e a Igreja luta para submeter às antigas tradições do lugar. Até mesmo a malhação do Judas foi transferida para a manhã de domingo. Mas há uma diferença fundamental: a Sexta-feira é a memória da morte recém-realizada e aparentemente vencedora. Lembremos que ela começa com o percurso da Via-Sacra, recapitulação na geografia interna da Igreja de toda a história da morte de Jesus Cristo, e termina com a cerimônia de seu enterro público. O Sábado antecede o logro da vida ("Onde está, morte, a tua vitória? Onde o teu aguilhão?"). Os fiéis viveram no Domingo de Ramos o verde das folhas de palmeira; na Quinta-feira Santa, a transformação do vinho e do pão no "sangue e corpo de Nosso Senhor Jesus Cristo"; adoraram a "Santa Cruz" (um objeto tornado sagrado e que tem seus dias de festa no calendário litúrgico e no popular); vivem agora o tempo do fogo: do "fogo novo".

Mestra em lidar com extremos de símbolos com que a vida se refaz física e socialmente, a Igreja repõe hoje não a ordem que a morte provisória de Cristo comprometeu, mas a alegria, a possibilidade do profano, o retorno consentido ao direito legítimo dos pequenos prazeres com que, em Pirenópolis, como por toda a parte, mesmo o cristão "de preceito" esquece tanto o peso difícil da glória quanto a carga humilhante da dor. Uma vez mais lidamos com o dado de que o sentimento não é sentido, ele é convencionado. Fruto de um contrato entre sócios de significados, ele pode ser qualquer um, qualquer coisa, desde que enunciado dentro do código de preceitos que torne a necessidade uma virtude e o excesso um consentimento, quando vivido no momento certo, de maneira adequada. Não explícita e tornada costume é a ameaça vizinha em nome da qual o vigário e os mais velhos condenam o que fazem nos dias "santos" os turistas de Brasília e Goiânia. Enunciado como o excesso contido depois da devoção realizada, transforma em prazer compartilhado o que sem ele seria apenas a reprodução da necessidade.

Mas, antes de autorizar o retorno do cristão ao prazer, a proposta da Igreja para o Sábado Santo é a *renovação*. Em muito pouco tempo a morte será vencida na volta viva do Deus sepultado. Será possível esquecê-la, sob a condição de que nela o fiel mate em si o "homem velho" e "renasça com o Cristo". A si mesma a Igreja atribui esse poder regenerador, e por isso quase todos os seus ritos desse dia liminar entre a morte e a vida, entre o luto e o branco, entre a dor e a euforia, são dirigidos a simbolizar a ideia de *renovação*, de *renascimento*.

Durante todo o dia de Sábado prepara-se isto: a Igreja é revestida para que na missa, na qual à meia-noite se brada o "Aleluia!", Deus vença a morte e o homem novo surja das cinzas do velho. Por isso, é nesse dia que os elementos da natureza usados na cerimônia do Batismo (o nascimento cristão em cada indivíduo) são abençoados: o fogo, a água e o óleo. Terminada essa sucessão de bênçãos feitas no interior da igreja matriz e aceso o fogo da grande vela que ao lado do altar queimará até o Domingo de Pentecostes, o vigário oficia a cerimônia de Renovação do Batismo.

Já há muitos turistas na cidade. As areias dos dois lados do rio estão cheias de barracas. Os mais retardatários chegaram entre a noite de Quinta-feira e a manhã de Sexta-feira. Eles antecipam entre cervejas e roupas de banho o retorno ao prazer. Aos olhos das pessoas da cidade e da Igreja eles ofendem as tradições do lugar, tanto quanto um clima sagrado que toda a *Semana*, vimos, esforçou-se por trazer até o clímax desses dois dias de um suposto máximo pesar. Mas os ritos da noite de Sábado aproximam os dois lados. E de suas barracas nas margens do Rio das Almas ou esparramados pelos bares os visitantes ouvirão o troar das "rouqueiras", cujos estrondos à meia-noite anunciam a explosão solene da vida na volta triunfal de Cristo.

De onde viemos? Onde estamos? Para onde vamos? Viemos da Quaresma e dos dias que antecedem o prenúncio da dor na expectativa do que irá acontecer na Sexta-feira e no Sábado; viemos do júbilo efêmero com a memória do momento em que o povo celebra em Jesus Cristo o seu rei; à entrada de Jerusalém. Mas como esse mesmo povo irá depois "entregá-lo", "traí-lo" e, diante do poder romano, preferir o perdão dado a um criminoso e não "a este justo" (o vigário lembrará isso com ênfase). Eis que somos convocados a nos identificar não só com os autores e atores próximos da "Paixão e Morte", mas também com toda a "humanidade pecadora", em nome de quem tudo o que aqui se rememora aconteceu. Ei-nos entre o arrependimento e o pensar que aqui se vive solenemente como uma deferência respeitosa. Um breve par de dias dá à ideia de morte e a seu símbolo um duplo sentido: ela vence momentaneamente um homem-Deus, para depois ser definitivamente vencida por um Deus-homem que, com isso, nos salva, desde que o queiramos, com a vontade da fé e o rigor da conduta cristã. Agora o limiar entre a vitória da morte e da vida sugere não a expectativa ansiosa, mas a renovação. Revificado o cristão, ele pode agora renascer "com o Cristo", e é isso o que o "romper da aleluia" anuncia. Por isso mesmo, tudo na missa dessa meia-noite realiza uma completa oposição ao que se viveu até aqui na semana, fora a manhã e a tarde do primeiro Sábado. Sendo os mesmos os ritos e as orações canônicas, algumas cores, os gestos efusivos e as palavras variáveis, invertem-se os sentimentos. Opostos aos motetos, os cantos da missa são jubilosos, e apenas a tempestade impediu a descrição neste relatório de pesquisa de uma procissão, que, tal como a missa, faz no mesmo percurso das duas outras o caminho simbólico de sua negação.

As pessoas se abraçam, estão vivas. Deus também. Viajemos com todos de volta ao profano.

5.10. Domingo da Ressurreição: Retorno à vida – Do Cristo renascido ao Divino por chegar

A Festa do Divino Espírito Santo é de um imperador e de sua corte de auxiliares e homenageados. Todos os anos eles, "irmãos na sorte", são sorteados em uma cerimônia tocante para os que dela participam, quase no final da festa de mais um ano. Ao imperador e a seus auxiliares falta fazer a festa, da qual o padre vigário participa como sacerdote oficiante. Em nome deles saem as duas folias do Divino Espírito Santo. Uma vagando a cavalo pelos sertões e outra a pé pela cidade. As duas tocam a tarefa de anunciar a festa, distribuir bênçãos antecipadas de casa em casa e arrecadar as prendas, dons de todos os que pagam a festa, servidos como comida, objetos de uso cerimonial ou vendidos nos leilões do Divino. Há um programa impresso, e de alguns anos para cá artistas de Goiânia são convidados a fazê-lo cada vez de modo mais bonito. Como a do Divino, a Semana Santa é uma festa *de* Igreja, mas, mais do que ela, é uma festividade *da* Igreja. Quem a convoca e anuncia é o próprio vigário – ele oficia todos os ritos de maior importância. Festeiro e sacerdote, é ele pessoalmente quem responde por tudo, desde os preparativos remotos. Divide essas tarefas com o fabriqueiro-tesoureiro da equipe, com alguns outros auxiliares voluntários, com os irmãos mais ativos do Santíssimo e com algumas mulheres de sacristia. Não há programas impressos e pregados nas paredes e nos bares da cidade e de outras de perto, como a Festa do Divino. Mas havia um programa mimeografado com o anúncio de cada dia. Havia também um outro, e eu consegui uma cópia dele, feita em carbono. Melhor do que o impresso, este era um programa detalhado, com a distribuição pormenorizada dos acontecimentos cerimoniais de cada dia e o percurso das procissões. Eu o transcrevi aqui nas primeiras páginas. Quero chamar a atenção para as últimas linhas. A parte oficial, antes que o vigário a assinasse, previa apenas duas "missas na Matriz": missas festivas, mas comuns, porquanto se entende em Pirenópolis que a grande e solene Missa da Ressurreição é a da Meia-noite, saudada este ano com rojões e trovoadas. O complemento à mão do "programa" previa ainda:

– a saída da Folia do Divino da matriz pelas ruas da cidade;
– a queima do Judas;
– a chegada da Folia na casa do Imperador, de onde dias depois sairiam as duas folias para retornarem já nos dias da "semana da Festa do Divino";
– uma reunião na casa do Imperador. Fora até mesmo da parte do programa escrita à mão, estava prevista uma primeira reunião dos "cavaleiros das cavalhadas".

E, como a Igreja não consegue controlar mais a conduta debochada dos turistas mais jovens nem as iniciativas profanas que não resistem a esperar a meia-noite do Sábado e a euforia da Ressurreição, na porta do Teatro Pireneos (o mais antigo de Goiás) anunciava-se o "Show do Grupo Língua Solta" para o sábado, dia 2. Também o sábado estava reservado para o "torneio de futebol" promovido pela prefeitura nas areias da margem direita do Almas. Havia ainda na manhã de domingo um "festival de catiras". Assim, com esporte, dança e mascarada, a alegria cristã e o direito ao prazer profano reinvadiam de símbolos e desejos a cidade.

O Domingo de Páscoa (enunciado à mão no programa como "de Aleluia" e não "da Ressurreição") devolve as pessoas à família. Tal como o 25 de Dezembro, esse é um dia dedicado à convivência familiar: as crianças ganham seus "ovos de Páscoa", e uma ceia farta marca, para jejuantes e não-jejuantes, o fim dos dias de preceitos de privação do desejo. Mas há um outro sentido a que é preciso voltar.

Ainda que o lembrado seja sempre a figura humana de um sujeito masculino, Jesus Cristo, e os ritos mais importantes sejam dirigidos por homens secundados por coros e corpos de mulheres auxiliares, existe certa dominância de sentimentos que as pessoas de Pirenópolis identificam com o feminino: a dor, o pesar, o arrependimento, a privação, a deferência respeitosa, a empatia para com o sofrimento, a expectativa. Sabemos que em Pirenópolis a Semana Santa é sucedida pela maior festa da cidade e, sem dúvida, uma das maiores de todo o estado de Goiás. Oposta a essa sequência de dias de sentimentos associados francamente à mulher, a Festa do Divino é mais *masculina*; ela é ostensivamente *macha* em tudo. Creio que de passagem falei antes sobre isso. Hoje mesmo, no meio do caminho entre o fim de uma e o começo de outra, são as mulheres de novo devolvidas às casas, às cozinhas e aos quintais, e reinam os homens. Fora a missa, são ritos entre homens tudo o que se faz a partir do Domingo: a saída da Folia do Divino (não há mulheres nela, a não ser como assistentes distantes), a malhação do Judas (violenta e debochada), o torneio de futebol (esporádico: em outros anos não há), a reunião dos cavaleiros das cavalhadas e o torneio de catira (em Goiás dançada sempre só por homens e muito exaltadora de uma masculinidade sertaneja).

Eis que o profano se retorna com sentimentos que fazem da euforia o limite de seu próprio excesso. O vigário pede na missa que haja *respeito* em tudo, pois teme que depois de tantos dias de piedosa "purificação" os homens do lugar imitem os "de fora" e depressa voltem aos desejos e prazeres pelos quais um dia "o justo" morreu. Volta-se ao profano, dividindo-se o dia entre as pequenas festividades familiares da "ceia da Páscoa" (com mais frequência um almoço, mesmo porque muitos retornam a Goiânia, Brasília e outras cidades antes da noite) e as cerimônias de alegria e deboche. Deboche, brincadeira, solturas do corpo e do espírito, eis a que os homens se convocam, cumprindo com rigor os preceitos do pesar. Se antes bebiam os "de fora", turistas e visitantes indesejados, mais movidos pelos prazeres do "feriadão" da Semana Santa do que por seus preceitos religiosos de "Semana Santa", agora bebem todos, e que não falte cachaça entre catireiros, malhadores, cavaleiros e foliões. Os irmãos do Santíssimo guardam por muitos dias suas opas, brilha ao lado do altar a vela do "fogo novo", o vigário se retira de cena, e a cidade convoca a ela o imperador do Divino. Pelos mesmos pecados fora de hora pelos quais os "de fora" eram condenados, agora muitos homens casados e "de respeito" de Pirenópolis são devolvidos, sem o senso da culpa, ao prazer da vida.

Eis um dos mais perfeitos segredos da experiência católica, quando ela consegue unir a norma da Igreja com os princípios do jogo entre pesar e prazer, entre virtudes e desejo do catolicismo popular. Se durante os dias de preparo e vivência da memória da dor da Semana Santa homens e mulheres são convocados à contenção, à penitência mesmo, a ser sóbrios, pesarosos e tristes, todos sabem que o valor disso é bom, não porque salva a alma, mas sim porque apenas serve como um breve tempo ritual de intervalo entre outros da mesma festa, de outras e dos dias de rotina, quando o cristão pode devolver-se ao excesso, ao profano, quase à profanação. Uma euforia consentida que a cultura sertaneja e já urbana de Pirenópolis sabe separar do indevido, da ruptura com códigos que ela aprende da Igreja e da vida e que sem cessar, mesmo aqui, onde é tão forte a guarda da *tradição*, reescreve sempre. Seja para pôr-se também em guarda contra o que vindo "de fora" a ameaça, seja para livrar-se de um rigor, que mesmo quando torna a vida *santa* – como entre os protestantes e os católicos mais rigorosos – torna-a individual e coletivamente insuportável. A Semana Santa é também vista como o espelho invertido do Carnaval.

Não que todos os dias sejam nas ruas como este Domingo. Outros serão, como os dias das Cavalhadas de Pirenópolis, os do próprio Carnaval, os dos feriados prolongados e os de festas partidárias de vitórias em eleições sobre os inimigos. Mas neste Domingo é sob a forma de deboche, de desatino limitado e de excesso em tudo o que era antes contido, controlado, que a alegria retorna. A malhação do Judas poderia ser o melhor exemplo. Os meninos convidados antes a sentirem no coração a dor da pena do sofrimento de Cristo agora devolvem agressivamente, na pessoa mascarada do Judas, toda a violência: arrancar pedaços, rasgar, queimar, chutar com os pés, destruir. Alguém lê o "testamento do Judas", e nele não há mais do que deboche de conhecidos entre conhecidos. Pois se trata de reduzir as distâncias. Se os "de fora" não sabem viver porque separam da vida o sagrado (em que são vistos não crendo) do profano, a contrição do júbilo e a dor da alegria, aqui se trata de aproximar uns dos outros, sob a condição de submeter o que é preceitualmente triste ao que é permissivamente prazeroso. A Folia do Divino é uma *tarefa* entre amigos e uma *devoção* popular ancestral. Vale como rito de fé e como oração de bênção entre iguais. Toca fundo, vimos, e com seus cantos sem fim chora-se em Pirenópolis muito mais do que no momento em que o vigário lê a passagem da morte infamante de Cristo. Mas nem por isso há nela o que proíba ser "regada a pinga"; e vimos que um dos deveres de um "bom imperador" é ter uma grande quantidade de garrafões de "pinga" estocados.

Porque em tudo, mesmo nos momentos mais dirigidos à pesarosa introspecção, um duplo jogo de emoções permeia a semiologia do sentimento: de um lado, a vivência do afeto sugerido pelo rito, a dor, a miséria humana, o arrependimento; de outro lado, o contra-afeto da vivência "daquilo" transfigurado como arte, como um rito que jubilosa e narcisicamente tudo transforma em espetáculo.

Não venceu a vida, a morte? Pois que vença a alegria, a tristeza. Mas como viver isso sem que o desejo do excesso vença também, afinal, o princípio religioso do temor e do arrependimento?

6

A CARTA DO FIEL AO SANTO

Quando ao santo se pede por escrito[1]

6.1. A fé por escrito

O exame de algumas cartas dirigidas por fiéis urbanos ou rurais a algumas das entidades santificadas e cultuadas no santuário de Santo Antônio de Catageró, em São Paulo, sob os cuidados de D. Luigi Máscolo, um dos prelados da Igreja Católica Brasileira e a quem as cartas são destinadas, incentiva a pensar a respeito das relações entre a religião, a igreja e os sistemas de trocas de serviços entre os fiéis, agentes religiosos e entidades sacralizadas.

Trocas concretas entre categorias de participantes de um sistema religioso podem constituir-se em um dos indicadores pelos quais seria possível desvendar pelo menos parte da estrutura da ordem e da ideologia que se traduzem de diversas maneiras no cotidiano das modalidades de crença no sagrado e de prática no religioso. Por outro lado, elas podem ser também consideradas como um ponto de partida para o exame das forças pelas quais toda uma ordem de princípios, de códigos de relação com o sagrado e de prescrição de sua prática é estabelecida e continuamente revisada nas sociedades transformadas pelo efeito de processos de industrialização e de urbanização.

Como material de pesquisa tomo aqui cerca de 50 cartas enviadas a D. Luigi Máscolo. Elas foram escolhidas ao acaso de um número de apro-

---

[1] Este pequeno estudo foi elaborado em 1976, há mais de trinta anos; portanto, como um dos trabalhos de minha formação no Doutorado em Ciências Sociais, na área de Sociologia da Religião, sob orientação do nunca esquecido professor Douglas Teixeira Monteiro.

ximadamente 500 cartas. A leitura do conteúdo de cada uma das escolhidas serviu como simples pretexto empírico para uma análise de caso e para a elaboração de um projeto de pesquisa. O estudo de caso e o projeto são as duas partes em que se divide este capítulo.

Procuremos antecipar aqui alguns pressupostos úteis para um estudo como este. Apenas enunciados aqui, eles serão retomados na segunda parte e, ali, serão discutidos até o ponto em que possam ser considerados como parte de um modelo de explicação científica do fenômeno religioso.

– Na sociedade e entre o destino dos homens, a religião funda e mantém um campo específico de relações e de trocas de significados sociais.

– Em seu campo próprio, o religioso produz uma estrutura original de trocas de serviços e de significados concretamente sociais e ideologicamente consideradas por seus agentes como mediatizadoras entre os homens e o sagrado.

– A ideia de um campo específico do religioso não exclui sua condição de campo pelo menos em parte derivado da estrutura de transações econômicas de produção e do controle de bens e de serviços entre classes sociais, produtoras também dos sistemas de posição e de relações de classes e dos sistemas ideológicos de atribuição de significados legitimadores da ordem estabelecida.

– Por ser também derivado sem ser, entretanto, um simples reprodutor, em sua ordem específica, das relações de produção de bens econômicos e sociais e dos efeitos dos interesses de classes, o campo do religioso: a) não pode ser adequadamente explicado sem a análise das condições econômicas e sociais de sua origem e modo de organização; b) não se esgota na análise pura e simples de tais condições e de outros supostos determinantes sociais e não propriamente religiosos.[2]

– Assim, o que uma religião pode representar para seus integrantes, o espaço de trocas sociais que uma igreja ocupa em uma formação social, a categoria de fiéis que recruta e o modo como constrói e exercita uma

---

[2] A ideia de que um campo do religioso está constituído na sociedade e conserva com ela um conjunto de relações *não reproduzido* por sistemas de qualquer outra ordem deriva de Pierre Bourdieu, a quem faço seguidas referências na segunda parte. Ver Bourdieu, 1974, cap. 2.

ordem eclesial, uma ideologia de sagrado e um repertório de práticas regulados por ambos são partes do que acontece na sociedade, mas cuja explicação exige uma análise cujo foco substantivo recai sobre o próprio fenômeno religioso. Melhor ainda, um estudo conservado sobre uma posição analítica de equilíbrio das bases sociais da produção do religioso e as trocas de serviços e de significados religiosos passadas no interior de seu campo.

É através da religião que um campo de relações sociais e humanas fica estabelecido. É também sob sua mediação que os homens estabelecem uma significação sacralizada e de máxima abrangência para seu mundo.[3]

Ao estudar a posição de um sistema religioso na sociedade, assim como a ordem interna de sua igreja e de sua ideologia, é preciso considerar que justamente uma das marcas fundamentais de uma igreja é ela se apresentar aos homens como uma agência preferencial de mediações entre todos e cada um deles e um corpo de agentes sacralizados (os deuses e seus santos) que ela mesma estabelece.

6.2. O Santuário de Santo Antônio do Catageró

Não fui ao Santuário do Santo do Catageró e não ouvi qualquer um de seus programas radiofônicos. Não considero importante para os efeitos deste capítulo uma descrição dos detalhes do santuário e dos programas radiofônicos de D. Luigi Mascolo. De tudo o que poderia ser dito a respeito do Santuário, é importante ressaltar algumas informações. Elas caracteri-

---

[3] Não comparto com Peter Berger e Thomas Luckmann da ideia de que a religião cumpre funções essencialmente nominizadoras através da atribuição de significados de máximo alcance para o humano e o social. No entanto, dentro da perspectiva assumida pelos dois autores em seus livros, parece-me útil a proposta de definir a religião como uma empresa do homem (mais do que simplesmente a instituição que produz), construída através de estabelecer um cosmos sacralizado. Segundo Peter (1967, p. 46): "Religión es la empresa humana por la que un cosmos sacralizado queda establecido. Dicho de otro modo, religión es una cosmización de tipo sacralizante".

zam os aspectos que poderão ser retomados na explicação das relações entre os sujeitos do santuário e seus fiéis, frequentadores ou missivistas.

– O santuário de Santo Antônio do Catageró localiza-se em um bairro urbano da cidade de São Paulo e, para lá, são dirigidas as cartas de fiéis suplicantes, moradores tanto da própria cidade de São Paulo como de cidades do interior do mesmo estado ou de outros, e, neste último caso, sobretudo em Minas Gerais.

– O santuário parece possuir as características comuns a um "lugar de milagres": a reunião de imagens de santos, do religioso de massa e alguns objetos de culto popular do milagre, como ex-votos, fotografias e outros indicadores simbólicos de atestado de "graça alcançadas".

– Embora indicado preferencialmente a Santo Antônio do Categeró, o santuário é entendido pelos fiéis suplicantes como lugar de culto e referência à meditação de outras entidades divinas ou santificadas: Menino Jesus de Praga, Nossa Senhora Aparecida, São Jorge, Santa Filomena e Santa Marta (os mencionados nas 50 cartas lidas).

– O santuário é da Igreja Católica Brasileira e está sob a responsabilidade de um de seus prelados. Ele parece exercer um direito de controle e de proveitos pessoais sobre tudo o que é feito em torno do santuário.

– Em nome do santuário seu responsável coloca diariamente no ar um programa radiofônico no qual são lidas algumas cartas e feitos relatos de casos de "graças alcançadas".

– A ida pessoal ao santuário não é condição para o pedido e para a esperança de obtenção de "graças" de cura ou de solução de problemas de saúde, de relações interpessoais ou de aproveitamento de ofertas sociais (emprego, prestígio etc.).[4]

---

[4] Ao empregar esta linguagem e esta classificação de "graças" para os pedidos de fiéis, estou muito próximo do modo como Peter Fry e Gary Howe compreendem uma agência como o Santuário de Catageró. Para os dois antropólogos ele é, como outros tantos, uma *agência de aflição*. Uma agência a que recorrem certas categorias de sujeitos em busca de soluções para tipos determinados de aflições. Uma agência de aflição não é sempre uma instituição religiosa. Na verdade, o conceito pode ser estendido a toda pessoa física ou jurídica que se ocupa profissionalmente ou em estado de missão à solução de aflições. São,

Em princípio a presença do fiel no santuário abre a única alternativa de uma comunicação biunívoca, quando, ao visitá-lo, ele procura entrar em contato pessoal com D. Luiggi.[5] Através das cartas, os fiéis missivistas são emissários, e o prelado é o destinatário final ou o destinatário mediador; desde que, através delas, ele não retorne mensagens pessoais ou coletivas aos fiéis do santuário.[6] Através do programa, o bispo é emissário único de mensagens religiosas e todos os fiéis ouvintes são, em conjunto, destinatários.

Uma explicação das formas e da própria estrutura de relações em torno do espaço de sagrado estabelecimento no/pelo Santuário de Santo Antônio de Catageró deveria comportar tanto a descrição como a análise da organização e dos sistemas de trocas no local de culto, na situação dos programas de rádio-emissão e a partir das cartas enviadas. Aqui apenas as cartas são levadas em conta.[7]

Nas páginas seguintes procuro explicar: a) como sob a aparência de pedidos e estilos diferentes existe uma mesma estrutura de propostas de trocas de serviços no campo de um religioso específico; b) como os diversos agentes das trocas são confrontados e identificados.

---

portanto, agências de aflição os consultórios de medicina de psiquiatria ou de psicologia; os escritórios de advogados ou de despachantes; os órgãos de classe e as instituições religiosas, tanto em sua forma "oficial" como "popular". São evidentes os perigos da extensão de um conceito a limites tão amplos quanto os usados por Fry e Howe para definir "aflição" e "agência de aflição". Ver Fry e Howe, 1975, p. 75.

[5] Isso parece não ocorrer na prática pelo menos com referência aos fiéis missivistas. Dentre as 50 cartas lidas não há em nenhuma a referência a um encontro pessoal com D. Luiggi Máscolo, quando o emissário fala de idas anteriores ao santuário. Não fiquei sabendo se existe alguma forma de culto coletivo oficiado por agentes da Igreja Católica Brasileira no próprio santuário. As cartas lidas também não fazem qualquer lembrança de um deles.

[6] Entende-se que D. Luiggi Máscolo é ao mesmo tempo o destinatário das cartas e o mediador entre o fiel suplicante e o agente da graça suposta. Fora algumas exceções, todas as cartas são dirigidas ao prelado de quem se espera providência mediadora para o alcance da graça devida. Voltarei a esse problema mais adiante.

[7] Possivelmente obteríamos todos um resultado analítico mais útil se os alunos do curso tivessem tomado a seu cargo tarefas diferentes, por grupos de pesquisas dirigidas: a descrição da ordem e do funcionamento do santuário; a leitura das mensagens do programa radiofônico; a leitura das cartas dos fiéis.

6.3. As cartas: As trocas de serviços

Procuremos desdobrar duas das cartas lidas em suas partes de discurso. Para tudo e apenas como um primeiro exercício, proponho separar as partes das cartas da seguinte maneira: (a) o motivo pelo qual a pessoa escreveu a carta; (b) o que ela espera concretamente obter; (c) o que ela se compromete a fazer ou o que declara que já fez.

(a) o motivo	(b) o pedido	(c) o compromisso
agradecer uma "graça recebida" para seu filho que "não parava no emprego"	uma bênção para ela, marido, filhos e netos, dada por Santo Antônio do Catageró e por Nossa Senhora Aparecida	agradecer "o milagre"; enviar CR$ 10,00; ser ouvinte do programa
comunicar que bebia muito e não bebe mais "graças aos milagres"; pedir bênção e "para abençoar"	a cura de uma ferida no olho; uma bênção de Santa Filomena, de Santo Antônio do Catageró e do Menino Jesus de Praga "para os meus trabalhos"; que a carta seja "falada no programa"	comunicar "o milagre"; enviar CR$ 7,00; ser ouvinte do programa

Os dois exemplos são suficientes para mostrar o que poderia ser chamado aqui de "carta do fiel ao santo". Com pequenas variações, praticamente todas elas incluem a mesma quantidade e, até certo ponto, a mesma ordem de elementos. Comecemos por vê-los como pré-categorias. Procuremos, depois, preencher estas pré-categorias com os dados concretos das 50 cartas lidas (sem nenhuma preocupação de quantificar dados, o que não tem sentido no caso). Finalmente, procuremos compor um modelo de análise de discurso que forneça a síntese da estrutura do discurso das cartas.

Os seguintes componentes estão escritos nas cartas e articulam todas as falas dos fiéis:

a) *Agentes de trocas* – o fiel, o prelado e o santo.

b) *Motivos da proposta de trocas* – os tipos de aflições pelas quais a carta foi escrita.

c) *Enunciação das trocas de serviços* – pedidos do fiel ao bispo; pedidos do fiel ao santo através do bispo; oferta do fiel ao bispo; oferta do fiel ao santo através do bispo; mediação do bispo junto ao santo; "graça", "milagre", "bênção", "ajuda" do santo para o fiel; iniciativa do bispo em benefício do fiel.

Reunidos os componentes da relação proposta pelo fiel em sua carta, temos três categorias de sujeitos – duas de pessoas humanas e uma de entidades sacralizadas –; um conjunto de aflições-motivo da carta; um conjunto de trocas mútuas de ações de serviço entre os agentes e em função da aflição motivo.

O passo seguinte seria o de fixar os três agentes declarados no discurso e fazer variarem os conteúdos resumidos das aflições-motivos e das trocas de ações de serviço propostas pelo fiel. Isto será feito com a síntese de todas as variantes encontradas na leitura das 50 cartas.

O fiel que escreve

a) *Enuncia a aflição-motivo*
- aflição mencionada
- aflição descrita: algum problema de ordem fisiológica
  algum problema de ordem psicológica
  algum problema de relacionamento afetivo
  algum problema de relacionamento familiar
  algum problema de relacionamento social
  algum projeto pessoal não realizado

no sujeito
no marido (ou mulher)
nos filhos
em parentes em geral
em pessoas indicadas (um amigo, a namorada, um rival etc.)

b) *Formula um pedido* (serviços do bispo e dos santos para ele)
• identificando o tipo de serviço:

        uma bênção
        uma graça
        um milagre
        uma ajuda
        uma oração
        uma referência (no rádio)
        um envio (fitas, medalhas)

• identificando o destinatário do serviço:

        o próprio sujeito
        o parente
        uma pessoa indicada[8]

• identificando o agente de serviço:

        o bispo como agente: dá a bênção
        faz a graça

– o bispo como agente: "lê no rádio"
        envia algo

– o bispo como mediador: pede a bênção
        pede a graça
        pede o milagre

– o santo como agente: Santo Antônio de Catageró
        Menino Jesus de Praga
        Nossa Senhora Aparecida
        Santa Filomena
        São Jorge
        Santa Aparecida

---

[8] A indicação da pessoa a quem o fiel-missivista dedica o serviço pedido pode ser feita com recurso à categoria (o marido etc.) ou com a explicitação do nome completo.

c) *Reconhece trocas anteriores de serviços*:

    é ouvinte do programa
    já foi ao santuário
    já foi à gruta
    reza sempre a algum dos santos
    reza pelo bispo
    já enviou dinheiro
    já recebeu graças (milagres etc.)

d) *Formula uma oferta* (serviços do fiel para o bispo e/ou santos)
• identificando o tipo de serviço:

    agradecimento
    dinheiro (em geral a quantia é dita)
    para o santo
    para a igreja
    para o bispo
    para celebrar missa
    para dar aos pobres
    visita ao santuário

• definindo as condições do serviço:

    já feito porque a graça foi alcançada
    sendo feito mesmo antes de alcançar a graça
    a ser feito depois de alcançada a graça
    a ser feito em alguma ocasião

O bispo

a) *É definido como um tipo de agente religioso:*
• através de serviços diretos ao fiel:

    dando uma bênção
    mencionando a carta no rádio
    enviando objetos de culto

• através de serviços de mediação entre o fiel e o santo:
>> intercedendo pelo fiel junto ao santo indicado

b) *É objeto das prestações de serviço do fiel:*
>> recebe agradecimentos
> recebe dinheiro (para si ou para algum serviço dirigido ao santo)

O santo a quem se escreve

a) *É definido como uma entidade de eficácia religiosa:*
>> faz o milagre
>> concede a graça
>> cura (salva, resolve etc.)[9]

b) *É objeto das prestações de serviço do fiel:*
>> recebe deferência
> recebe prestação de homenagem através do bispo (missa, donativo em seu nome etc.)

Do conjunto dos dados retirados das cartas e reunidos nas páginas anteriores, é possível estabelecer agora entre as três categorias de agentes confessados – o fiel, o bispo e o santo – três tipos nucleares de relações, segundo a combinação de seus agentes:

– Relação fiel-santo – quando a direção da súplica é feita diretamente à figura santificada de quem se espera toda a resposta à aflição.

– Relação fiel-bispo – quando a direção da súplica é feita ao bispo, diretamente, ou como mediador entre o fiel e algum santo não mencionado, ou como o próprio agente da eficácia religiosa.

---

[9] Um fato extremamente significativo chama a atenção do leitor nas cartas. Fora casos muito raros, em todas elas é o santo o sujeito da eficácia religiosa. Não há referências de mediação do santo junto à divindade e, mesmo quando o recurso do pedido é feito à figura do Menino Jesus de Praga, ele aparece sem dúvida alguma muito mais sob a roupagem de um santo, como os outros invocados, do que como a presença de uma divindade humanizada, em seu momento biográfico de infância. Assim, as relações do catolicismo oficial e tradicional são alteradas. O mediador é o bispo, e não o santo; o agente eficaz é o santo, e não a divindade.

– Relação fiel-bispo-santo – quando a súplica é dirigida a um ou mais santos através de pedido de mediação feito ao bispo.

Por outro lado, o conteúdo das relações entre os três sujeitos das cartas configura uma combinatória de relações aparentemente mais complicada do que poderia parecer a uma primeira vista. Em resumo, todas as possibilidades não escapam do pedido feito pelo fiel, da indicação do tipo de eficácia pretendida e da proposta de recompensa. No entanto, ao longo das sequências de casos concretos, a direção das trocas de serviços entre os agentes pode ser desdobrada da seguinte forma, a partir do fiel:

a) pede + não promete recompensa;
b) pede + promete;
c) pede + recompensa; recebeu + recompensa;
d) recompensou + espera receber;
e) pediu + recebeu + recompensa + pede + promete;
f) pediu + recebeu + recompensa.

O quadro geral e sintético das trocas de serviços entre os três agentes das cartas pode ser ainda elaborado da seguinte maneira, quando todos os componentes do discurso são reunidos:

FIEL	BISPO	SANTO
ter:	dar uma bênção	
um problema	mediatizar	conceder:
uma aflição		uma graça
		um milagre
pedir:	receber:	uma solução
suplicar	agradecimento	
implorar	deferência	
	dinheiro	
prometer		
recompensar	mediatizar	receber: deferência

Em seminários do curso foi discutida uma oposição do tipo fiel x cliente no campo das relações religiosas.

Incluído em uma seita ou igreja e mantendo laços de presença e compromisso mútuo de prestação de serviços com agentes eclesiásticos, o fiel está na esfera que reúne a produção e o consumo dos bens simbólicos do religioso, através de transações passadas no âmbito da comunidade e da igreja. Seu comportamento poderia ser caracterizado como de tipo religioso e essencialmente expressivo dos sistemas eclesiais de crença e de prática.

Excluído de modalidades de participação pessoal no interior de uma seita ou igreja e sem manter laços efetivos e contínuos de prestação de serviços religiosos ou de outra ordem com agentes eclesiásticos, o cliente fica do lado do puro consumo dos bens simbólicos do religioso, através de transações atomizadas e de uma inclusão indefinida em um corpo difuso de crença e de prática religiosa. Esta situação favorece ou determina um comportamento mais de tipo mágico e essencialmente instrumental da religião.[10]

As relações aqui descritas através de reduções operadas sobre o discurso das cartas de fiéis ao santuário de Santo Antônio do Catageró parecem categorizar uma relação de clientela no campo religioso. Neste sentido seria necessário começar por uma alteração do próprio nome que vem sendo dado até aqui a esse tipo de agente ou de sujeito vinculado a uma modalidade de crença e prática religiosa.

Entre os três agentes das cartas, há três áreas de definição de instâncias desde onde são produzidos serviços religiosos: uma *área de dependência de serviços religiosos* (ou mágicos?) e de *prestação de deferência simbólica* e/ou de *inversão de bens*, que corresponde ao *cliente*; uma *área de mediação de serviços religiosos* e de *recepção efetiva de deferência e/ou de bens*, que corresponde ao *bispo*; uma *área de eficácia religiosa acreditada e de atribuição mediatizada de deferência e/ou de bens*, que corresponde ao *santo*.

A pesquisa, cujo projeto apresento como a segunda parte deste capítulo sugerido pela leitura de cartas ao santuário de Santo Antônio de Catageró, procura ampliar bastante o estudo das relações de trocas sociais e simbólicas entre categorias diversas de sujeitos participantes de diferentes agências do religioso em uma mesma sociedade.

---

[10] Os atributos de oposição fiel x cliente são extraídos de partes de exposição do professor do curso, em seus seminários.

7
SINAIS DO SAGRADO "LÁ NO NORTE"

Os nomes são ditos "devoto", "voto", "voto válido"; palavras do cotidiano religioso das pessoas que comparecem aos atos de fé em Aparecida-SP. Palavras que são como os primeiros sinais do código sagrado popular. Fazer um voto – uma promessa – a Nossa Senhora Aparecida; senti-lo "válido" na certeza da graça alcançada – a cura de um parente querido, um casamento realizado, um "bom negócio" finalmente feito; cumprir o voto, pagar a promessa feita à "santinha lá do Norte", viajando a seu santuário e praticando entre seus espaços de culto os pequenos gestos rituais que os padres ensinaram ao povo ou à gente pobre "da roça" criou por sua própria conta.

É preciso compreender esses pequenos gestos pessoais ou coletivos para apreender o sentido da devoção popular que explica tanto Aparecida quanto, em menor escala, qualquer outro centro de devoção popular. E talvez o melhor local para começar a descobri-los seja longe, "lá no Norte", nos cantos do sertão ou das cidades pequenas de São Paulo, de Minas Gerais ou de todo o Brasil, onde começam as pequenas histórias de fé e milagre que fazem a saga de Aparecida.

Na história católica do país sempre houve lugares coletivos de devoção popular. Às vezes uma gruta, uma ermida, às vezes até mesmo uma curva de estrada onde uma cruz de madeira podia indicar um lugar de morte ou um local de culto. Às vezes uma capela construída por um fazendeiro devoto, pela comunidade de bairro rural ou pelos moradores de uma pequena cidade. Antigas capelas de leigos pelas quais os emissários da hierarquia católica enfrentaram questões locais de disputa de controle da prática devocional.

Quase sempre a história de uma capela está ligada a uma promessa e ao reconhecimento de um milagre. Quase sempre ela é construída para abrigar a imagem de um santo padroeiro, que sai às vezes do domínio de uma casa e de uma família para o de um espaço coletivo de culto comunitário. Não é raro que a constituição de um santo e sua capela como o padroeiro e o local coletivo de culto sejam o momento final de um tempo de concorrência entre santos, através dos atos de seus devotos ou dos donos de suas imagens. Entre outros, um santo tornava-se o mais procurado, o protetor mais poderoso e o milagreiro mais acreditado. A ele não só a comunidade construía a capela como constituía, sobre o modelo de tantos outros cultos anteriores, uma sequência de rituais coletivos de padroagem e devoção comunitária.

Pequenos gestos da devoção do povo. O ato de acender velas diante da imagem do santo, de formular as palavras do pedido da graça e do milagre, de esparramar pelo peito o "pelo sinal", de às vezes beijar a toalha do oratório, o corpo da imagem ou uma das fitas coloridas que podem pender dele. Esses são apenas alguns dos sinais da fé e das relações acreditadas de compromisso de "devoção" entre o fiel e o santo, o devoto e o padroeiro. Por devoção ou pelo simples reconhecimento de que um contrato de trocas mútuas precisa ser sempre atualizado com os gestos rituais da mostra de fidelidade do devoto, as pessoas fazem no quintal da casa "a festa do santo"; patrocinam com seus próprios gastos o ritual camponês de uma Dança de São Gonçalo; entram com a reza do corpo no "dança pro santo"; caminham descalças sobre brasas ou em demoradas procissões ou "visitam" por promessa um dos santuários do lugar, da região ou do país.

Sobretudo as pessoas pobres guardam acesa na memória o número de vezes e até mesmo os casos acontecidos nas viagens, às vezes muitas, em que foram "lá no Norte".

> Que eu fui lá no Norte tem 25 vez. Muitas fui eu mesmo que fiz a romaria. Tratei o caminhão, que naquele tempo nós ia era de caminhão por essas estradas que nem não era como agora, tudo fácil. Pois eu tratava do caminhão, punha aviso, convidava aí os amigos, parentes, os vizinhos. Ia quem queria, uns de devotos, outros por promessa, outros por conhecer. Outras vezes fui em romaria dos outros. Até hoje, velho, sempre que posso vou lá na Aparecida pelo

menos uma vez no ano. Mas teve tempo de ir duas, três vez num ano só. É devoção, é milagres que eu alcancei com a santa.

Essa fala de um preto da cidade paulista de Itapira, antigo "reis do congo" da "congada tradicional", poderia ser multiplicada muitas vezes, e em cada uma poderiam ser acrescentados os detalhes dos casos de milagres e maravilhas; graças alcançadas pelo devoto e gestos de romaria.

Esses gestos vão sair um dia de seu canto de mundo e viajar ao "Norte". Nos casos mais raros se vai a pé, sozinho, em família, em grupos pequenos ou grandes. Algumas vezes se espera que na cidade alguém organize uma romaria a que o fiel se incorpore. Cada vez mais, em muitas cidades de São Paulo e Minas Gerais há, além das muitas pequenas romarias, a grande peregrinação municipal, seja a um dos centros regionais de devoção – Bom Jesus do Iguape, Bom Jesus dos Perdões, Pirapora do Bom Jesus –, seja ao "Norte", o grande centro nacional de devoção popular. De algumas cidades as pessoas saem, em horas diferentes, aos lotes de romeiros, a pé (os que saem mais cedo), a cavalo e de bicicleta, de charrete, de carro, caminhão ou ônibus. A viagem se combina de tal sorte que os vários grupos de romeiros entrem pelo santuário adentro em uma mesma hora.

"No Norte" cada um cumpre como quer, como pode ou como acha que deve os atos devocionais que pagam a promessa feita ou que tornam mais vivas as relações de trocas entre o santo e o devoto. Mas quase todos procuram participar de uma das missas e se possível, fazer a confissão e comungar ou pelo menos entrar na longa fila dos dias de festa e passar diante da imagem de Nossa Senhora Aparecida com gestos de reza popular. Os sinais do sagrado multiplicam-se infinitamente nas bocas, nos olhares contritos e nas mãos entre terços ou reunidas em posição de prece. São os muitos modos de fazer em Aparecida o cerimonial da devoção. Assim como comprar e acender velas, visitar as salas de milagres, onde a imaginação do povo inventa todos os dias as muitas maneiras de deixar para os olhos dos outros o testemunho do milagre. Assim como comprar os pequenos objetos com que se leva para casa uma outra certeza da presença próxima da santa ou, pelo menos, uma "lembrança" de Aparecida: a imagem de

Nossa Senhora em um quadro rústico ou mesmo dentro de uma pequena televisão de plástico; num chaveiro ou sobre a concha de um marisco do mar distante.

Algumas pessoas cumprem com o filho, vestido com as asas de um anjinho, a promessa de um milagre feito sobre ele. Ou vestem a filha "salva pela santa" com a cor branca da Virgem e às vezes deixam o vestido que testemunha o milagre aos pés de Nossa Senhora ou na "sala dos milagres". Pessoas do povo que se misturam aos grupos de ternos de congos ou de dançadores negros do moçambique, vindos de uma cidade longe do Paraná ou de Minas Gerais. Ou que se misturam, como já aconteceu, a um governador que repete muitos meses depois o que fizera antes o Presidente da República; ou a um time completo de futebol que vem de Santos agradecer à santa a vitória sobre um último adversário e a conquista – a seu modo também sagrada – de mais um campeonato estadual.

8

UM HOMEM VESTIDO DE BRANCO

Anotações de vocação poética sobre um livro de Thomas Merton

Tomei de *Homem algum é uma ilha* algumas passagens de quase todos os capítulos. Escolhi aquelas em que o olhar do autor encontrou o outro. Pois o momento desse encontro foi e segue sendo o fio que de uma a uma tece as páginas de *A ave que voa em mim*. Tal como em *Eu, outro eutro*, não escrevi poemas. Poesia é um outro voo e está em outros livros.[1] Dei ao que senti e pensei quando li a forma de um quase salmo. Melhor ainda, a forma daqueles textos dos livros ancestrais do Oriente nos quais a palavra sagrada é disposta em linhas que não formam parágrafos e que se sucedem como troncos de madeira, uns após os outros, que, juntos, formam uma canoa com que se sai ao alto-mar. Afinal, são palavras que querem ser como barcos navegando entre ilhas. Barcos indo e vindo, viajando de uma ilha à outra e, bem mais do que apenas passando entre elas, barcos que as tecem enlaçando umas às outras.

Homem algum é uma ilha é um dos livros mais lidos e conhecidos de Thomas Merton, um monge cirtenciense desses alvamente vestidos de branco. Um homem norte-americano de rosto largo, cujo sorriso amplo estampado na orelha de uma nova edição do livro mais parece o de um alegre construtor de casas – ou de barco – ou o de um professor de escola de subúrbio, pai de três filhos e torcedor de algum time de futebol.

---

[1] Em *Os nomes – escritos sobre o outro* (Editora Mercado das Letras, Campinas) cada poema é conciso como em meus arremedos de hai-kais ou um pouco mais longo (cada poema é o nome, e cada nome é uma pessoa vivida e lembrada). Nesse livro um dos poemas é dedicado ao próprio Thomas Merton. Assim também escrevo aqui entre o poema e a prece, em fragmentos.

Acredito que muitas pessoas de gerações anteriores à minha, das gerações de meu tempo e mesmo, espero, das de algum tempo depois foram e continuam sendo desafiadas pelas palavras e pelas imagens que este estranho homem escreveu.

Thomas Merton viveu quase a vida inteira dedicado a levar a termo uma difícil experiência de vocação para um cisterciense como ele, um homem de Deus convocado ao silêncio, à oração e ao sereno e solitário trabalho com as mãos. Convertido ao catolicismo, Ele foi um monge e, ao contrário de quase todos, tornou-se um monge errante. Um viajante a quem até mesmo as terras distantes do Oriente acabaram sendo costumeiras. Escreveu muitos livros. Ele foi um dos primeiros homens cristãos do Ocidente atual que se lançaram a buscar na sabedoria de religiões e de espiritualidades do Oriente rostos aparentemente tão diversos de sua própria religião que bem poderiam ser, por isso mesmo, uma outra face do cristianismo.

Foi também um primoroso sedutor de pessoas pelo poder da poesia de suas frases. Mas, mesmo sem abrir mão do cuidado com a forma do que escrevia, imagino que o que menos lhe importava a dimensão literária de seus livros. Teria este homem vestido de branco vaidades semelhantes às nossas, garimpeiros nas águas fugidias da palavra em busca de frases sonoras e belas.

Meu sentimento ao ler seus livros é o de que ele escreveu para tentar dizer com palavras sempre muito claras, mas às vezes ásperas demais, não tanto suas ideias, suas teorias a respeito da Vida, da Pessoa e de Deus. Ele sempre me pareceu um garimpeiro em um outro sentido. Um buscador de antigos e perenes sentidos perdidos a respeito da aventura da busca da santidade. E uma santidade em nada compreendida como a vida piegas e piedosamente milagreira com que aqui são pintadas as dos santos de almanaque. Uma vida que deveria ser só isto: a procura incansável da presença de Deus na solidão da prece ou no amor revelado no rosto da pessoa do outro. Foi bem isto o que procurei redizer com palavras de meu sentimento e do modo como compreendi – ou penso que compreendi – o que ele queria me dizer.

O título de cada parte equivale ao de um dos capítulos de *Homem algum é uma ilha*.

Então podemos começar com a pequena passagem que inspirou o título e boa parte dos momentos do livro. E ela é a de um fragmento de um poema:

> Homem algum é uma ilha
> completa em si mesma:
> todo homem é um fragmento do continente,
> uma parte do oceano.
> A morte de cada homem me enfraquece
> porque sou parte da humanidade;
> assim, nunca perguntes por quem o sino dobra:
> Ele dobra por ti.
> (John Donne, *Meditação 17*)

Homem algum é uma ilha

Não somos menos do que seres e santos de Deus.
Por isso somos isto: humanos.
No meio do caminho entre os animais com quem compartimos a Vida
e os anjos, com quem partilhamos a esperança,
não somos menos do que seres feitos para serem santos:
e santos são aqueles que partilham o amor entre Eles e a Vida.
Não habitamos menos do que o espírito do coração de Deus
porque somos os seus filhos e somos a sua perene criação.
Deus não nos criou. Deus está nos criando a cada instante
de sua humana vida sem fim e de nossas divinas vidas sem termo.
Por isso somos santos e estamos também tão distantes da santidade.
Por isso vivemos entre o amor e o medo;
entre a partilha do bem e o desamor.
O amor e o desejo do bem são o que aprendemos a ser
quando somos nós mesmos
e o medo do outro e o desamor são o amor e o bem
ainda não aprendidos em nós.

Somos inteiros a cada momento da vida
e somos ainda incompletos por inteiro.
Mulher alguma é uma ilha e homem algum é uma ilha.
Nascemos para ser o caminho no mar que vai de uma ilha à outra.
Nascemos para sermos a barca em que se viaja de uma ilha a outra
e, assim, realizar em cada pessoa a sua vocação de ser única e sozinha
e estar, ao mesmo tempo, unida no amor a todas as outras.
E os nossos olhos não nos revelam quem somos,
a não ser quando nos vemos refletidos no espelho dos olhos de um Outro,
e é nela também que a luz do rosto de Deus se mostra a nós.
Não é fácil ser, nem é fácil viver e nem é fácil partilhar a Vida.
Viver é sempre "muito perigoso" e conviver às vezes é terrível.
Mas há de ser justamente quando a vida parece mais desesperada
que algo entre o bicho e o anjo grita em nós: *a vida tem sentido!*
A Vida tem sentido e viver é a aventura de sair em busca desse sentido
mesmo quando ele pareça não existir em parte alguma.
E mesmo quando, encontrado,
ele por um momento pareça ser tão absurdo.

Sentenças sobre a esperança

A esperança é a espera quando é de Deus e não de nós que se espera.
A esperança é o nome da espera,
quando Deus vive dentro dela e nela se revela.
Quando esperamos de nós mesmos, esperamos a espera.
Mas quando esperamos *de* Deus, *com* ele ou *tendo nele*
a razão da espera,
então é quando aprendemos a esperar a esperança.
A outra face da espera é o desespero
e a outra face da esperança é o abandono.
Quando se tem muito sempre se espera possuir ainda mais, mas
quando se tem o pouco por muito, então se deseja que este pouco
venha a ser multiplicado como um dom e não como uma posse.

Quando se quer ser muito,
o que se espera é ser sempre mais a mesma coisa.
Mas quando se entrega o ser que se deseja ser nas mãos de Deus,
então aí se vive na a esperança de se vir a ser um alguém
um pouco melhor.
Só somos livres quando passamos da espera à esperança,
mesmo quando vivemos por esperar o que podemos tornar realidade
como uma obra de nossas própria mãos e, por isso mesmo,
efêmera e ilusória.
Só somos livres de verdade se viajamos da espera em nós
à esperança em Deus.
E somente somos ricos quando convertemos em nosso coração
o desejo da posse de ganhos e de bens
no desejo das trocas do dom do bem.
Pois os bens que se espera possuir ou alcançar são o que nos possuem,
enquanto o bem da esperança deixada nas mãos dos outros e de Deus
é o que alcançamos possuir como um dom da Graça dentro de nós
e é quando é o Espírito de Deus quem nos habita e nos faz livres.
Pois então é quando chega ao tempo da viva esperança plena
que é quando não existe nada mais a querer desejar,
a não ser aquilo que se alcançou ser e aquilo que se aprendeu a viver
quando já não se deseja nem mesmo ser mais nada além daquilo
que, deixado nas mãos da esperança, nos vem das mãos de Deus.

Consciência, liberdade e oração

Tudo o que ao sair de mim volta exclusivamente a mim,
volta contra mim, mesmo quando pareça ser o desejo de um bem
realizado por mim mesmo em meu favor.
Toda vez em que oro a Deus pensando somente em mim
e suplicando apenas em meu favor, a minha oração é meu pecado
e, se Deus não ouvir,
é porque eu mesmo não soube ouvir o meu coração

antes de falar a Deus da minha espera e do meu desespero,
e não da minha esperança e do meu abandono em suas mãos.
Tudo o que posso pedir a Deus em minha oração
é que a vontade de Deus se cumpra em mim
tal como ele sabe e deseja – eu não sei –, mas deixo que se cumpra,
porque me abandonei à esperança que é uma espera de quem não sabe,
mas crê na sabedoria do amor daquele de onde provém todo o Bem.
Toda oração de minha consciência e de meu coração
deve começar pelo reconhecimento de que em todo *eu* há um *nós*,
e toda súplica feita em meu nome e a meu favor
é uma prece em nome do nós de quem sou parte.
Toda espera de um bem devotado à minha felicidade
só irá ser tornada a minha esperança, quando estendida ao bem
da comunidade de destino de que sou parte e partilha.
Posso fazer muito pouco por mim mesmo,
mesmo que espere fazer muito.
Podemos realizar bem mais, quando fazemos qualquer coisa juntos
e em nome da esperança de todos nós e entre todos nós.
Deus sabe e, no fundo, nós também que ninguém de nós
é melhor do que todos nós, do que a comunidade de nós todos.
E Deus só escuta a nossa súplica e nos doa o bem de seu amor
porque sabe que de algum modo tudo o que vem Dele a um de nós
acaba por ser de todos e sai da espera egoísta à esperança amorosa.
Uma coisa é a alegria da posse, outra, a felicidade da partilha.
E uma cosia é a independência de quem vive para si mesmo
e outra é a liberdade de quem se descobre preso no amor do outro.

Pura intenção

Posso entregar-me inteiramente aos apelos de meu coração.
E isto é bom, porque devo crer nos apelos de meu coração.
Posso seguir inteiramente os caminhos de minha consciência.

E isto também é bom, porque devo acreditar em minha mente
e devo aprender a criar em mim uma consciência confiável.
Posso dedicar-me a cumprir a vontade
de minha comunidade de destino.
E isto é bom em uma medida bem maior ainda.
Pois de que maneira eu posso partilhar o mistério da Vida,
convivendo a Vida em uma comunidade em que não creio
e seguindo os passos do caminho de um Nós em quem não confio?
Amar é não apenas querer o bem de um outro,
mas é crer confiadamente nele.
Crer no Outro, mesmo quando em seu desespero,
parece que ele próprio já não acredita em si mesmo.
Mas tudo isto é só o começo e é muito pouco ainda,
pois a origem da confiança em mim mesmo e em todos nós
é o sentimento do abandono do meu desejo
nas mãos da vontade de Deus,
a tal ponto que eu não tenha mais dúvidas
sobre o que pensar e o como agir,
pois em cada gesto de um coração entregue ao desejo da vontade de Deus,
tudo o que faço reconheço como um gesto de Deus através de meus atos.
Este é o abandono em seu sentido mais pleno
e esta é a esperança a cada dia realizada em toda a sua plenitude.

O verbo da cruz

Quando fico de pé com os pés juntos plantados sobre a terra
e quando abro os braços perpendiculares às minhas pernas,
meu corpo é como uma cruz. Ele parece uma cruz viva.
Mas a imagem deste gesto entre o santo e o iogue
depende do que moveu a alma de meu corpo.
Depende dela para ser a postura do iogue ou o gesto do santo.
Se eu permanecer assim sem me mover por minutos e horas

Haverá uma dor crescente e um desconforto.
Eles poderão ser bons para o treinamento do corpo,
e, por meio do sofrimento tornado uma ascese,
eu posso aprender a ir além de mim mesmo.
Mas isto tudo é ainda um ato de exercício, uma ginástica,
pois somente o sofrimento tornado uma oferta
ao Deus-Homem que aceitou sofrer a dor da cruz
em nome do amor pelo nós que habita em mim,
o sofrimento inevitável é também um gesto de entrega
e de consagração: e, então, quem sofre acolhe e comunga.
Pois o sofrimento aceito é como a dádiva da viúva pobre
e serve não tanto a salvar uma alma, um dia, porque isso é tão pouco,
mas para fazer sentir quem sofre a sua dor, a comunhão com Deus.

Ascetismo e sacrifício

Se você quer ser santo,
aprenda antes a ser a alma de uma pessoa alegre.
E se deseja praticar o ascetismo, saiba antes sorrir como uma criança
e dançar com os pássaros, e cantar com as flores da manhã.
Por que fechar a janela à luz do dia para orar na escuridão do quarto
se o Deus da oração chega com a luz do dia e vive na beleza da Vida?
Pode haver santidade no sofrimento que não se consegue evitar,
mas não há nada de bom na busca voluntária
do sofrimento em nome do Amor.
Quem se entrega ao Caminho do Bem caminha como quem é feliz.
Porque é feliz e o saltimbanco alegre é a sua imagem.
Enquanto quem se pune em nome do amor encontra
a culpa em lugar do amor.
Quem guia o espírito de quem procura o silêncio e a solidão
não é o seu próprio espírito, mas o misterioso alento de Deus.
Pois se é Ele quem está nos frutos maduros
da busca da solidão e do silêncio

deve ser também Ele quem está no silêncio das raízes
e no amarelo das flores.
E quem procura o silêncio do mundo e da alma
em busca apenas de proveito próprio e da perfeição de si mesmo,
quando podia estar buscando a vontade de um Pai chamado Deus
e o amor do irmão chamado "qualquer Outro",
em tudo o que aprende a viver,
ainda que levite no corpo,
não consegue levantar o espírito um palmo do chão.
Toda ascese não é um exercício para si mesmo,
mas uma entrega de si mesmo.
E não é o ato de quem foge dos outros
para ser melhor do que os outros,
mas é o gesto amoroso de quem se retira
para voltar um pouco mais atento
à comunhão com os outros e à partilha da vida entre os irmãos.

Ser e agir

Quem me sacia a sede é a água, e não o leito entre as margens do rio,
mesmo que a água passe e o leito permaneça.
Quem me aquece é o fogo da fogueira, e não a fumaça,
mesmo que o fogo esteja na terra e a fumaça suba aos céus.
O mar é infinito, mas é o barco quem me leva,
e é o vento quem navega o barco.
E eu só vejo o vento invisível nas velas infladas e na viagem do barco,
e eu só sei do vento no girar das pás do moinho,
e o pão que eu como da farinha moída na mó é o mesmo vento
que não vejo passar e mover as folhas,
e nem o moinho ou o Espírito de Deus.
Quem eu sou está no que sou de água, de fogo, de barco e de vento.
Está na realidade ora oculta, ora passageira
de quem eu sou no meu interior,

e não no que eu faço,
e mesmo no que eu crio entre o operário e o artista.
O espelho que reflete aos meus olhos os meus olhos
me devolve a fugaz imagem material de meu corpo, ainda que ele brilhe.
Mas eu sou, dentro dos olhos e invisível a eles, o espírito que me faz ver
e que me leva a sentir o que vejo e a pensar sobre o que eu sinto.
O que eu faço a cada instante é o leito do rio que abriga e guia a água.
O que eu crio e partilho
com os seres com quem comparto o Dom da Vida
é a água que corre entre as margens de mim mesmo.
Mas o que eu sou e não conheço ainda
é a fonte invisível de onde a água brota.
Sou o leito e sou a água e a fonte.
Mas o que é o leito sem a água e quem é a água sem a fonte?
E de onde vem a fonte de onde brota a água em mim?

Vocação

Somos únicos e somos irrepetíveis, apesar da ameaça dos clones.
Cada um de nós existe enlaçado ao todo da Vida e dos Outros,
mas é único e nunca se assemelha a outra pessoa,
mesmo um irmão gêmeo.
Não somos únicos por causa do rosto ou da equação do corpo,
e nem somos únicos porque pulsa em nós um coração original
ou porque pensamos com uma mente e uma consciência
de quem nem mesmo nós conhecemos todos os segredos.
(E até nos segredos que desconhecemos e são nossos, somos únicos.)
Sou também único porque somente a mim é destinada uma vocação.
Mais do que o rosto e o corpo, ela é minha e só eu posso vivê-la.
Há um Reino de Deus
e há um Mundo de Paz e de Felicidade a construir.
Não vivo a minha vocação quando sacrifico o que sonho ser

em nome do contra mim mesmo acho que devo ser, viver e fazer,
pois nem Deus nem o meu coração fariam a mim tal convite.
Pois se a minha vocação era a de um trapezista de circo
e eu me tornei um próspero empresário, fui um bom empresário,
mas no trapezista que nunca fui esqueci uma voz de chamado.
A vocação é uma resposta "sim" a um chamado único.
Se eu disse "sim" e dei ao que resolvi ser a escolha de meu amor,
então essa e nenhuma outra foi a minha vocação,
mesmo que alguém venha dizer que eu deveria dar a volta ao mundo
quando o desejo do chamado que escuto dentro de mim
é o de dar apenas uma volta no meu bairro.
Pois um bairro bem viajado é do tamanho do mundo.

A medida da caridade

Como o amor, a caridade é inesgotável
e a Caridade é o rosto de mulher do Amor.
Meus bens, meu nome, meus talentos,
tudo o que possuo recebi de outros:
de Deus, de minha Mãe e de meu Pai,
de meus amigos e de meus Desconhecidos.
Por isso tudo o que eu digo: "é meu" é antes um dom de Outros.
Veio deles, é devido a eles, é deles e a eles deve retornar.
Esta é a medida da lei da caridade: nada meu é meu
e tudo o que há e, por um momento, cai sob a minha guarda
só tem um valor quando passa do círculo da posse e da propriedade
ao circuito da dádiva e do dom.
Só possuo aquilo que estou disposto a perder,
e só é verdadeiramente meu o que não tenho:
a começar por mim mesmo, pelos minutos de meu tempo
e pela vida que me foi dada para eu aprender a vivê-la como quem é tão livre
que sabe que nem de sua vida é um dono, mas um viajante.

Sinceridade

O Mahatma Gandhi, sobre quem Thomas Merton
escreveu páginas de uma rara e amorosa beleza,
falava assim: "Para mim, dizer que Deus é a Verdade
ou que a Verdade é Deus é a mesma coisa".

Misericórdia

Se eu pudesse entregar sem tréguas a minha vida
ao abandono do amor de Deus,
eu aprenderia a sentir em cada pulsar do coração
a presença de sua misericórdia.
Deus não me ama à distância: ele cuida de mim a cada passo,
mesmo quando alguns passos são tropeços
e outros são dados na beira de um abismo.
Deus vela por mim como um pai
ao lado da cama do filho de dois meses.
Se eu pudesse sentir sem tréguas a misericórdia de Deus
em cada um dos dias de meus passos,
eu me abandonaria à minha própria misericórdia.
Todas as coisas, tudo o que existe, cada ser, cada ave,
cada árvore, cada velho maltrapilho no meio da multidão,
haveria de ser uma pessoa a quem eu devo um amor
tão presente como o de um pai
à beira da cama de um filho de dois meses.

Recolhimento

Há um momento em que eu faço tudo o que tenho que fazer.
Há um momento em que eu cumpro tudo o que tenho a cumprir.

Há um momento em que eu partilho tudo o que devo partilhar.
Mas há um momento em que eu não faço nada do que devo fazer.
E então é quando eu me recolho ao redor de quem eu sou
e ouvindo a voz silenciosa de um *eu* que nada diz,
e nada pede, e nada espera, e nada realiza, e não age e não espera,
a não ser no deixar-se abandonado ao que acontece
quando se deixa de esperar que qualquer coisa aconteça,
eu começo a aprender a descobrir a silenciosa
e sonora presença de um Deus dentro de mim.

O silêncio

Thomas Merton começa este último capítulo do *Homem algum é uma Ilha* assim:

A chuva cessa, e o canto puro de um pássaro anuncia, de repente, a diferença entre o céu e o inferno.

Lembrando o quanto ele foi sempre amoroso com as tradições espirituais e religiosas do Oriente, eu quero terminar este nosso ritual ao redor de seus pensamentos com um pequeno conto da tradição budista zen do Japão. Ele é assim:

> Apenas uma vez ao ano um velho mestre sábio recebia em seu mosteiro os seus discípulos, esparramados por todo o Japão. E uma vez ao ano ele lhes dizia o que tinha na mente e no coração.
> Houve uma vez que todos já estavam reunidos no local do encontro com o Mestre, sentados em almofadas de pano e em esteiras, à espera do que o velho sábio teria a dizer.
> Então ele entrou na sala do mosteiro. Trazia uns papéis que iria mostrar ou ler. Saudou a todos, sentou em sua esteira e ia abrindo um primeiro rolo de escritos e de desenhos quando lá fora um passarinho cantou.

Ele ouviu atento até o final. Então reuniu de novo os seus papéis, levantou-se, saudou como quem se despede dos seus discípulos e disse:
"Tudo o que eu tinha para dizer a vocês acaba de ser dito".
E foi embora.

Despedida

Podemos terminar este nosso pequeno ritual com uma leitura do Mestre Eckart:

> Eu sou. Isso significa, inicialmente, que Deus é seu Ser-Ele, que só Deus é, porque todas as coisas são em Deus e por Ele. Fora dele e sem Ele, nada é em verdade, todas as criaturas são relativas e puro nada em relação a Deus, pois só Deus é, em verdade. E, assim, a expressão "Eu Sou" designa o Ser-Ele (*Isticheit*) da verdade divina, porque é o testemunho de um Ele É. É a prova de que só Ele É... "Eu Sou" quer dizer que não existe a separação entre Deus e todas as coisas, porque Deus está em todas as coisas; Ele lhes é mais íntimo do que elas são com elas mesmas.
>
> (Mestre Eckart, *O Absurdo e a Graça*, de Jean-Yves Leloup, editado pela Verus, 2003, p. 104-105.)

REFERÊNCIAS BIBLIOGRÁFICAS

Ação Católica Rural. *Nós Lavradores Unidos, Senhor – Livro de cantos para ser usado pelos lavradores nas suas reuniões, celebrações e festas.* São Paulo: Loyola.

Barros, Abguar. *Os Cultos Mágico-Religiosos no Brasil.* São Paulo: Hucitec, 1979.

Boff, Leonardo. "Catolicismo Popular: o que é catolicismo?", in: *Catolicismo Popular – Revista Eclesiástica Brasileira*, n. 36, fasc. 141, março de 1976, p. 19-52.

Brandão, Carlos. *Memória do Sagrado – Estudos de religião e ritual.* São Paulo: Paulinas, 1985.

_____. *O Divino, o Santo e a Senhora.* Rio de Janeiro: FUNARTE, 1978.

Cacciatore, Olga Gudolle. *Dicionário de Cultos Afro-brasileiros.* Rio de Janeiro: Ed. Forense Universitária, 1977.

Cavalcanti, Maria Laura Viveiros de Castro. *O Mundo Invisível – Cosmologia, sistema ritual e noção de pessoa no espiritismo.* Rio de Janeiro: Zahar, 1983.

Clastres, Hélène. *Terra Sem Males – O profetismo tupi-guarani.* São Paulo: Brasiliense, 1978.

Dana, Otto. *Os Deuses Dançantes – Um estudo dos Cursilhos de Cristandade.* Petrópolis: Vozes, 1975.

Doyle, Arthur Conan. *A História do Espiritismo.* São Paulo: Pensamento Editora.

Elbein dos Santos, Juana. *Os Nagô e a Morte – Páde, Asésé e o Culto Égun na Bahia.* Petrópolis: Vozes, 1976.

Ferreira de Camargo, Cândido Procópio. *Kardecismo e Umbanda*. São Paulo: Pioneira, 1961.

Dias, Eurípedes da Cunha. *Fraternidade Eclética Espiritualista Universal – tentativa de interpretação de um movimento messiânico*. Rio de Janeiro: Museu Nacional (dissertação de mestrado, mimeografada), 1974.

Folena, Giulio. *Escravos do Profeta*. São Paulo: EMW Editores, 1987.

Pereira, Niomar de Souza e Veiga Jardim; Souza, Mara Públio. *Uma festa religiosa brasileira – a festa do Divino em Goiás e Pirenópolis*. Secretaria de Cultura, Ciência e Tecnologia do Estado de São Paulo, 1978.

Poel, Francisco Van Der. *Com Deus me Deito, Com Deus me Levanto – orações da religiosidade popular católica*. São Paulo: Paulinas, 1979.

Impressão e acabamento
Gráfica e Editora Santuário
Em Sistema CTcP
Rua Pe. Claro Monteiro, 342
Fone 012 3104-2000 / Fax 012 3104-2036
12570-000 Aparecida-SP